ZHONGDE ZHONGSHEN XUEXI DONGJI HE
YINGXIANG YINSU DE LEIXING YU TEZHENG YANJIU

中德终身学习动机和影响因素的类型与特征研究

陈志伟◎著

图书在版编目（CIP）数据

中德终身学习动机和影响因素的类型与特征研究／陈志伟著. —北京：中央民族大学出版社，2023.1（2023.9重印）

ISBN 978-7-5660-1960-8

Ⅰ.①中… Ⅱ.①陈… Ⅲ.①终生教育—影响因素—对比研究—中国、德国 Ⅳ.①G72

中国版本图书馆 CIP 数据核字（2021）第 160071 号

中德终身学习动机和影响因素的类型与特征研究

著　　者	陈志伟
责任编辑	满福玺
责任校对	何晓雨
封面设计	汤建军
出版发行	中央民族大学出版社
	北京市海淀区中关村南大街 27 号　　邮编：100081
	电　话：(010)68472815(发行部)　传真：(010)68932751(发行部)
	(010)68932218(总编室)　　　　(010)68932447(办公室)
经 销 者	全国各地新华书店
印 刷 厂	北京建宏印刷有限公司
开　　本	787×1092　　1/16　　印张：17
字　　数	288 千字
版　　次	2023 年 1 月第 1 版　2023 年 9 月第 2 次印刷
书　　号	ISBN 978-7-5660-1960-8
定　　价	79.00 元

版权所有　翻印必究

目 录

第一章　中德终身学习研究的背景、现状与意义 ……………（1）
　第一节　研究背景 ……………………………………………（1）
　第二节　研究现状 ……………………………………………（7）
　第三节　研究意义 ……………………………………………（15）

第二章　终身学习的概念辨析及价值体现 ……………………（18）
　第一节　终身学习理念的形成 ………………………………（18）
　第二节　终身学习的概念界定 ………………………………（20）
　第三节　终身学习的本质特征 ………………………………（22）
　第四节　终身学习的现实意义 ………………………………（23）
　第五节　德国终身学习体系的价值特征 ……………………（24）

第三章　中德终身教育体系的比较研究 ………………………（33）
　第一节　历史层面对比 ………………………………………（38）
　第二节　法律层面对比 ………………………………………（39）
　第三节　教育机构层面对比 …………………………………（44）
　第四节　教育实践层面对比 …………………………………（47）
　第五节　经济层面对比 ………………………………………（52）
　第六节　总体框架对比 ………………………………………（56）
　第七节　终身教育系统对比 …………………………………（63）

第四章 建构以扎根理论为方法论的分析框架 ……（70）
 第一节 扎根理论的基本概况 ……（70）
 第二节 扎根理论的主体思想 ……（73）
 第三节 扎根理论的应用特征 ……（74）
 第四节 扎根理论的分析过程 ……（76）
 第五节 扎根理论的编码实例 ……（78）
 第六节 对扎根理论的评价 ……（83）

第五章 传记研究作为资料分析的主要方法 ……（86）
 第一节 传记研究方法 ……（86）
 第二节 其他研究方法 ……（104）

第六章 中德终身学习活动的动机和影响因素 ……（106）
 第一节 中国终身学习活动的动机和影响因素 ……（106）
 第二节 德国终身学习活动的动机和影响因素 ……（154）
 第三节 中德终身学习活动的影响因素比较 ……（205）

第七章 中德终身学习活动影响因素的形成原因及背景分析 ……（215）
 第一节 家庭影响因素的形成原因和背景分析 ……（215）
 第二节 学校影响因素的形成原因和背景分析 ……（225）
 第三节 社会影响因素的形成原因和背景分析 ……（236）
 第四节 个体影响因素的形成原因和背景分析 ……（244）
 第五节 中德受访者叙述方式的差异 ……（252）

第八章 中德终身学习的发展经验借鉴与展望 ……（255）
 第一节 可资借鉴的德国经验 ……（256）
 第二节 可资借鉴的中国经验 ……（260）
 第三节 结论 ……（264）

后记 ……（266）

第一章 中德终身学习研究的背景、现状与意义

第一节 研究背景

一般来说，学习主要指一次性、阶段化的学校学习形式，且强调功利化导向，而忽视或排斥其他的学习形式。然而，随着科学技术和经济的快速发展及人力资源和知识资本的价值提升，传统的学校学习已经不能完全满足个人的需求和社会持续发展的需要，由此，终身学习开始在社会的完善和进步过程中发挥重要作用。

自1972年以来，"终身学习"与"终身教育"和"学习型社会"便以组合的形式出现在联合国教科文组织发布的《学会生存》等具有世界影响力的报告中，从而正式被世界所熟知。终身学习不仅作为一种教育概念影响世界许多国家和地区的教育改革，同时也被视为一种普遍的教育概念。[1]

德国教育学家、社会学家彼得·阿亥特（Peter Alheit）教授提出，终身学习是指"尊重并使用我们自身学习能力的一种发展过程，坚持终身学习就是充分使用我们的大脑，以谋求个人的充分发展。终身学习也是一个社会学习的过程，即以正式或非正式的、有意识且直观的方式开展的学习活动，这种学习形态超越了正式性制度化的学习阶段，使得学习行为跨越

---

[1] 朗格让.终身教育导论[M].滕星,译.北京:华夏出版社,1988:10.

个人的整个生命周期"①。

一、中德终身学习演进的主要影响因素

国际学术研究表明，主要有 7 个因素影响终身学习的发展。

1. 社会的发展要求人们具有新的适应性

社会变革的速度在不断加快，流动性和更替性正在成为当今社会发展的基本特征。作为当今社会中的个体，人们的思想和心态不再像传统社会那样能长久保持稳定，而会经常感到身边发生的事情过于迅速②，从而需要持续学习，以适应社会的快速发展。这导致传统的观点饱受质疑，即学习是否应该在学校教育结束后则立即终止或直接将学习定义为在一个时间点应该结束的行为。当前，信奉这种传统观点的人日趋减少，而越来越多的人则相信学习应该是一个长期的、不断发展的过程。

2. 经济实力的增长带来了新的挑战

20 世纪 60 年代以来，许多西方国家已经逐渐从第二次世界大战的阴影中得以恢复，这被认为是这些国家经济发展的一个显著的象征。一些发达国家开始采用以新技术为主的现代工业化发展方式，这使得西方社会在这一时期出现了经济繁荣的新局面。经济发展需要拥有更高技能的劳动力，从而导致其对教育的质量和内容产生了新需求。③ 同时，经济发展还为完善教育制度提供了必要的资金支持，正如阿亥特所说："平均就业不再意味着每个人都需要在大范围内从事同样的职业，反而所涉及的是工作和培训的交替、自愿和非自愿的职业间断、创新的职业战略转换、以就业

---

① ALHEIT P, DAUSIEN B. The "double face" of lifelong learning: two analytical perspectives on a "silent revolution"[J]. Studies in the education of adults, 2002, 34(1):3-22.

② BROWN T. Lifelong learning: making it work [EB/OL]. (2006-05-08) [2020-02-14]. http://www.ala.asn.au.

③ 刘骥. 科技变革与新型劳动力需求：教育如何有效应对 [J]. 教育经济评论, 2018 (2): 38-53.

或者家庭为中心的选择阶段。"① 全球经济形势的变化不仅满足了正常人对日常生活的要求，而且影响了他们的工作方式和风格及其生活方式。工作时间的缩短、工作地点的变化、新工作形式和内容的出现都给社会中的每个人带来了巨大的负担和挑战，需要每个个体更新他们的知识。由此可以看出，终身学习是满足这些需求的必要途径。

3. 人口老龄化促使对教育的需求增加

当今社会人口结构最重要的特点是总人口的增加和人口老龄化的比例扩大。人口数量激增，对以前教育的规模造成了直接的压力，迫使社会必须找到满足社会日益增长的教育需求的方法，这要求教育系统扩大教育和服务对象的范围，同时打破仅针对年轻人的教育传统。②

4. 技术的快速发展需要科学知识和技能的不断更新

20世纪60年代以来，一个知识爆炸的时代已经来临，如科学技术的快速发展及新材料、新方法和新思想的不断涌现等，这些趋势增加了人们对知识学习本身的重要性和紧迫性的认识。

5. 生活方式的变化需要增加更多的可能性

技术和信息的发展带来了生产力的普遍提高，物质财富的不断丰富，使人们有了更多的闲暇时间；同时，物质生活的满足导致人们开始对精神生活产生不满足感，人们愿意花更多的时间和精力来提高他们的精神生活质量，以使生活更加充实化和多样化。随着社会流动性和宽容度的提高，趋同和稳定的生活条件已经越来越难以维系人们多样化和个性化的生活需求，这导致每个人在生活方式上都有更大的选择空间，而所有这些变化都需要教育系统在人才培养手段及方式上做出相应的回应。

---

① ALHEIT P, DAUSIEN B. The "double face" of lifelong learning: two analytical perspectives on a "silent revolution" [J]. Studies in the education of adults, 2002(1):3-22.
② 华长慧. 构建服务型教育体系，增强教育服务经济社会的能力 [J]. 教育发展研究, 2005 (19): 52-55.

6. 民主化进程促进当代终身学习的趋势

20世纪60年代，许多发展中国家和殖民地国家获得了独立，越来越多的社会个体把争取教育权作为现代社会民主化进程的一个重要体现。因此，对继续教育和学习资源的需求变得越来越迫切，教育质量比以往任何时候都显得更为重要。在这些国家出现新的社会架构和制度的同时，其公民和国家之间的传统关系也发生了变化。其民主化进程不仅体现了其整个国家的治理体系发生了转变，同时也促进和鼓励公民有意识地、有效地参与公共事务。[①] 在这一共同参与过程中，个体对于教育的需求从政治层面转向个人层面，如许多年轻人希望通过教育成为推动社会稳定发展的力量。

7. 通信媒介的发展对个人处理信息的能力提出更高的要求

通过联网而产生沟通功能的计算机和移动电话等现代电子媒体增加了人与人之间的相互沟通的方式，从而使世界正逐渐成为一个联系便捷的共同体。有了这样的信息源，我们可以以更快的速度获得更多知识和信息。然而，网络信息模式对人们提出了新的要求。面对广泛的知识和信息，学习者必须开发新的学习技能，如更高水平的阅读、写作、分析、识别、批评和选择能力，并过滤和区分有用与无用信息，甚至能够自觉屏蔽有害信息。

终身学习理念在联合国教科文组织和其他国际组织的支持下迅速传播，其理论在丰富和深化的过程中，逐渐引起国际社会的广泛关注。[②] 当今许多国家和地区把终身学习理论作为推进现代教育改革的基本指导原则。20世纪70年代以来，许多国家、区域和国际组织根据自身情况制定和颁布了各种形式的终身学习政策。这些组织开展了各种教育改革行动以适应终身学习的趋势。经过最初的质疑和反对之后，几乎所有的国家，即不仅在发达国家，包括发展中国家的公民也都能逐渐理解、支持并实践终

[①] 韩德平，郝洪剑. 国家治理现代化进程中的公民参与：服务型政府与公民关系的重构[J]. 法制博览，2018（8）：29-31.

[②] CHEN N. In the 21st century system of lifelong education in China[M]. Beijing: Higher Education Press, 2002:35.

身学习理念。① 然而，并非所有教育改革的变革者都清楚终身学习在当代或未来的重要性。

此外，来自环境和社会发展的挑战也要求每个社会个体形成终身学习习惯。因此，这些国家、地区和国际组织在终身学习方面表现出了自己独有的特征，其中一些特征无法通过一种因素或一种情况得到解释，而是需要放到复杂的时代背景中进行考量。②

为了了解每个国家对终身学习发展的认识，需要对于一些成熟的国际终身学习范例进行研究和讨论。一些发达国家如英国，在职业和技术教育方面更多地寻求通过终身学习来提高员工的工作能力。然而，其国内的面向个人终身的正规性成人教育正在遭受严重边缘化。在英国，终身学习仅局限于定期的教育活动，而不覆盖一个人的生命周期。其他国家和地区，包括部分太平洋岛国对职业和技术教育则缺乏研究兴趣。其大力倡导终身学习的目的在于改善其文化和生活水平，特别是促进其心理健康的发展。由此，终身学习被认为可以帮助一个国家解决其经济和文化领域中出现的问题。而在另一些发达国家，如美国和法国，基础教育通常不在终身学习的范围内，因为这些国家的学术界普遍认为终身教育主要指成人教育或继续教育；而瑞典和澳大利亚则正在努力将"从摇篮到坟墓"的学习模式融入其教育制度中，形成一以贯之的学习模式。

鉴于终身学习对社会未来发展的影响，一些国家如荷兰和新加坡，将终身学习概念的实施明确为 21 世纪提高其国际经济竞争力的手段。相比之下，太平洋岛国更加强调终身学习的发展与文化和社会资本之间的关系③，因而许多国家承认并积极鼓励促进终身学习所需的各方面的合作。在各个社会中，终身学习的实施存在着各种不同的现实问题。例如，促使"学习差异化"的形成，甚至在一定程度上加剧了现有的社会不平等。此外，终身学习的实施远远落后于其理论研究。同时，有部分学者认为，近些年来的终身学习概念过于强调人力资本，忽视了教育的基本功能和特性。这些

---

① CHEN N. In the 21st century system of lifelong education in China[M]. Beijing: Higher Education Press, 2002:18.
② ALHEIT P, DAUSIEN B. The "double face" of lifelong learning: two analytical perspectives on a "silent revolution"[J]. Studies in the education of adults, 2002(1):3-22.
③ VERAMU J C. Lifelong learning policies and practices in the Pacific Islands[J]. KEDI journal of educational policy, 2007:4.

都是当今社会对于终身学习所持的负面看法,也是在终身学习推广过程中需要改进之处。

通过研究终身学习政策和活动的实施经验,可以有效避免对终身学习的实施不当或错误理解。由此,当前需要对终身学习理念的发展进行系统性的研究,掌握国际终身学习理念的整体发展过程,分析一些国家在实施终身学习过程中呈现出的差异。

二、开展中德终身学习比较研究的基础

由于终身学习是一个被广泛认可的知识体系,并具有国际性、多重内涵和复杂的分支,因而对终身学习的具体学习行为、政策理论、现实影响因素的研究和分析是较为复杂且困难的,更无法对来自世界各地的终身学习概念进行综合对比。然而,通过选择个别具有代表性的国家进行研究,则有可能会形成较为有价值的见解。在综合了解了各种复杂的终身学习模式、活动及其在国际范围内的实践情况后,本书将对德国和中国的终身学习情况进行比较研究。通过对中德两国不同类型的代表性人群进行访谈,可以确定其在日常生活中所持的观点、行为,并由此确定终身学习对其个人的影响。这些访谈可以用来比较不同阶层和国家的人们对终身学习的态度及终身学习对普通人生活的影响。

比较研究中德终身学习的基础和动机如下:

首先,终身学习的概念在世界范围内具有广泛的影响力并取得了共识[1]。然而,世界是多样化的、复杂的,人类的理解能力和价值观是不同的,不同国家的社会及文化环境也是不同的。在德国,政府的重视与普通公民的实践,使终身学习的功能和价值得以开发和完善。这有助于中国从中汲取有益的经验和理论。

其次,即使社会环境面临同样的变化,但变化所产生的影响往往是相互作用的,包括地区经济、社会、政治、心理和文化环境等都会产生一定的波动,因而每个国家和地区在相同变化的影响下所形成的发展结果也往

---

[1] KADE J, SEITTER W. Lebenslanges Lernen Mögliche Bildungswelten: Erwachsenenbildung, Biographie und Alltag [M]. Springer-Verlag, 2013:1-15.

往不一致,这种不一致性使得其在终身学习的实际行为选择上容易产生差异。对文化传统、习惯、教育水平和经济状况等方面进行对比研究,有助于探索出一条适合我国终身学习发展的道路。

再次,终身学习理论的实践需要大量的资源,这对于大部分的学习者来说是稀缺的。这种资源的不平衡将导致竞争[①],而此类竞争应该受到调控和约束。因此,在教育系统构建中要实现教育资源的优化配置。在终身学习的发展过程中,研究和学习德国使用和分配资源的方式,有助于我国解决自身教育资源稀缺的问题。

最后,即使当前我们能够充分认识个体的发展需要、掌握社会变革和技术改进的基本趋势等,我们也不能把控一切。因此,在有效理论的指导下,在实践过程中实现局部最优是重要的。[②] 我们需要围绕个人终身学习的具体概念、行为和影响因素等方面来研究两个国家的不同阶层的个人终身学习实践,进而对中德的终身学习发展情况进行全面的比较研究。

第二节 研究现状

终身学习理念自确立以来,几乎引起了所有国家和地区的关注。一些国家意识到终身学习的重要性,通过发表官方声明对其予以确认;有些国家提出了全面实施终身学习的政策;一些政府教育委员会出版了绿皮书、白皮书或其他各种关于终身学习的报告;有些则已经制定了保护终身学习权利的法律。

终身学习作为一个国际教育理念,最初是 19 世纪 50 年代末在欧洲确立下来的。1949 年在瑞典和 1960 年在加拿大举行的国际成人教育会议都认为,学习必须贯穿于人的整个生命周期,以适应社会的快速发展。[③] 由保罗·朗格朗(Paul Lengrand)于 1965 年撰写的《终身教育导论》在国

---

① BRINDLEY J E, WALTI C, ZAWACKI-RICHTER O. Learner support in open, distance and online learning environments[M]. Oldenburg: Bibliotheks-und Informationssystem der Universität Oldenburg, 2004:39-50.

② MOORE K D. Effective instructional strategies: from theory to practice[M]. London: Sage Publications, 2014:17.

③ 高华光. 世界成人教育发展的十大趋势 [J]. 北京成人教育, 1987: 32-33.

际上具有广泛的影响力，被认为是终身学习理论的代表作。1968年，作为终身学习的另一个里程碑式的重要著作《学习型社会》由美国教育家赫钦斯（R. M. Hutchins）发布。在该书中，他强调了终身教育和学习的重要性[1]。到了1970年，这一理念赢得了全世界大部分国家和地区的关注及赞誉。1972年，联合国教科文组织出版了《学会生存》，充分肯定了学习型社会和终身学习的作用及价值。自此，终身学习的理念逐渐被普及，并不断受到重视。1976年，美国通过了"终身学习法"；欧盟于1990年发表了关于终身学习的三篇白皮书，并将1996年确定为"欧洲终身学习年"，此后于2000年10月发布了一份《终身学习备忘录》；1997年，荷兰政府发布了《荷兰终身学习》的正式报告；同年，挪威发表了一份题为《新竞争》的绿皮书；20世纪80年代初，韩国便在宪法中规定了终身学习的相关内容，并于1996年将"社会教育法"更改为"终身学习法"。到目前为止，许多国家，特别是大多数发达国家已确立了自身的终身学习政策，并且在全国范围内普及。终身学习的研究已成为一个国际课题，深受许多国家的重视。

一、中国终身学习的研究现状和经验

近年来，中国在终身学习方面的研究及实践取得了突破性进展。自2000年以来，中国涉及这一概念的论文和著作在逐年增加，其主要关注的方面包括对终身学习和终身教育概念的解释和讨论、终身学习和其他学习形式的分类、终身学习的必要性和重要性、终身学习的多种功能、在整个教育系统中的地位、从终身学习的角度改革学校教育及根据我国具体国情建立终身学习制度的初步研究等。自从中国引入终身学习理论以来，形成的研究成果越来越丰富。此外，中国也越来越意识到开展终身学习的重要性。当前，中国终身学习研究的主要方向有：一是介绍国际组织，特别是联合国教科文组织、经济合作与发展组织（简称"经合组织"）和欧盟对终身学习的研究成果和实际经验；二是研究各个国家

---

[1] HUTCHINS R. The learning society. New York: Frederick A[M]. Praeger Publisher, 1968: 120.

终身学习发展过程中的实践经验和成熟理论。

1. 基于国际知名报告和文献的理论研究

虽然我国对终身学习的研究不像其他发达国家那样开展得那么早，但我国许多研究人员对这一课题在一开始就抱有浓厚的兴趣，并努力通过分析国际上的知名著作和研究成果来了解终身学习的研究进展和现代观念。2003年由冯巍撰写的《OECD国家终身学习政策与实践分析》重点介绍和分析终身学习的理念、政策、实践和现状；还总结了经合组织国家终身学习政策发展的共同趋势。例如，法律、学习机会的多样化，信息的变化和学习的社会化。刘小强则研究了欧盟自里斯本会议以来的终身学习战略的新特点，包括生活学习策略的改变、终身学习策略的变革等。其中一个重要的特点是，终身学习的定义和作用被重新理解并得以完整阐释，并希望通过终身学习促进欧洲一体化。2007年出版的《国际组织关于终身学习战略的进展和困难》一文提到，虽然联合国教科文组织、亚太经济合作组织和欧盟都赞成"终身学习"的概念，但对这个术语的定义存在不同理解。此外，虽然其在20世纪70年代至90年代发布了终身学习政策，并且其在促进终身学习的实践中发挥了巨大的作用，但在实施中也存在困难。例如，对终身学习概念的模糊理解、对终身学习的影响理解不够全面、忽视文化背景、终身学习理念与实践之间的巨大差距等。《欧盟终身学习战略的发展、影响和启示》也简要介绍了自20世纪90年代以来，教育和培训领域在具体实施中如何受到终身学习策略的影响，从而发挥其在促进欧盟就业、教育和培训政策及欧洲一体化进程方面的作用。《欧盟教育合作中终身学习理念演进探析》则探讨了终身学习的概念、政策、实践和行动的变化，并从历史的角度将终身学习看作1957年以来欧洲一体化进程中的一个关键战略。

2004年出版的《终身学习：理念与实践》阐明了联合国教科文组织、亚太经合组织和欧盟的终身学习战略的共同点及不同点，同时还对各时期的终身学习的概念、目的、行动、思想、问题、实践、指标、政策等进行了分析。

综上所述，国内研究人员较为注重对国际重要终身学习研究成果的分析和借鉴。这些研究成果，有助于学者乃至于我国整个社会更直观地了解其他国家的终身学习理论、实践和发展情况，以及我国在发展终身学习方面存在的问题。

2. 在终身学习实施方面的研究成果

当前在终身学习发展方面有许多值得关注的研究成果，包括《当代世界终身教育的政策、管理和立法》《瑞典终身学习的发展战略》《日本终身学习实施的措施和效果》《瑞典终身学习的发展历程和促进措施》《美国终身教育的基本经验和启示》《日本终身学习的社会背景和实践策略》《欧洲终身学习政策的比较研究》等。这些研究成果中的一些概念常常被当代学者引用，以作为进行终身学习研究的参考。可以发现，21世纪以来相关研究人员倾向于比较发达国家的终身学习实践情况。

在终身学习实施方面的研究成果主要集中于两个方面：首先是对其他国家终身学习状况的全面介绍和分析；其次是解决实施终身学习战略过程中遇到的具体问题。这些研究为我们了解国外主要发达国家的终身学习发展情况提供了理论依据，丰富了现有的研究数据，并提供了有关终身学习各个方面的信息。

1999 年出版的《现代国际终身教育论》介绍了美、英、德、法、日等不同国家的终身教育和终身学习的发展历史、政策结构、实施过程，并对其终身教育的特征进行了评价。2003 年出版的《比较终身教育》则主要介绍了中、韩、日、美、英、德、法和瑞典的终身教育实施情况。此外，通过对各国进行比较分析，该著作指出了政策和财政支持对于成人教育的影响。2005 年出版的《终身教育、终身学习和学习型社会》一书则讨论了关于促进终身学习的具体方法，包括法律、组织、认证、财政、时间和舆论等，并对学习型社会的构建提出整体化的建议。该书还针对终身教育每个级别和形式的发展提出了改革建议。因此，从以上有关终身学习的国际性研究专著中可以发现，我国相关学者在终身学习研究方面的相应思考和认识已经获得了广泛的传播，并在社会上产生了一定的影响。

虽然这些研究成果已为我国终身教育学界提供了大量的数据信息，但当前我国在终身学习方面的相关研究还不够深入，且主要集中于理论分析层面。通过搜索中国知网（CNKI）发现，只有 198 篇学术论文是专门研究我国终身教育的落地发展的,大部分相关的研究仍然主要停留在理论分析层面。而针对相关机制体制建设的讨论仅停留在宏观层面,未能就终身教育和终身学习的落地给出具体的实施办法。此外,从整体上看,我国的终身教育实践缺乏必要的理论和体系支撑,因而动力不足,尚不能满足人们当前的需求。

近年来,我国学界就国际终身教育及其发展现状进行了大量的研究。然而,我国关于终身学习的研究还处于起步阶段,因而无论是研究的数量还是质量都亟须提升。例如,唤醒普通公众在全国终身学习的环境下形成自觉参与终身教育的意识,促使终身学习在社会中蓬勃发展等研究仍亟待提升。此外,较少有学者从个人日常生活的角度对终身学习进行微观阐释,也缺乏从该层面展开比较成熟的终身学习的国际比较研究。因而,本书重点研究分析以上亟待提升的方向。

二、德国终身学习的研究现状和经验

从历史角度看,尽管与其他部分发达国家相比,德国关于终身学习的理论研究并不是最先进的,但其较为成熟的终身学习方式方法已经在社会上得到广泛应用。20世纪60年代以来,德国政府实施了一系列独具特色的终身学习政策,不仅打造了数量庞大的充分尊重多样性和传统性的成人教育机构,同时也在此基础上提供了更具多元化和自由化的教育内容及活动。《教育系统的规划结构》的研究报告显示,"学会学习"是终身学习的核心原则,继续教育是推动终身学习的关键,而且强调实施有法律保障的带薪休假制度有助于促进在职员工成为更有活力的劳动者。1990年,德国联邦议会发布了一份政策文件,其功能在于为德国的未来勾勒终身教育模式的蓝图。在此文件发布之后,德国政府一直不断强调继续教育将在解决信息时代与知识经济时代所面临的竞争问题中发挥的重要作用。1995年,德国研究科技与革新审议委员发表的《资讯社会:机会、革新与挑战》反复强调终身学习的理念,并突出自我导向意识在当今社会的重要价值,同时指明信息通信技术有助于推动终身学习的普及。2000年,德国社民党与绿党联盟在联邦议会发表的《全民终身学习:扩展与强化继续教育》中指出,终身学习将有力推动未来德国教育体制的发展和创新，并提出了许多促进终身学习及扩大继续教育的措施。这表明德国的终身学习政策已经基本形成。

1996年，在亚太经合组织提出终身学习的概念之后，德国高度重视终身学习的地位和作用。当时有学者认为，终身学习可以帮助德国解决国内的各种社会问题，如高失业率和普通市民对提高职业技能的要求，而通过终身教育可以进一步提升职业技能，提高个人的社会适应能力。事实证明，终身教育的实施和推广在减少失业和鼓励经济发展方面发挥了很重要的作用。到目前为止，"职前教育是准备，职后教育是发展"已经成为德国社会的共识。为了营造理想的终身学习社会环境和建立学习型社会，德国政府实施了一系列鼓励终身学习的政策和措施，并完善终身学习法律制度。以下是对德国推进终身学习的政策和做法的介绍。

1. 终身学习体系的构建与政策的制定

德国教育界始终将研究焦点集中于社会每个成员的职业发展过程和就业成长情况。德国社会将为每个想进修以应对现代社会压力和提升自我能力的人提供充足的学习机会，包括从基础到大学的职业教育课程等，这就是德国教育体制中的"第二条道路"。据了解，德国过去传统的教育主要分为小学、中学、大学教育，而这种教育体系被描述为"单轨制"，意味着未能从小学毕业进入中学的人将会失去获得大学教育的机会。在这种教育系统中，大多数普通市民需要完成大学教育才能获得完整的教育经历。然而，第二次世界大战后，公众对教育的需求开始变得多元化，并要求政府为已经工作的成年人提供接受高等教育的机会。这就要求政府通过第二条道路的教育方式为已经工作并拥有自我提升意愿的成年人提供更为广泛且有针对性的教育服务和产品。第二条道路旨在将职业高等教育和普通高等教育联系起来，开辟小学、职业中学、职业高等学校或高等专门学校的职业化教育路径。进入该教育模式的学生也可以根据自身需求灵活转换到综合大学进行学习和进修。此外，夜间和全日制大学预科教育为19岁以上的成年人提供了更为丰富的高等教育机会。前者是为希望接受大学预科教育的成年人设立的，其入学门槛是完成职业教育的系统学习或有3年以上的工作经验；而后者则要求参加者进行为期5年的全日制学习。这些教育体系和制度为普通在职人员提供了充足的职业教育机会。根据德国《成人教育促进法》所规定的"带薪休假"制度，在职工人每年享有10天的带薪教育假，这确保了所有在职员工无论工作是否忙碌都有一定的时间进行职业学习。在教育假期期间，每个工人都可以深入一个教育主题，且不仅限于与自身职业有关的专业化教育。

此外，德国还建立了个人继续教育的辅助系统。德国政府在1971年出台的《联邦教育与培训促进法》就明确鼓励市民参与到继续教育中，特别是对有效开展终身学习的个人提供相应的教育经济援助，即授予奖学金，以帮助其顺利完成学业。奖学金的数额取决于学习者个体所参与的继续教育的形式、内容和数量，即如果个人选择在高等教育机构进行继续教育，则其将获得与高等教育相匹配的经济资助和奖励。这种辅助方式极大地激发了社会个体参与继续学习的兴趣。

德国目前也为普通公民制定了其他类型的学习鼓励政策，如在1990年由德国联邦议会研究委员会所发布的报告《教育政策的未来：教育2000》就提供了具有方向性的教育政策建议，其中继续教育、终身教育和终身学习是这一报告的重要主题。该报告还强调，每个人都应该有受教育的机会和平等接受教育的权利；同时指出，任何人都应平等地享有接受高等教育的机会而不受其性别、种族、国籍、年龄的限制。

综上所述，德国终身学习理念的核心是切实维护每个公民的受教育权益。换言之，"终身学习的自我激励能力"的发展是德国建设学习型社会进程中的一个重要概念，而运用现代信息技术，如多媒体学习工具，将极大地推动这一理念的落地实践。1995年，德国学者在其报告《资讯社会：机会、革新与挑战》中指出，各个阶段的教育形式都应该积极利用现代信息技术，使学习者彼此之间更容易沟通，最终将会形成一个信息化社会，以增强社会全体公民对终身学习的认同感。

1997年，德国联邦教育和研究部在题为《终身学习：职业继续教育的发展前景》的报告中提出，国家的教育方针应该使职业继续教育成为整个教育体系的一个组成部分，而且在终身学习的理念下，必须使每个参与学习的人都得到相应的激励和支持。1996年，德国政府通过了《继续教育促进法》，以激励终身学习行为。

2. 德国终身学习的具体实践和改革措施

自 1998 年以来，德国便以年度国家学习节的形式进行主题终身教育建设。该项学习节的主要目的是拓展成人教育，以节日的形式来普及终身学习理念。该节日旨在激发人们的学习兴趣，使公众能理解学习的意义。该活动使得越来越多的公民把学习看作一种日常生活方式，同时也使人们认识到学习的乐趣。德国设立学习节也是为了给普通人群创造更多的学习机会，以激发其参与继续教育的兴趣，建立全国性的创新型学习文化，最终普及国家的终身学习理念。除了来自社会和政府层面的努力外，许多高校也提倡为大众提供更多的终身学习机会。1919 年的《魏玛宪法》第 148 条强调："在德国联邦、州和市的各级各类高等院校都应该提倡并积极推动公众教育。"在此背景下，许多高校支持成人教育和终身教育，并为专门的终身教育机构提供人力和智力资源。自 20 世纪 90 年代以来，根据学习者的需要，出现了许多除正规学校教育之外的更具灵活性的教学方式，包括夜间课程和节假日课程等。

在德国，除了有各种各样为成年人提供学习机会的教育机构之外，还有各种可以被称为社会继续教育的组织，这些组织包括农村成人教育机构、教堂、家庭教育组织、社会福利机构、德国工人联合会、德国工会、产业联合会、消费者联盟、民办学校和研究机构、大学、函授院校、教育交流机构、广电大学、联邦和各州教育中心等，为普通民众提供全方位的终身学习机会。

当前，德国的职业继续教育已经与其国内的工业和经济协同发展。在德国，参与职业继续教育活动，公民可以获取由联邦劳动局提供的资助，还有一些专门对职业继续教育的实施进行监督的机构。一般而言，职业教育院校和企业工会可以向公民或雇员提供职业教育或培训课程，从而极大地促进了职业继续教育和终身教育体系在全国范围内的实施。

根据 2000 年的教育报告，德国继续教育参与率从 20 世纪 90 年代起逐渐增加。这一数据是其国内终身学习实施效果的重要指标之一。德国教育机构通过调查分析了普通公民参与继续教育的情况，得出的调查结果显示，每年大约有一半的德国成年人参加了正规化的继续教育活动。此外，德国对成人教育和职业教育的资金投入较之以往明显增加。

根据以上的分析可以发现，包括德国在内的许多国家政府和社会高度重视对终身学习的理论研究和落地实践。而对德国终身学习活动实践的相关调查显示，终身学习理念在德国得到了迅速的普及。因此，总结德国终身学习的实战经验，可以推动我国终身学习和终身教育研究及实践的发展。

第三节　研究意义

一、理论意义

对终身学习思想和理论的传播是 20 世纪教育史发展中的一项重要成果，因其直接推动了教育体系的不断完善，增强了人们对教育重要性的认识，提升了教育的民族化和民主化意识。现代社会中的民主精神应当是为每个人提供平等的教育机会，以实现个人的自我提升，而终身教育和终身学习的目的在于对教育公平的保护，通过发展教育和改进学习方式，推动社会的不断进步。近 40 年来，许多国家和地区的居民已经逐渐认识并接受终身学习的理念，广泛开展了各种终身学习的实践活动。然而，终身学习涵盖着诸多方面，在不同的社会现实和历史背景下也存在着国家和社会之间的巨大差异，目前仍然无法通过一种通用的方式，有效地在各个国家之间宣传终身学习并鼓励研究人员持续关注该议题。

自 20 世纪 80 年代以来，中国学界便认识到终身学习的重要性，针对终身学习的科研学术成果数量也在迅速增长。然而，通过整合和分析已有的研究成果可以清楚地发现，相当一部分的研究将终身学习看作一种思想或观念，认为终身学习应当成为生活的一部分，而较少从微观层面进行阐释。研究视角脱离现实生活，使得普通阶层难以把握该概念的精髓。与德国等在推广和普及终身学习实践发展方面具有一定成熟经验的国家相比，我国在终身学习的社会推广和广泛体验层面，包括促进社会个体有效地将终身学习融入他们的日常生活等微观层面，仍然有很大的成长空间。而以上这些内容正是我国和德国之间终身学习比较研究的创新点。

因此，本书在对现有的理论成果进行充分分析的基础上，根据传记研究方法，分析分散个体的日常传记式阐述。这样可以阐明我国终身学习政策的演变过程，并为我国科学地构建终身学习体系提供基本框架。

本书的另一个目的在于梳理和分析德国现有的终身学习理论研究成果，扩展终身学习的国际比较研究视野，准确把握终身学习的研究方向和国际化发展趋势，并探索与终身学习相关的各种教育理论包括终身教育和学习型社会等。随着基础理论研究的不断发展和完善，当前的研究以一种更为全面的视角来阐释和分析终身学习的国际发展趋势及微观层面的具体需求，最终为我国终身学习的发展和实践提供相对成熟的经验指导。

二、现实意义

20世纪90年代以来，我国学者逐渐参与了终身教育和终身学习的讨论及研究。同时我国从顶层设计层面，也将终身学习的相关理论体现在一些文件和报告中，使其获得社会的广泛关注。关于这一主题的学术研究进展迅速，研究成果不断丰富，而这些理论发展都为终身学习思想的传播和政策的实施奠定了基础。然而，目前我国对终身学习的研究逐渐产生了分化特征。一方面，部分研究者大力宣传终身学习的理念，诠释其所包含的各种理论，深化其理论研究的内容。但其所提出的政策和建议大多属于理论建议层面，如加强终身学习理念的宣传力度、加快相关立法建设、提高教育实施强度等。以上建议之中一般缺乏明确的逻辑连接，且这些理论思考无法直接为政府制定和实施终身学习法律和计划提供实践参考。另一方面，许多研究成果过于集中在微观技术层面，如引入国外具体的终身学习方法、技术、评价、学分转换方式等模式，过多关注细节层面，而忽略从宏观角度为终身学习政策制定提供更为广泛且实用的模型或经验。虽然以上这些研究对个人的终身学习能力的提高具有一定的指导意义，并在终身学习的具体宏观策略改进方面具有一定的参考价值，但其在宏观和微观两个层面的建议及落实需要得到有效的整合。

当前，我国更需要考虑的是，如何使得社会个体更加自觉、自愿和自主地接受并实践终身学习的理念和政策，以使自己在日常活动中形成终身学习的意识，最终实现社会的发展和自我完善。本书将主要围绕终身教育在我国教育系统中的建立方式，我国政府、社会、学校和个体在终身教育中所应担负的责任和义务，根据我国现有的教育资源来解决终身教育和终身学习在推进过程中所面临的各种现实问题。本书旨在充分展示我国建立终身教育体系的可能性，并由此提出具体而有效的落地方法，建立和完善终身教育制度，改善终身教育在我国的发展环境。

本书在比较和传记分析的基础上，借鉴国外尤其是德国目前的终身学习理论成果，及时把握我国终身学习推进过程中可能出现的问题，同时本书搜集到的国外研究成果，有利于扩展我国终身教育的国际比较研究视野，从而以一种新的视角讨论和探索终身教育的话题，并掌握该课题在世界相关领域的最前沿发展趋势。

第二章 终身学习的概念辨析及价值体现

在对不同地区的终身学习情况进行具体研究之前，有必要从概念上界定终身学习，并解释其在现代社会中的作用及如何影响人们的日常生活。此外，还应该阐明终身学习的历史背景、现实进展、发展特点，以及其与学习型社会和终身教育之间的差异。深入探讨这些问题有助于我们理解当今终身学习的国际发展趋势。

第一节 终身学习理念的形成

随着终身学习概念的产生及不断发展和完善，政府和社会个体对这个概念也逐渐理解和接受。以下具体阐述终身学习理念的形成。

一、终身学习理念形成的理论基础

终身学习和终身教育的概念经历了不断发展和完善的过程。1965年，联合国教科文组织在巴黎组织了第三届成人教育国际会议，其成人教育项目负责人保罗·朗格朗正式向会议提交了关于开展终身教育的建议。他后来在1970年出版专著《终身教育引论》，掀起了在全世界建立和传播终身教育理念的热潮。在1972年，联合国教科文组织出版了《学会生存》，进一步发展了终身学习的概念。最终，终身学习的概念在1996年联合国教科文组织出版的《教育：财富蕴藏其中》报告中被确立下来。

经过若干年的推广，人们对终身教育的理解发生了巨大的变化，同时传统的教育观受到一定的颠覆。如今，社会普遍认为，教育和学习已不再是"学校"的同义词，也不再局限于学校或大学的某一阶段。教育应贯穿人们从出生到死亡的整个生命周期，接受教育不只是儿童和青少年的"特权"。根据传统观点，只有儿童和青少年才有能力学习；同时随着年龄的增长，成年人的学习能力将会下降。然而，终身学习的概念提倡学习应该贯穿人的一生，这改变了人们对教育的传统理解，打破了人为地将人的生命分为纯粹学习阶段和纯粹工作阶段的理念，也颠覆了传统的学习概念中受教育作为儿童和青少年特权的思想。

终身学习的核心思想是，教育和学习应该是一个持续的过程，旨在促进个人的全面发展。学习一直被认为是人们生活中一个永恒的话题，因而每个个体都应该认识到终身学习的重要性。

二、终身学习理念发展的具体体现

学习型社会概念的出现将教育的重点转向了个体的学习经历，进一步推动了终身学习概念的发展。1968年，罗伯特·梅纳德·哈钦斯出版了《学习型社会》一书，提出了学习型社会的概念。1969年，卡内基高等教育委员会发表了题为《迈向学习型社会》的报告，使得学习型社会的概念正式形成。1970年，联合国教科文组织推广了教育的新理念，强调当今世界的教育内涵应该具有终身的性质，使得终身学习的新理念得到广泛的传播，现代教育体系朝着终身、民族和民主方向不断发展。

从学习型社会的基本思想中可以发现，哈钦斯倡导每个人通过不断学习，以实现生活水平的不断提高，从而建立起一个学习型社会。该理论消除了现代社会中对学习作用的长期误解，即不仅强调学习在个人发展中的重要作用，同时还强调个人学习反过来也会推动社会的发展及进步，从而使终身学习的概念得以继续发展和完善。

三、终身学习理念拓展的推动力量

在20世纪70年代，个人学习问题引起了世界的极大关注。埃德加·

富尔（Edgar Faure）提交的报告《学会生存》中指出，虽然每个人在一生中都在不断地接受教育，但其应逐渐成为学习的主体，而不是学习的客体，即强调个人的学习主动性和自制力。该报告还预言，未来的社会将是一个学习型社会。它还提到社会对全面发展的人的需求，而只有通过全面的终身教育对个体进行培训和教育，才会使得个人技能不断提升，阅历逐渐增加，从而帮助个体适应社会的发展。该报告认为人的生存是一个无尽的改进和学习的过程，并清晰地提到了"终身教育""终身学习""学习型社会"这三个相互关联的基本概念。

由此，联合国教科文组织于1976年11月在非洲内罗毕举行的第十九次全体会议上通过了《关于发展成人教育的劝告书》。在联合国教科文组织、亚太经合组织、欧盟和其他国际组织和机构的共同努力下，终身学习的概念不断受到世界的关注。欧盟将1996年定为"终身学习年"。联合国教科文组织21世纪国际教育委员会主席雅克·德洛斯于1996年提交了一份题为《教育：财富蕴藏其中》的报告，提倡各国将终身教育作为今后制定教育政策的主导思想，将对终身学习机会的保护作为21世纪教育发展的重要目标。1996年6月，包括英国、美国、法国、德国、意大利、日本、俄罗斯、加拿大在内的八国在科隆举行会议，一致同意在本国范围内推进公共教育，并确保将终身教育的发展作为国家优先教育策略。

从关注终身教育到聚焦终身学习，这一重要转换标志着学习型社会的巨大发展。从此，终身学习、终身教育和学习型社会的观念相互关联，成为一个统一的整体。

第二节　终身学习的概念界定

自引入终身学习概念以来，已有许多不同的组织和学者为这一概念下过定义。最常见的定义如下。

美国成人终身学习研究咨询团队指出，终身学习涉及有意义和有目的的活动，其能够让人类增长知识，发展技能。终身学习的形式和方法可以灵活变化，它可以在正规的教育环境（如学校）下进行，也可以在非正规的教育环境（如家庭或工作场所）下进行；终身学习的教师可以是专业教育工作者,也可以是拥有丰富经验和渊博知识的个人,如熟练的工匠等;终身教育的教材可以来自传统教科书、其他各种图书、新技术、网络等;学生的学习经验可以萌发于教室或其他学习环境,如博物馆或风景名胜等。

华东师范大学教授高志敏认为,终身学习应该包含7个特点。没有终身学习,就没有丰富的个人现实生活经历,更谈不上拥有较高的生活质量;在终身学习理念的驱动下,学习者成为教育的主体,因而终身学习基于学习者的自主性,是一个全面的过程,其存在于人类生活的各个角落;终身学习的目的是建立个人的自信,培养个人适应社会变化的能力。

由以上的分析可以发现,关于终身学习的定义描述具有一定的相似之处。如促进人的综合发展;学习空间的打造需要家庭、学校、社区等的共同努力。这些定义强调非正式学习在各种不同背景下的重要性及学习方法应该满足学习者的需要。终身学习的内容应该是建立个人的自信,帮助个体适应社会变化,提高其专业技能。

总体而言,在定义终身学习时一般强调其是一种贯穿人的一生的学习活动形式,这意味着每个个体从出生到死亡都需要进行学习活动。它同时还包含正规、非正规和非正式三种学习类型。

根据德国学者彼得·阿亥特的阐释,正规、非正规和非正式的学习类型具有如下特点[①]:

(1) 在典型教育和培训机构中进行的正式学习,通常被公认为正规学习,其应当在结束后获得文凭和证书;

(2) 非正规学习则通常发生在工作场所、俱乐部、协会、民间机构等,其教育活动一般与系统培训结合,也包括个人追求体育、艺术等兴趣爱好的学习活动;

(3) 非正式学习则是无具体目的的、在日常生活中自然产生的学习活动。

虽然"正规学习"或"有意识的学习"具有明确的目的或目标,同时在一定的计划和发展策略下进行,对个人的日常工作和生活非常重要,但

---

① ALHEIT P, KREITZ R. "Social Capital", "Education" and the "Wider Benefits of Learning": Review of "Models" and Qualitative Outcomes[M]. Göttingen, 2000: 15-28.

是非正式和非正规学习的重要性也应当引起重视。这两者的实现对终身学习的整体化功能和价值表征同样具有积极意义，是终身学习系统中不可忽视的重要成分。

第三节 终身学习的本质特征

到目前为止，学界在终身学习的基本特征问题上仍未达成共识。不过，基于终身学习的定义，即它是社会中每个人通过自身学习经历和行为在生命中探索自身潜力的一种方法，可以得出其具有公平普遍性和个体终身性的特征。此外，政府及社会应提供良好的学习设施和资源，以促进公民全面开展终身学习。这些社会学习资源应帮助学习者在快速变化的社会中获得生存技能。因此，终身学习还具有社会支持性。这三个特征具体包含如下内容。

第一，终身学习强调学习系统应该向所有普通人开放，即应当具有公平普遍性。要促进教育资源和机会的平等，就要调动相关机构和组织的积极性，通过社会、企业、家庭和个人共同参与。终身学习所倡导的学习实践应该在现代社会发展的背景下进行，并强调平等的学习机会是面向每个社会个体的。

第二，终身学习强调个人应该是学习活动的中心，而学习活动都应当在社会环境下进行，即强调社会环境对于学习活动的支持性。根据这种观点，学习不仅被视为一种生活方式，也被视为一种社会行为。社会中的每个人都应该在生活中的任何时候或任何地方，不断学习社会发展和自我完善所需的各种知识和技能。因此，终身学习本质上将人的内在世界与外在的社会环境联系起来。换言之，人们无法脱离社会的影响而完全独立地学习，因为学习是一种社会活动。因而学习者个人只能不断改善其社会意识和行为，在其生活中不断加入社会性学习元素，在社会的支持和指导下，不断提升自身的文化素养。

第三，终身学习应该持续整个生命阶段，即强调教育的个体终身性。这意味着人的生命是一个不断接受和学习的过程。根据终身学习理论，个人总是能够随着现代技术的发展而不断获得提升自我的能力，以适应社会发展，最终促进社会和人类的全面进步。

第四节 终身学习的现实意义

终身学习应该被视为未来人类社会最迫切的个人需求之一。其不仅改革了传统的学习概念，同时要求每个社会成员都必须学会如何在日常生活中参与和实践终身学习，以适应社会的不断发展。

第一，通过终身学习能够不断提高个人的学习效率。终身学习既不是传统学校学习的简单延伸，同时也并不否认学校教育的存在和价值；它基于学校学习的内容，同时包括更丰富的知识和更多样化的学习体验。它是一个过程，使学习者能够充分地发展他们的个性，使每个人的潜能得到充分开发，激发人们获得一生所需的知识、观念、技能。因此，从本质上讲，终身学习使得普通民众积极适应社会环境，最终完全体现自我的价值理念。

第二，个人和社会的发展可以通过终身学习来推动。终身学习的目的包括更好地适应社会生活并获得个人身心的协调发展。其作为一种生活方式，旨在适应社会的快速变化；其指导思想是基于自我成长的目的而进行的开放型学习，因而进行终身学习的目标之一是帮助学习者成为具有批判性和创造性思维的个人。

第三，现代经济技术的发展只能通过终身学习来推动。以前社会发展缓慢，生产力低下，传统的教育模式只能够满足社会对于科技和智力的需求；然而，随着经济和现代化产业的快速发展，人类不可能仅从固定的正规教育所学到的知识和技能来满足其工作中的所有需求。随着现代社会、政治、经济、技术和文化的不断进步，人们总是处在一个快速变化和发展的环境中，因此就要求其能够在正规教育之外，继续接受各种在职、社会等非正规和非正式教育及培训，以适应世界所产生的新变化，并能担负起其自身的社会责任。

第四，随着各国经济的快速发展和生活条件的改善，人类的平均寿命逐渐延长。这意味着许多国家的老年公民比例越来越高，即许多国家逐渐步入老龄化社会阶段。随着自然科学和社会科学的不断发展，人类获得的知识愈加丰富。即使一些老人接受过小学、中学甚至大学教育，其获得的有些知识和技能在当今也已经过时，不能满足当今社会生活的需要。此外，由于一些知识和技能不适合经济和社会发展的需要，因此已经被淘汰。所有这些都需要大量的老年人继续扩充现有的知识体系，以适应新的变化和发展，并继续成为对家庭、社会和国家有用的人力资源。

第五，学习者可以被视为终身学习理念下学习过程的核心。学习活动必须由学习者自己主导，学习者不再是知识的被动接受者，这与传统的教学方法形成鲜明对比。之前的教育模式强调学习者的从属地位。这不仅限制了学习者的身心发展，同时也抑制其对学习的兴趣，最终导致其对知识的渴望及批判性和创造性思维的丧失。导致这一问题的本质原因在于，传统正规课堂教学模式下的教师教学活动往往会导致单向学习，即学生需要从精神和行为上遵守且顺从教师的教学命令，最终使得学生的批评性精神和创造性能力不断被抑制。终身学习的新思想则恰恰相反，其强调个人应当完全适应社会发展，以个人的主动和积极性学习取代无效的教育制度下的被动学习，使教育回归生活，学习者可以在整个终身学习过程中充分拥有主动性和创造力。此外，每个学习者不仅是专家和学者，也是知识和文化的创造者；同时，终身学习关注学习者的学习行为，不仅将其视为一种社会行为，同时也将其视为一种生活方式。

然而，通过分析终身学习的本质和功能可以得出其具有双重效应，即终身学习不仅为了满足个人兴趣，而且为了适应社会需求。因此，在一个学习型社会中，会有部分公民在社会压力下努力把握终身学习的机会，并强调通过自身的学习来不断成为社会的有用人才；也会有一部分公民在同样的背景下，无法顺势成为终身学习者，而最终无法适应社会的压力和需求，被学习型社会所淘汰。

第五节　德国终身学习体系的价值特征

德国是欧洲发达工业化国家的强大代表。其先进的教育理念和有效的教育制度，是使这个国家经济强大的重要保障。德国政府和公众普遍认同终身学习的理念，认为其是促进经济发展和保持社会持续进步的重要途径。因此，在德国，成人教育是个人实现自我价值的助推器，也是终身学习思想落地的具体体现。有相关数据显示：94%的德国成人教育参与者认为每个人都应该接受和进行成人教育；92%的人则认为成人教育和终身学习是个人在其职业生涯中取得成功的重要保证。[1] 总之，在德国，"教育是发展个人品质、参与社会生活、促进专业发展的关键要素"已成为社会的普遍共识。

一般而言，我国和德国的社会个体有不同的终身学习动机，下面分析产生这种差异的基本理论。

根据人力资本理论，知识社会的产生使得传统的"教学—学习"模式产生了普遍化的问题，即无法通过课堂教育满足所有人的终身知识需求。此外，更为重要的是，随着20世纪70年代初教育和学习理论的不断发展及普及，人们发现对教育和培训的投资应当具有长期性和广泛性特征。然而，一些实证研究则对于通过延长学校教育促进学习者学习质量和能力提高这一观点提出了相反的看法。例如，英国曾在不改变现有教育条件框架和学习过程的前提下，强调通过延长小学教育时长来提升学生的学习容量。然而，单纯的增加学生学习时长而不考虑其他教育形式在整个人生中的作用和地位，将导致个人从学生时代就会失去部分学习的动机，反而不利于学习习惯的养成，特别是在完成正规学习之后的自我导向性学习习惯。实际上，有效的终身学习体系不是靠增加个人学习时长或制定规则建立起来的；相反，有些学习规则或规定对个体参与终身学习的意愿有负面影响。

随着当代社会经济和科技的发展，个体作用的发挥成为整个学习体系的中心。经济条件不再是唯一的决定性因素，而社会和文化的变化也在个人的学习和成长中发挥了关键作用。尽管在各个社会中不平等的现象继续存在，在不同的社会环境下的阶级跨越却变得更为容易。此外，本土化导向使得个人的学习过程更倾向于涉及自身代际和传统的经验，即强调通过学习增强对自我族群的感知力，或者提升对自身种族生活方式的热衷度。当今，大量的信息技术和内容大大增加了社会成员选择的多样性和开放

---

[1] REICH-CLAASSEN J, TIPPELT R. Erwachsenen-und Weiterbildungspolitik- Zur Notwendigkeit der Berücksichtigung der mittleren und späteren Lebensphasen in der Bildungspolitik[M]//Demografiepolitik. Springer Fachmedien Wiesbaden. 2013:179-199.

性。因此，个体的生命历程更为复杂和多变，个人的自主能力和适应变化的能力越来越重要。

在现代社会的这种发展趋势下，由个人的学习动机延伸出的民族整体意识对于国家而言，则显得尤为重要。这就要求每个社会个体在学习过程中有更多自由的学习动机和选择。由此可以发现，当社会发达程度较高，且在经济高度发达的背景下，如在发达国家中，学习基本属于个人事务，外部因素所形成的压力对于个人的学习的影响是有限的。因此，学习选择和决定更多基于个人的兴趣和爱好。相比之下，发展中国家的个人学习选择受到社会和经济状况及技术条件的限制则较多。在这种情况下，个人的学习选择必须考虑外部影响因素，其针对学习的决策更为复杂和模糊。而这两个层面的区别也是我国和德国在终身学习动机方面的显著差异的具体表现。

进入21世纪以来，德国的社会和经济面临新的挑战。在此背景下，德国成人教育也在寻求促进终身学习的新方略，以下主要介绍德国在终身学习方面的尝试和措施。

一、德国实施终身学习的驱动力

德国的经济在2005年之前仍然面临衰退的风险，其中一个重要原因是低附加值工业产值的比例下降。在此社会背景下，德国的高技术产业的产出已经出现了显著的增长，从20世纪末以来已经成为新的经济驱动力。因此，德国政府和公民深刻认识到，在新产业形式下和新经济快速发展的过程中，普通工人必须掌握新的知识和技能。因此，大多数工人必须接受必要的课程培训，而社会则不断提供这种新的知识和技能的培训机会，保证德国的工人都能够进入所需的各种形式的教育培训机构和组织中继续学习，以便其在各种新的形势下胜任相应的岗位职责。

自20世纪70年代以来，德国人口增长放缓、出生率下降，导致整个社会出现老龄化现象。人口结构的变化导致其国内劳动力资源严重不足，并使得成年劳动力资源显得尤为珍贵。然而，在工业化、信息化时代，如果一个劳动力无任何专业证书或资格傍身，则无法成为有效推动社会前进的动力，这也必将成为一个严重的社会问题。此外，移民的教育水平比本国人口低且移民之间的教育机会和资源相对短缺且不平等,因而德国移民政策也引发并加剧族群之间的各种社会矛盾。据德国官方统计,移民劳工人口中约半数从来没有参加过继续教育或职业培训课程[①]。因此,无论是德国联邦政府还是地方政府都认为应当重视终身学习的实施及成人教育。

二、终身学习在德国的发展

2007年1月举行的德国成人教育工作会议的主要目标是在未来5年积极推动终身学习,以培养更多合格且高素质的工人,尤其是提高移民劳动力的技能。这次会议确定了之后终身教育的目标在于"学习新知""规划未来""团结大众"。时任德国联邦教育部长的沙范曾指出,教育是职业发展的关键,也是人们对社会做出贡献的前提,尤其是通过成人教育培养人才必将是社会的义务和责任。

三、终身学习和成人教育的价值认可

在当今的德国,个人职业生涯规则已经不再是能够一蹴而就、一成不变的,而是随时都会随着社会的不断发展和变化做出相应的调整。在此背景下,教育和培训的关键是如何随着员工职业生涯的变化来满足其持续学习的需要。由此,终身学习成为满足不同职业发展要求的必然选择。为了实践终身学习的理念,必须注意到每个学习者的个人学习设计和行为训练。学习行为和习惯的培训要求个人着力改进其学习动机和从小养成的学习习惯,从而为其成年后建立良好的心理和行为习惯打下基础。在教育过程中,需要为学习者提供从幼儿园、小学、中学、职业学校到高等教育等各个学段有效和深远的学习动机激发策略,使得不同的个体在终身学习观念的影响下,不断产生学习的想法。据了解,当今德国社会的普遍共识是,缺乏职业培训经历的产业工人,将在其未来的成人教育和终身学习等过程中受到较为明显的影响,其对于成人教育和终身学习的需求会大增,

---

① SCHMID G. Wann wird der Arbeitsmarkt erwachsen? Folgen des Strukturwandels für die Übergänge zwischen Bildung und Beschäftigung[M]//Denken in Übergängen: Weiterbildung in transitorischen Lebenslagen, 2014: 137-169.

学习的目的不仅在于提高自身的生活质量，也是确保自身失业风险的降低，同时社会也可以减少混乱和动荡的风险。如果培训和教育能跟得上的话，当前社会的政治和经济压力就会逐渐减少，个人的生活幸福指数也会不断增加。

四、成人教育是实现终身学习的主要形式

德国已经在推进终身教育的过程中意识到，成人教育是实施终身学习的主要形式。这是因为对于大多数成年人而言，其学习活动正变得日益重要和丰富，随着社会的不断发展，不参与成人教育和学习，则意味着自身的职业发展机会会相应地减少，甚至会使成年个体在社会发展的过程中被排除在现代化进程之外。因而对于成年人而言，其所应获得的教育机会弥足珍贵，而终身学习对于成年人而言，是在正规教育之外所能享有的第二次通过学习来改变自身前途命运和促进自身职业发展的最佳路径。因此，其对于成人教育质量和内容的需求也显得更为迫切。

虽然部分成年人无法通过正规学习阶段获得工作和生活所需的经验，也并没有为进入德国成人教育系统继续学习做好充分准备，但当前德国的成人教育发展已经不再面向特定的阶层，也不再是少数人的特权，而是属于德国社会整体化发展阶段下的一般公众。此外，在德国，成人教育是其国家和社会未来发展的重要一环。因此，其必须被纳入国民教育体系并得到高度重视，而各个层级的教育部门和机构也需要把所有的成人学习机会和空间纳入教育战略规划中。

五、社区成人教育中心的影响和作用

在德国，社区成人教育中心是至今最为庞大、广泛且包容的教育机构，其在第二次世界大战之后的半个世纪以来已经形成显著的优势和特色。该教育形式拥有大量的参与者和数以千计的各类课程，受教育者涵盖了各个领域，课程也已经从只向公众提供基本科目的职业技能转为向各个领域均衡、广泛的扩展。该教育形式的机制较为灵活，学制较为宽松，成本也相对低廉。因此，其已经为包括当地居民在内的普通学习者提供了相

对便利的参与条件。基于这些特点，社区成人教育中心一直在社会各个阶层广受欢迎，并得以在德国各个城市和地区有效推广。社区成人教育中心也一直被认为是德国所有的成人教育机构中最活跃、最完备、最有效的组织，其确保了德国国家终身学习政策和措施的有效贯彻和实施。

六、增强社会对于终身学习体系的构建需求

为了在社会中发挥作用，年轻人需要具备职业技能，特别是对于那些已经完成学校教育的社会工作者而言，其更需要通过在职的教育和培训以具备一定的社会职业转化和应变能力。[1] 社会教育机构不仅要成为传播知识和培训技能的地方，还应当成为可以促进信息交流、加强民族融合、促进社会发展的平台。因而其应该使用政府特定的教育和培训项目的投资，提高面向所有的社会阶层的开放程度，通过建立语言、文化和技能培训中心，提高包括移民等少数族裔群体在内的人口的就业能力，同时帮助弱势群体获得职业资格培训机会。社会上的成人和继续教育中心及其工作人员也应该基于学习者的过去经历，开发更具有创造性和针对性的成人教育课程，构建更加专业完整的成人教育体系。

七、推动终身学习的新战略

在德国，终身学习在社会各个领域都发挥了重要的作用，极大地促进了成人教育的发展，因此德国各界强调制定一套完整的战略，以特定的法律法规手段促进终身学习的开展。成人教育是德国终身教育和终身学习的核心，其主要符合生活、工作和学习风格各异的学习者；此外，德国的成人教育强调应保证每个公民都能享受受教育的权利和机会，以应对科技浪潮所带来的新挑战。贯彻终身学习的理念将是现代社会的重要任务之一，因而德国各界强调要利用各种社会资源和空间，构建开放的教育体系，创造更多的学习机会，并鼓励更多的人参与其中。

---

[1] SIEBERT H. Didaktisches Handeln in der Erwachsenenbildung[M]. Berlin, 1996: 13-40.

八、鼓励弱势群体参与终身学习

社会中的低收入和中下阶层的人群对自身教育或学习活动的投资显示出较低的意愿，因此社会的成人教育和培训必须想方设法尽量提供低门槛的入学机会，并降低学习成本，从而鼓励更多的人参与教育活动。未来的教育战略必须为广大成人学习者，尤其是为经济条件较差的人提供最便利的学习机会，以使其能够在不考虑经济水平的情况下拥有学习的可能性。政府应与教育机构和社会组织相互协作，大力发展新的社会培训方案，使广大成人学习者拥有更多的学习机会。非正规和非正式学习也必须得到重视，这是完善终身学习体系的重要一环。尤其是需要低技能水平的成年人对非正规和非正式学习的形式逐渐形成正确的认识和评价，以获得与实际工作环境和需求相匹配的知识和技能。

九、实施项目培训计划

终身学习战略的目的还在于实施一系列的培训计划，帮助弱势群体提高职业技能。德国目前采用了包括"阿波罗教育工程"在内的终身教育项目，这使得其利用现代信息和通信技术，进一步消除了社会中的文盲比例。[1] 阿波罗项目的实施目标是建立一个新的学习平台，利用计算机构建成人必要的学习资源互联网；德国的"成人基础教育的研究和开发"项目则旨在扩大现有的补偿教育系统，以消除成人学习的障碍，同时挖掘基础教育的深度；德国成年人广泛参与的"职业资格认可"项目是为约130万未受过职业资格培训的30岁以下的德国人创建的；"外国人教育"项目的目的是促进移民适应和促使其融入德国文化；"失业人员的辅导项目"目标在于设计一种新的教育辅导系统，着力针对有失业和求职背景的人群。显然，德国目前的成人教育和终身教育系统，与普通学校教育背景下的学习咨询系统不同，是面向社会劳动力需求而设计的，并强调就业水平的提升所产生的积极推

---

[1] BMBF. National strategy for literacy and basic education of adults[R/OL]. [2020-02-18]. http://www.bmbf.de/en/426.php.

动作用。

十、团队参与项目以提高企业的创新能力

德国的团队学习项目包括了不同年龄、不同国籍的成员，学习服务项目旨在促进员工在企业中积极参与教育和培训。其具体内容包括学习指导、学习咨询、学习方法和个人发展及丰富的学习资源提供等，这种新的学习服务体系直接使得企业的工作效率得到了提高。此外，该项目还对员工培训水平和雇主创新能力之间的关系开展调查和分析。德国教育部门综合考虑到工作环境的差异及员工在学习活动方面的建议，设计出相应的顶层政策。德国大部分中小型企业未专门设置相关的培训部门，企业可以在员工培训上有所创新。如今，在经济全球化的大背景下，即使是白领或金领工人也需要不断接受教育和培训，以确保能够在工作中提出新思路，形成新理论，发明新技术或开发出新的工作流程。先进的科学技术和科技创新只有靠具有创造性思维能力的员工才能实现。因此，德国企业花大力气筛选合适的、高水平的继续教育机构以对工作人员进行培训，同时制定激励政策，鼓励员工参与。

十一、网络技术的发展有助于促进终身学习

20世纪末互联网的影响力已经遍布全球，整个国际社会已达到被认为是互联网时代下的共同体的程度。[1] 因而终身学习的观念需要改进和扩展，且要认识到其自身必须与互联网和现代技术相结合。德国政府计划开发和利用网络技术，这是基于对终身学习的重要作用的深刻认识。近年来，德国政府加大成人教育投入，并考虑为继续教育体系的建立设定统一的国家标准。目前在所有实施的终身教育中最具代表性的是"学区"项目，该项目旨在实现全国所有的成人教育课程的网络管理，该项目最核心的任务是评估成人教育培训活动的需求及其满足程度。目前，该项目计划中的监测

---

[1] SCHMIDT E, ROSENBERG J. How Google works: the rules for success in the Internet Century [M]. London: John Murray Press, 2014: 45-53.

研究正在实施中。在整个项目的最后阶段,德国政府将选择基于网络的学习手段来取得具体的学习成果,并评估所提出的成人教育举措的恰当性及针对成人学习发展和效益所开展的指导和咨询工作的适宜性。①

十二、加强针对成人教育的学术化理论研究

成人教育应被纳入理论研究的范畴,以有效地推进终身学习体系的构建。根据目前的需要,研究工作应探讨三个重要环节。首先,成人学习理论、方法与应用及针对宏观政策和微观的成人教育实验研究是必要的;其次,成人教育体系建设和发展的理论与实践研究也对整个研发过程具有重要价值;最后,强调各种研究资源的整合和各种因素相互配合的合作性研究,理论研究和政策研究应以实际的实验依据和结果进行测试和检验。

德国政府努力发展本国的终身教育制度,尤其是面对广大劳动者和成年人的成人教育体系。② 全社会不应仅仅着眼于文凭课程或者学校的专业课程,同时也应增加每一个社会个体的多样化,形成新的学习文化,建设"学习型社会",这应成为学习创造教育和文化的新型激励措施。

从德国的终身学习经验中可以借鉴到很多关于如何构建终身学习体系、实施成人教育活动的方案。这些项目在德国已经逐步成熟,并经过长期实践的检验,因而具有一定的参考性和启发性。

---

① BMBF. National strategy for literacy and basic education of adults[R/OL]. [2020-03-01] http://www.bmbf.de/en/426.php.

② SCHAVAN A. The educational outlook in Germany: The volkshochschulen as partners[J]. Adult education and development, IIZ/DVV, 2007(67): 23,27,29.

第三章　中德终身教育体系的比较研究

从理论研究基础来看，中德终身教育体系的比较研究具有宏观、中观和微观三个层面的研究依据，这也从根本上论证了中德终身教育体系比较研究的可行性和可能性。

一、宏观层面的理论研究基础

伊莱亚斯（Elias）认为，习惯具有普遍性和个体性的特征，其作为一项兼具普遍性和统一性的实践原则，已经应用于生活和社会环境中的不同领域。尽管个人生活中的习惯具有显著的个体性特征，如专业工作、服装、饮食、艺术偏好等，但同一社会中的每个个体都将形成一个相似的实践行为系统，即相同的习惯[1]，国民财富的变化能够反映出每个公民的习惯养成过程。其研究强调个人习惯的变化基于国家一般的财富变化过程。因此，社会个体的各种行为和实践具有"文化相似性"的特征[2]。

正如个人习惯在每个个体参与各种社会活动时产生相似的风格一样，同一类别或群体的集体习惯使得每个成员在行动和实践中具有相似性。这清楚地区分了一个群体与其他阶层或社会群体的成员之间的关系。因此，我们可以使用集体习惯来了解整个社会环境中的民族性质或标准行为。换

---

[1] ELIAS N. The Germans[M]. New York: Columbia University Press, 1998: 34-37.
[2] BOURDIEU P. Distinction, a social critique of the judgment of taste[M]. Cambridge: Harvard University Press, 1984: 77.

句话说，可以在宏观层面上对人类活动和行为的各个方面进行研究和分析。

应当承认，习惯不是天生的，而是通过外部社会结构的内化形成的。在这个过程中，早期学到的社会经验在习惯形成过程中发挥了重要的作用。因此，人们的社会出身及其阶级的特殊性与物质和文化生活条件，往往在其一生中留下不可磨灭的印记。此外，习惯的获得不完全是来源于有目的的和有意识的教育，而是更多地受到"潜意识"教育的影响，而后者通常被称为潜移默化的教育。一般而言，习惯是通过观察和模仿获得的，整个过程应该被看作对过去所有的经验的一种整合和再现，个人不断尝试根据这些过去的经验构建新的实践和经验。

习惯使人们能够在特定范围内产生各种新的行动，因此在终身学习的研究中，我们可以从微观层面入手，观察到人们日常活动的差异，如教师和学生在教育和受教育过程中的不同表现。然而，受习惯的统一性和普遍性原则的影响，所有这些习惯一般是一种对过去学习行为的即兴发挥，而这只能从宏观层面的长期研究中通过解释和调查各个群体或阶层的总体情况，如历史、经济和法律等，以此来进行个别化阐述。

总之，当我们在与来自各个社会群体和国家的个人开展访谈的过程中，可以从个人的习惯调查一般群体的特征，如日常活动、爱好及思想等。通过追踪个人的学习和生活经历的轨迹，我们可以很容易地找到个体间的相同性和差异性，这可以证明在一个群体或社会中存在着一个集体惯习。基于这一发现，可以对不同群体的集体惯习进行比较研究。

二、中观层面的理论研究基础

中观层面侧重于机构层面的设施、战略、政策和实践，强调教育机构等如何才能有效地支持和鼓励社会中的个体开展终身学习活动。各个教育机构和部门的制度结构及文化是中观层面的主体内容，个人的学习行为和活动发生在正式和非正式教育机构或组织，因此所有教育组织中观层面的结构和制度直接与个人的日常教育有关。就此层面而言，中观教育机构和组织的水平、影响及效果不应该被终身学习研究者所忽视。学校目前是提供正式教育的主要机构，并且与社会其他教育机构和组织接触密切。随着与社会的联系越来越广泛,学校作为提供正式教育的主要教育机构,开放性越来越强,表现为其不仅是一种精英教育,而更多向普通大众开放,因此学校的制度边界变得不再显著。这也使得后现代主义中大学的本质和目的正在被重新定义。然而,一些学校,尤其是部分大学仍然依赖着精英化教育制度进行管理,其层级观念仍然存在。

根据贝克(Beck)关于"风险社会"的理论①,可以发现从传统社会到现代社会,机构和组织的功能和作用随着时代的发展而变化。在传统社会,"我们"的概念一直被视为社会的中心思想和原则,社会群体中的每个个体都可以分享这个概念,机构和组织在其中占据最重要的地位,所有具体和特定的结构都围绕集体化的"我们"而塑造。然而,在现代社会的早期,"我们"的概念具有狭义的意义,公共和共享资源变得更加具体,大多是基于现实的物质形态,而几乎不会涉及精神层面。在当代社会中,超越"我们"概念的是"我",这一词变得越来越具体,因为自主和自我导向的生活成为主要的社会生活方式。社会资源的规则和结构已由组织和机构构建并通过一定的形式反映出来。②

因此,当今的现代教育机构,应当不考虑学生的社会阶层、群体、年龄、性别等,而为其无差别地创造一个平等、温馨和适宜的学习环境。而大学则"意味着需要在相互依赖的竞争关系中被对待"③。对于中观层面的每个教育机构和组织而言,都应注意教学形式和内容,因为知识群落与知识形式的认识论特征之间存在着强烈的关系。④ 布尔迪厄(Bourdieu)对法国大学的研究表明,学术领域的社会空间是由符号资本构成的,这种资本决定了特定学科的社会威望,知识资本也标志着学科的科学排名。⑤ 这意味着学习环境还选择各个社会群体中的不同个体,允许不同个体进入各种学习环境中进行提升,由此使得个人日常学习生活发生显著变化。

因此,不同中观层面的组织和机构的表现,对不同人的学习所产生的

---

① BECK U. Risk society: towards a new modernity[M]. London: Sage, 1992:23-41.
② BECK U. Risk society: towards a new modernity[M]. London: Sage, 1992:10-21.
③ DUKE C. Organisation behaviour, research and access[M]//OSBORNE M, GALLACHER J, MERRILL B, etal. Biography and narratives: adult returners to learning in Osborne, 2004:201.
④ BOURGEOIS E, DUKE C, GUYOT J, et al. The adult university[M]. Buckingham: Open University Press, 1999: 149.
⑤ BOURDIEU P. Homo academicus[M]. Cambridge: Polity Press, 1984:32-40.

效果也会有所不同，由此则可以实现从中观的机构层面对社会群体或阶层所产生的影响进行比较，这就是学习组织或机构在支持或阻碍成年人参与不同教育机构进行学习活动的重要性体现。[1] 社会生活中的各项有关终身学习的制度、政策和实践之间的关系，可以解释为"跨机构和机构内部在为成人获取学习便利的过程中所体现出的差异"。

因此，本节的任务之一是从中观层面区分中德两国在终身学习制度方面的差异，并对其进行比较，以总结出较为成熟的教育制度模式。

三、微观层面的理论研究基础

对教育过程中学习者作用的认识主要源于建构主义理论的影响。自20世纪90年代以来，建构主义理论在教育，特别是成人教育领域中获得广泛传播。按照建构主义的基本认识论，现实生活中的知识不是凭借经验获得的，而是由认知形成的，这导致了自我教育和学习过程。[2] 教育由此被认为是用来塑造知识文化结构的，而学习科目的建设性活动则成了教育和学习的焦点。教学概念认为，每个学习者都应被视为一个活跃的学习形式设计者[3]，其通过有组织和目标明确的培训，使得学习的内容和方法不再相互独立，而为自学提供了可能和机会。[4] 由此，教师和学生之间的关系不再被描述为简单的因果关系，教师不只是给予者，学生也不只是接受者，两者都是学习过程中的主要因素[5]，每个因素都可以从学习过程中受益。这意味着学生和老师都可以通过学习来获得方法、爱好、兴趣等方面的思考和内部学习力。

成人教育的建构主义观点可以通过当前关于"终身学习""自我管理"

---

[1] BECHER T. Academic tribes and territories[M]. Buckingham: Open University Press, 1989: 23-31.

[2] SIEBERT H. Pädagogischer Konstruktivismus. Eine Bilanz der Konstruktivismusdiskussion für die Bildungspraxis[M]. Neuwied/Kriftel. 1999: 11-21.

[3] ALHEIT P, DAUSIEN B. Biographieorientierung und Didaktik[J]. Zeitschrift für Weiterbildungsforschung, 2005(3):27.

[4] SIEBERT H. Didaktisches Handeln in der Erwachsenenbildung[M]. Berlin, 1996: 25-34.

[5] ALHEIT P, DAUSIEN B. Bildung als "biographische Konstruktion"? Nichtintendierte Lernprozesse in der organisierten Erwachsenenbildung[R]. Literatur- und Forschungsreport Weiterbildung, 1996, 37(6):33-45.

"非正式学习"等概念获得支持。这种观点强调学习主体的内在活动自觉性。"终身"和"生命宽度"在学习及其形成的过程中，越来越被视为积极获得生活经验的必要因素。学习者制度化的教育机会总是基于先前形成的学习和生活经验，并且学习者需要学习适应这种学习的机会形式，而诸如持续性学习、自我导向性学习和非正式学习及传记学习等概念的关注点与此也都有一定的关系。这种观点强调一种没有外部影响或帮助而构成的完全独立的自我学习模式是不存在的；相反，它提供了相互协作和共同构建学习模式的教育实践的创新观点。面向成人教育领域的专业研究已经开始重新考虑和反思"自我导向的学习"意味着什么，而成人教育活动的过程也致力于自我导向的目的。[1] 对这些面向自我的学习过程的关注并不意味着其已经成为成人学习领域的新话题，因为成人教育和学习仍然属于相对于学校中心之外的社会教育概念范畴。传记学习观念是在建构主义方法的框架下确立的。按照建构主义思想，学生的经验和思想是教育过程的关键资源，个人传记经验是教育组织的主要过程。这也是教师和学生共同学习获得提升的重要原因。成年人在此过程中被认为是自身传记的重要编辑者，因此是其教育活动中的主要设计者。

因此，教育可以作为一个被建构的结构而获得审视。整个个人的教育经历不仅仅是建立在一个运作的封闭的自我参照系统上，而应被视为具体社会行为者的传记经验的重建，如学生和教师及周围的人和社会环境，都是参与到建构过程中的重要因素。因此，只有叙事访谈才能帮助研究者和学者了解日常生活中个人的终身学习经历和思想，这有助于研究者找出教师和学生所构建的教育关系和具体结构，从微观层面上看，这也可以被视为对终身学习影响个人发展的研究和调查。

叙事访谈的传记研究方法将帮助我们探索每个人的教育思想，感受学习活动的深层次动机及发生的原因和原则。根据传记研究过程，在通过面对面访谈和叙述之后，可以依序进行第一阶段的研究及完成第二阶段对原始研究材料的解释和分析，最终使得传记的研究结果得到展示。

---

[1] BEHRENS-COBET H, REICHLING N. Biographische Kommunikation. Lebensgeschichten im Repertoire der Erwachsenenbildung[M]. Berlin: Luchterhand Verlag, 1997: 13-33.

第一节 历史层面对比

一、我国终身教育的历史背景

我国文明起源于新石器时代的黄河和长江两个流域的各个区域中心，是世界上最古老的文明之一。我国在历史上受到过来自亚洲和西方其他国家和地区的文化影响，通过不断的发展和演进及各个区域之间的分化和融合，最终形成了当代中国的文化特征。

自1949年中华人民共和国成立后，我国通过一系列的经济改革和体制完善，已经逐渐从计划经济转向市场经济，市场开放程度日益提升。社会主义市场经济使我国的经济不断发展，在20世纪的最后10年间，我国的经济发展迅猛，国内GDP保持高速增长，并于2001年正式加入世界贸易组织。虽然我国的经济获得了快速增长，但部分地区的人口受限于教育程度而使得该地区发展缓慢，我国政府已经着力通过教育等手段解决这些资源分配问题，尤其强调通过教育来阻断贫困的代际传播，从而使得教育成为改变部分地区落后现状的主要抓手。

二、德国终身教育的历史背景

德国科技和经济处于欧洲国家前沿。在2008年开始出现的全球经济衰退中，德国的表现相对较好。如今，其在经济、工业、技术、商业等方面均有很好的表现。

三、对比与总结

虽然中德两国有着不同的历史，但二者仍有许多相似之处。例如，其在最近几个世纪都遭受了许多战争和动乱，并都能够使本国公民摆脱战后时期的贫困。近年来使经济获得蓬勃发展，民众的生活水平获得显著提升。

然而，二者之间仍然存在差异。例如，经济制度、教育、文化、产业和技术等。二者的终身学习和终身教育制度有很大的不同。对德国终身和成人学习情况和条件的研究和调查，可以帮助我国改进并完善自身的终身学习体系。

第二节 法律层面对比

一、终身教育的法律制度

我国从宏观层面着手颁布了许多关于终身教育的法律法规，目的在于建立一个高效、标准和适宜的终身教育制度。

1. 终身教育的法律法规

《中华人民共和国宪法》第十九条规定："国家发展社会主义的教育事业，提高全国人民的科学文化水平。国家发展各种教育设施，扫除文盲，对工人、农民、国家工作人员和其他劳动者进行政治、文化、科学、技术、业务的教育，鼓励自学成才。"第四十六条规定："中华人民共和国公民有受教育的权利和义务。"[1]《中华人民共和国教育法》第十一条规定："国家适应社会主义市场经济发展和社会进步的需要，推进教育改革，推动各级各类教育协调发展、衔接融通，完善现代国民教育体系，健全终身教育体系，提高教育现代化水平。"第四十一条规定："从业人员有依法接受职业培训和继续教育的权利和义务。国家机关、企业事业组织和其他社会组织，应当为本单位职工的学习和培训提供条件和便利。"[2]

---

[1] 人民网. 中华人民共和国宪法 [R/OL]. [2020-02-02]. http://dangjian.people.com.cn/n1/2018/0322/c117092-29882012.html.

[2] 人民网. 中华人民共和国教育法 [R/OL]. [2020-02-02]. http://www.people.com.cn/GB/jiaoyu/8216/36676/36775/2735253.html.

2. 终身教育体系建设

1993年,中共中央、国务院发布的《中国教育改革和发展纲要》提出,教育可以帮助提高全国的人口素质,将人口负担转移为人力资源。成人教育是教育制度的重要组成部分,它在不断提高人民生活质量、促进经济和社会发展的过程中发挥着重要作用。

2002年5月7日,中共中央、国务院颁发的《2002—2005年全国人才队伍建设规划纲要》指出,终身教育体系的建设是我国新时代的任务。在加快普通教育发展的同时,发展成人教育、社区教育及教育培训的社会化是国民教育目前的任务和义务。此外,该报告还建议教育制度应当尝试新的教育培训方式,加快远程教育的发展,建立全国教育培训信息网络,形成网络化、开放和独立的终身教育制度。根据这份文件,教育部门和全社会应加强终身教育的规划协调,完善相关法律法规,增加继续教育工作,形成国家、企业和个人三方继续教育投资机制。它还呼吁社会建立学习型社区和学习型组织,以促进学习型社会的形成。

党的十六大提出要深化教育改革,建设现代化的全国教育制度和终身教育制度,建设学习型社会,促进优质教育,提高国家就业能力,培养创新创业精神,努力将人口压力转化为人力资源。2003年12月,中共中央、国务院发布《关于进一步加强人才工作的决定》,加快构建终身教育体系,促进学习型社会的形成。在全社会进一步树立全民学习、终身学习理念,鼓励人们通过多种形式和渠道参与终身学习,积极推动学习型组织和学习型社区建设。加强终身教育的规划和协调,优化整合各种教育培训资源,综合运用社会的学习资源、文化资源和教育资源,完善广覆盖、多层次的教育培训网络,构建具有中国特色的终身教育体系,进一步改革和发展成人教育,加强各类人才的培训和继续教育工作,继续做好选派各类人才出国(境)培训工作。强化用人单位在人才培训中的主体地位,鼓励在职自学,完善带薪学习制度。制定科学规范的质量评估和监督办法,提高教育培训成效。[1]

2002年,《国务院关于大力推进职业教育改革与发展的决定》制定了

---

[1] 中国政府网. 中共中央国务院关于进一步加强人才工作的决定 [R/OL]. [2020-02-02]. http://www.gov.cn/test/2005-07/01/content_11547.html.

各级各类开展职业培训的法规，国家积极实施再就业培训计划，每年推动为成千上万的下岗工人提供再就业培训的机会。各类企业按照《中华人民共和国职业教育法》的规定，实施职业教育培训，并承担相应的费用。一般企业将全部资金的1.5%用于教育和培训，使得员工获得更高的技术能力。企业将更多投资应用于员工培训和终身学习，教育机构和企业一起确保资金用于固定目的的教育和培训雇员，特别是生产部门的工人。企业安排技术改造和引进项目的资金比例，用于工人技术培训。对不按规定实施职工职业教育和培训，经责令改正而拒不改正的企业，县级以上地方各级人民政府可以收取其应当承担的职业教育经费，用于本地区的职业教育。[1]

国务院于2004年3月3日正式批转了《2003—2007年教育振兴行动计划》，其指出，应制定各种成人和继续教育体系，以鼓励人们以各种形式和渠道参与终身学习，加强学校和继续教育，推进成人教育的进一步改革和发展，完善广泛覆盖的多层次教育培训网络，建立个体学习者发挥主要作用的继续教育资金保障机制。该项目应该由个人和企业及政府逐步资助和支持。在这个过程中，全社会应着眼于知识更新和技能的提高，培养学习型企业、学习型组织、学习型社区和学习型社会，赋予行业和公司主管部门增强员工教育和培训机会的权利，同时对于下岗职工进行再定位，积极发展多种大学继续教育，整合各种资源，强调普通高校、成人高校、广播电视大学和自学考试的作用，积极推进社区教育，形成终身学习的公共资源平台，发展现代远程教育，探索继续教育的新模式。[2]

二、德国终身教育的法律制度

德国作为联邦制共和国，其联邦和各州均有立法机构和相应的立法权，其中有13个州具有自己的继续教育法律制度，这些继续教育法律也有地区差异。联邦法律对于各州继续教育的法律原则无法做出具体要求，而仅从宏观框架上对其是否适用于联邦法律进行规范。因此，无法对德国终

---

[1] 中国政府网. 国务院关于大力推进职业教育改革与发展的决定［R/OL］.［2020-02-02］. http://www.gov.cn/govweb/gongbao/content/2002/content_61755.htm.

[2] 中华人民共和国教育部. 全面实施《2003-2007年教育振兴行动计划》［R/OL］.［2020-02-02］. http://www.moe.gov.cn/jyb_xwfb/xw_zllssj/moe_183/tnull_2305.html.

身教育的法律依据进行统一概述，而只能通过其部分共同的属性和示范性的表述来进行阐释。

虽然继续教育包含许多不同的教育领域，如成人教育、职业教育、终身教育等，但是德国教育法律系统对于该教育体系的关注和规范较少，不如针对小学、中学等普通教育形式的全面。与此同时，对于德国立法者而言，其在对于继续和终身教育进行法律规范的过程中，也在考虑是否适应于相关的教育体系，甚至不希望通过法律限制终身教育的自由性和灵活性。因此，德国立法者对继续教育的某些领域不进行过于严格的规范。

在德国，继续教育的若干原则主要来自国家制定的法律和章程，尤其是从国民基本受教育权利和福利出发，为民众开发相应的教育资源并提供相应的教育机会。此外，德国联邦还根据继续教育的资金需求，为其提供公共资金以保证继续教育机构的正常运转，保证基本教育服务的合理供给。政府在此过程中有责任为国家的弱势群体提供参加继续教育的机会。

德国政治体制是联邦制，因此在微观层面的教育立法方面几乎完全由各州自行进行。在德国，继续教育的治理分为三个部分，即联邦政府、州政府和欧盟。每一部分都处于教育系统的监督体系中，并履行其各自的责任。[①] 例如，每个州负责包括中小学文凭教育在内的普通教育及面向成人的继续教育等。联邦政府有责任监督校外开展的继续教育、职业培训和终身教育活动，并为学习者个人提供财政援助。

同时，在德国文化教育部长联席会议上，各州之间也开展广泛的合作，每个工会或政治联盟在继续和成人教育及终身学习事务方面都有自己的责任或权威。[②] 根据德国宪法第九十一条，联邦政府和每个州必须在联邦和州议会的教育计划和研究促进委员会的指导下进行合作。地方政府和欧盟在继续和终身教育过程中，在劳动力市场和结构性政策的有限管辖权的情况下，可以以监督者和促进者的角色开展教育合作。

在许多州宪法中，都有关于继续教育内容的规定。例如，《巴伐利亚宪法》第139条中的一般性声明中强调："成人教育应得到国家的支持，应加大对大学和其他机构的公共资助力度。"《北莱茵-威斯特法伦州宪法》

---

① BÖHM T. Grundriss des Schulrechts in Deutschland[M]. Neuwied, 1995:91-105.
② NIEHUES N. Schul- und Prüfungsrecht, Bd. Ⅰ Schulrecht[R]. München, 2000:1-12.

第 17 条规定：："应促进成人教育。此外，除城镇和农村之外，其他教育类机构，如教堂和其他组织，也应被视为从事成人教育的官方机构。"《勃兰登堡宪法》第 33 条规定："应由国家、城镇和乡村等各级单位促进继续教育。教育机构实施继续教育的权利和自由应得到保护和保障，使每个人都有参加继续教育的权利。"[1]

作为对继续教育法的补充，德国的学校法还包含对有关学校在教育系统中进行继续教育的相关规定，如关于获得学校文凭的规定，学术型的继续教育也受到德国《高等教育法》的约束。在联邦法律中，由于继续教育中的联邦管辖权有限，因此仅对继续教育系统的分支机构做出规定。这些法律包括《社会法律法规》《继续教育促进法》《职业教育法》《联邦教育促进法》《高等教育法》《商业组织法》《所得税法》《联邦公务员法》等。

在教育部长理事会第四次会议上提出的关于终身教育和继续教育的建议已得到德国 16 个州的认可，此会议也重申了终身教育体系的共同信念和指导原则。特别是在终身学习的背景下，该会议强调了自主学习和非正式学习的重要性。它强调了继续教育的结构多样性，以允许不同的教育机构在终身学习方面加强合作，并致力于终身学习的发展和进步。

三、对比与总结

从上面的描述中可知，我国十分重视并着力于实现终身教育和终身学习的相关法律法规制度的全面覆盖。然而，除了宏观的政策导向之外，对于具体化的行为措施仍然缺乏详细的规定。虽然一直强调终身学习和继续学习的重要性，但地方法规对于该主题的关注需要落实到更为细微的层面。在现有的法律制度下，个人进修和终身学习的机会将受到各级各类教育机构及管理部门的规章和规定的显著影响。

通过对中德两国继续教育和终身教育法律制度的对比，我们可以发现，德国政府对继续教育的态度规定存在更多的灵活性空间。德国联邦政府提供的指导原则仅是对终身教育的一项宏观引领，而地方政府甚至个别教育机构进行的具体规定则对于终身教育具有更为直观的价值。这样的双

---

[1] BÖHM T. Grundriss des Schulrechts in Deutschland[M]. Neuwied, 1995: 91-105.

层规定在考虑到当地居民需要的同时也兼顾地方的不同教育特色。由此使得个人的学习行为有了更多的自由和选择权,建立继续教育机构或成人教育机构的资格限制则相对较少,学习中心的建设也会有更多的政策支持。其结果是终身教育和继续教育可以得到整个社会更多的财政支持和关注,同时避免中央政府的干扰和影响。同时,对于非政府性质的教育机构而言,其所受到的宏观政策影响也相对较小,而这些机构是提供继续教育和成人教育的中坚力量。

第三节　教育机构层面对比

一、我国终身教育的机构体系

我国的教育体系分为四个部分,包括普通教育、职业教育、高等教育和成人教育。成人教育行政管理体制是国家为履行其成人教育功能而设立的管理体制,由不同的元素构成,如管理组织、法规等。1987年6月,国务院批转《国家教育委员会关于改革和发展成人教育的决定》的通知,从而将成人教育管理分为三类体系,其中包括国家级别,省、自治区、直辖市级别,市、县和乡镇级别。这种体制结构决定了不同类型行政主管部门的不同功能。

我国教育部对于实施成人教育政策和进行成人教育管理具有宏观导引的地位和作用;每个省、自治区和直辖市都负有直接指导和管理地方成人教育的责任。当前我国主要实现了中央政府统筹管理,并通过各个地方政府全面落实,采取统筹兼顾的管理方法,对职业教育、技术教育和成人教育进行综合、全面的指导和管理。

1987年,由国务院颁布的《国家教育委员会关于改革和发展成人教育的决定》明确指出,在国务院领导下,由国家教育委员会负责并会同有关部门制定成人教育工作的方针政策和法规,协调国务院各部委有关成人教育的工作,掌管国家认定的各类学历规格标准,审批成人高等学校的设置。省、自治区、直辖市人民政府对本地区成人教育要加强领导,健全和充实成人教育的管理机构,协调各有关方面的工作,做好宏观管理。要健全和充实省以下各级成人教育管理机构,切实加强对成人教育的具体指导和管理。①

二、德国终身教育的机构体系

德国继续教育机构的结构与我国相比有很大的不同,德国在联邦和州法律基础上,为治理继续教育采取了一系列相应的结构化措施。

德国的成人教育和继续教育有不同的种类,其中有些由学校或者学院构成,如德国的公立大学或教育机构等;此外,也有包括如德国联邦劳工工会及协会构成的跨区域组织和机构,对员工进行培训;另外一些社会机构,包括教堂和工会及财团形成的教育机构,也会强调对于社会人员而言的继续教育培训。对于企业和行会而言,其所组织的培训主要针对企业员工或行会的会员,为其提供的教育机会有限制性和针对性;而学校和其他公共组织及机构提供的教育机会则面向社会上的每个成员,保证其都有充分均等的机会参与学习。

其中,也有根据系统的程度对终身教育系统的结构进行划分的,此类划分对于教育内容或法律管理等方面没有过多的考量。这种分类方法根据继续教育的特征、发生地点和内容进行划分。以下是联合国教科文组织按照正规教育、非正规教育及非正式教育三类教育形式对终身教育所进行的类别划分②(见表1)。

表1 联合国教科文组织对继续教育类别的划分

教育形式	正规教育	非正规教育	非正式教育
教育特征	高级资质和职业培训与认证	非职业性、社会化和文化性的教育与认证	非制度化、日常性的成人教育

---

① 教育部. 国务院批转《国家教育委员会关于改革和发展成人教育的决定》的通知 [R/OL]. [2020-02-03]. http://old.moe.gov.cn/publicfiles/business/htmlfiles/moe/moe_726/200506/8930.html.
② 王海东,刘素娟. 依托自学考试制度构建国家继续教育学分银行 [J]. 开放教育研究, 2011(3): 47-51.

续表

教育形式	正规教育	非正规教育	非正式教育
教育地点	企业或跨企业机构	成人教育的私人和公共机构	电化交流、网络联系
教育内容	职业技能教学	普通形式的成人教育	交流和交往

从表1可以看出，终身和继续学习的地点不再局限于教育机构，企业、跨企业机构、通信网络方式等也是学习的主要场所；此外，学习方法也是根据系统化的程度决定的。由此可见，一般而言，很难统一描述德国终身教育课程的范围，同时由于彼此具有一定的相关性和类似性，因此对于终身教育机构的范围和运作方式也较难进行区分。

德国终身教育机构的数量是巨大的。除了规模和结构外，成人教育机构的地位也受法律的保障和政策的影响。在此基础上，还受国家一系列行会和协会等相关机构的影响。

在德国，有许多重要的成人教育机构及企业构成的工会，其工作方式与国民教育的职能和工作方式是紧密相连的。有超过300所国立大学在全国各地设立分支机构，承担这些地方和区域的继续教育责任；同时，在成人教育工会的促进下，传统的劳动教育机构，如德国工会联合会（DGB）、德国职员工会（DAG）和金融教育机构等，也保持和终身及职业继续教育的密切联系。除了职业教育，德国劳动委员会在工会联合会的监管之下，已经利用自身所辖的教育机构，对企业工会的成员进行职业培训；此外，他们还对工会的成员定期进行业务培训。

自20世纪80年代以来，企业对包括成人教育在内的终身教育形式和内容的影响不断加深，很多大企业，尤其是金属和化工等行业，都建立了自己的成人教育培训机构。教会的成人教育对终身学习活动也产生了积极的影响，其主要通过寄宿教会教育机构、教会学院、公立大学等建立一个全国性的教会终身学习网络。

自1980年以来，商业化的成人教育机构快速增长和发展，这些商业成人教育机构为成人提供终身化的教育和培训，积极参与公共教育经费的竞争，特别是在外语和电子信息领域，其商业化模式在一定程度上会要求学员有较高额度的学费和生活开支。在远程教育机构中，"工作和生活"协会，公立寄宿制院校、国家继续教育机构及商会和手工业联合会等为成人提供了多种继续教育的证书课程。由德国经济部门组织构建的一些教育机构，如各政党的福利协会、州体育联盟及各州举办的教育基金会等，都在各自的专业和影响区域及范围内起到了非常重要的作用。因此，德国终身教育和成人教育形式和类型丰富多样，成人拥有大量的教育机构资源和机会，这为其终身学习奠定了基础。

德国终身教育体系受具体的社会和经济背景的影响，而成人教育机构的多元化弥补了终身教育一体化管理体系的弊端和缺陷，在终身教育的发展过程中发挥重要的作用。

三、对比与总结

中德的终身学习在管理和组织方面存在着明显的差异。我国具有较为强大的体制管理背景，使得各教育机构和组织在中央和地方政府统一管辖下统一而有序地开展终身学习和继续学习活动。我国的终身教育、成人教育是在政府的支持和监管下不断演进和改进的。相比之下，德国的终身教育机构与组织都是根据地区学习者及组织和机构的需要而建立起来的，每个机构都有其特定的教学目标、方法和功能。因此，对于学习者而言，在这类机构学习具有更为明确的行业和专业针对性，但缺少统一化的制度保障，形式较为松散。

第四节　教育实践层面对比

一、我国终身教育的教学实践

自古以来，我国都把教育奉为一项神圣事业，认为教师在课堂上享有权威。而随着现代社会的发展，学生在课堂上的地位已得到提升，教师和学生之间的关系也日益得到改善。如今，在大学，由教师作为主导，开展各类正式和非正式的教学组织学习活动。当前的教育模式主要是以教师在课堂中发挥主导作用为核心，而学生则主要在教师的指导下完成相应的学习任务，教学内容的方向主要是从教师到学生，学生是知识的接受者和思考者。对于学生的评价主要是通过测试，教师能够通过测试来了解学生对于教材中问题的理解程度。该过程由教师决定，其内容和目标也主要由教师进行把控和监督。随着全球化和国际化的发展，我国学生的学习过程面向世界形成国际性特征，其中部分学生可以在外国高校中参与学习和进修。

对于成人教育而言，其正式的学习时期是不同的。当前，我国很多成人学习的目的和动机仍然以获得相应的技能并最终获取学位证书为主。因此，成人教育机构在正规学习方面对成人学习者的学习动机激励，始终应当是帮助学习者个人在就业市场上具有更为明显的优势或具有更好的晋升前景及在工作中得到高度认可。而非正式学习者主要是为了满足个人职业需求，或者是满足现实生活中的其他需求，因此，这样的学习活动更为个性化和主动。一般来说，我国的终身和成人教育是较为务实的，教学行为的实施是为了提升学生的技巧和能力。

我国的大多数高校和成人教育机构都采用了固定的分类设置，这意味着学生在同一入学时间会进入不同的课程类别中进行学习，许多大学和教育机构还会使用统一的期末考试标准来评估学生的表现。我国成人教育机构的教师的主要任务是将知识传授给学生，使得学生能够理解和获取教师所传授的知识，因此学生必须在课堂上和在课下最大限度地吸收和掌握这些教学内容，并能成功通过其在校期间的各种考试。

学生在课堂上的行为会受到教师和学校的管理及监督，学生学习行为是在老师的指导训练下进行的，课堂的教学节奏也主要是在教师的指导下完成的，学生的主要任务是对既定的教学内容进行学习和掌握，并通过一定的练习实现对知识的灵活运用。

此外，学习者在日常生活中会受到家庭成员的关怀和呵护，部分家长对于学生的学习习惯养成、学习信念和兴趣等方面的影响较为深远，甚至直接影响学生今后的学习成就及发展方向。因此，其学习行为不仅受个人因素的影响，而且受教师、家庭成员、社会等各方面多因素的影响。在学习过程中学生的个人兴趣对于学习积极性具有一定的影响，但完成学校和教师布置的任务会使得其学习过程更为具有任务性和导向性。

成人学习的主要目的是获得社会的认可、促进自身社会地位的提升、改善自身的就业现状等，因此这种学习的基本概念和动机是与社会和职业需求分不开的。个人学习动机对于许多成人学习者来说是与其社会性直接相关的。由于工作时间紧张及受到经济方面的压力，成人追求学习的兴趣和爱好需要基于自身工作需要和今后的发展方向，其时间、精力和资金主要用于通过职业教育获取个人职业素养提升等方面。

从上面的介绍中可以看到，兴趣和爱好对于当前包括成人在内的学习者而言，其重要性无法与学校、教师和社会普遍价值及压力相比。在学校的正式学习过程中，大多数学生的学习主要依靠教师的导向进行，在非正式学习期间学习者的职业发展和社会效益是其学习的主要动力来源。

二、德国终身教育的教学实践

一般而言，德国普遍认为学习应该是一种长期持久的行为。根据当前德国社会的普遍认识，学习是指为了解决现实生活中的问题，帮助人类获取相应的技能和知识，并提高自身能力水平的一种活动。传统上，德国认为学习是从个人的幼年时期开始，并应当一直延续下去的，如果幼年时期的学习不够全面，则无法通过后天成人的学习过程进行弥补。德国有一句谚语："年少不学，到老无知。"这意味着一个成年人很难弥补其在年少时期没有学到的知识，这种观念一直延续到 20 世纪 60 年代。然而，这一观点近来被德国人逐渐改进。成人教育研究者西伯特和格尔在 20 世纪 70 年代初开始研究成人教学的行为，结果发现："虽然成人的记忆存储量相比于其幼年有所减少，但随着年龄的增长和经验的丰富，人们可以形成专业化的记忆。"成年人更能够通过日常生活中发生的事件或技术中的原理，并结合自己的经验来体验新的信息。①

格尔总结学习过程的公式为"学习＝信息＋处理"，即当教师传递给学生的信息是新知识或学生不熟悉的内容时，学生就会出现自发的学习行为。在此过程中，学习者自身决定接受信息的全面程度，而教师的任务是

---

① SIEBERT H. Pädagogischer Konstruktivismus. Eine Bilanz der Konstruktivismusdiskussion für die Bildungspraxis[M]. Neuwied/Kriftel, 1999:21-41.

提供足够的信息。因此，在这个模式中，教师的作用仅限于信息的收集及协助学生进行信息加工。

根据德国成人教育理论，对于成人教育学习模式的解释，取决于社会的意识导向和相关的研究成果。根据行为主义者的解释，对于学习、课程、教学内容和方法的理解应该是系统化的形式结构，并最终以教育来满足社会个体未来发展的需求。①

20世纪70年代，德国把终身教育和学习的研究放在了社会因素上，其中包括在社会文化和经济背景下开展的教学和学习形式。当前，从纯粹对科学精神的诠释，转向对社会经验的学习和研究，这是其成人教育的发展趋势。由此可以发现，德国当代的教育教学过程已经越来越受到多种社会因素的影响，多对日常生活中的宏观社会问题进行理论分析，认为对终身学习课题的研究是很有必要的。②

在德国的教育和学习过程中，师生的地位及彼此之间的关系始终是研究的热点课题，这意味着德国更为关注教师和学生的主体性问题，以厘定师生之间的地位和功能。如今，以学生为中心再次成为主要的教学理论，这意味着通过终身教育所提供的各项培训不是由客观条件决定的，而是由学生的自身先决条件（包括其积极性和能动性）决定的，并且与人们期望的教育目标关联。传统理论不仅忽视了学生的思维和能力，而且还忽视了其实际需求。如今，在德国，"学生"这一概念已经演化成一个综合型的概念体系，包括"面向目标的要求"与"现实世界的联系"等群体。

因此，德国在计划教育活动之前，会充分考虑学生潜在的现实需求及其社会背景条件，教师也会考虑学生的身份，使得学生在课堂上发挥积极的作用，甚至让学生以自身的兴趣和需求影响到课程的内容。然而，在现实教学中，教师无法自动了解所有参与学习者的动机和生活背景条件，因此需要对学生的社会生活条件进行理论和实证分析，使终身教育能够适应目标学生群体的特点，使面向学生的教学计划具有针对性。此外，"学生"也可以被描述为"不成熟的人"，这意味着教师需要将日常生活中的各项

---

① LINGARD B, PIERRE K. Strengthening national capital: a postcolonial analysis of lifelong learning policy in St Lucia, Caribbean[J]. Pedagogy, culture & society, 2006, 14(3):295-314.

② TAYLOR R. Lifelong learning and the labor governments 1997-2004[J]. Oxford review of education, 2005, 31(1):101-118.

活动和信息以独特的生活体验和学习方式穿插于学生的受教育过程中。

近年来,"自控式学习"作为一种新的主导概念,影响了德国终身教育和成人教育领域的理论和实践。[1] 自控式学习在教育活动中继承乃至扩展了学生的自由学习原则,这个概念被普遍认为是新型学习理念创建的基础。在德国,这种学习理论是随着社会的发展和思想的解放而逐渐发展起来的。因此,独立和自控式学习理念一直被视为德国学习精神的核心。终身教育和成人教育在此过程中承担了重要的作用,其通过与学生已经建立的成熟思想和学习习惯及与自我学习观念联系在一起,形成新的成熟的学习理念。自控式学习的概念包括学生所需要适应社会发展的要求,并满足传统教育中成年学生理想的自主学习能力。由此可以清楚地看到自控式学习在德国学生日常教育活动中的重要性。

如今,建构主义在德国的教育体系中主导了教学的思潮。建构主义理论主张,自我组织的学习方法可以使学习成为更加自主和独立的活动。兰卡帕里认为,建构主义学习通常鼓励学生用积极的方式来创造更多的知识,然后思考和谈论其正在进行的活动,理解通过其活动所引起的变化。[2] 在这种学习形式下,老师已转变为从属辅助的角色,主要任务是了解学生对现有知识的掌握情况,并在此基础上指导学生对知识进行思考和学习,教师通过激发学生的好奇心使学生学习新的知识。被视为建构课堂主体的学生应该是理想的专业学习者,学习的主要目标之一就是根据教师和学生角色之间的微妙变化,教导学生"学会学习"。这种学习理论认为,人类会根据自身已有的经验对知识进行意义建构。

三、对比与总结

从对中德教育实践的描述中,我们可以发现主要存在以下两个方面的区别。

---

[1] CHIVIACOWSKY S, WULF G, LEWTHWAITE R. Self-controlled learning: the importance of protecting perceptions of competence[J]. Frontiers in psychology, 2012:3.

[2] LANKAPALLI R. Role of audio-visual aids in constructivist approach[J]. International journal of applied services marketing perspectives, 2014, 2(4): 678-684.

1. 教师在教育中的作用

在我国，教师是每个学生学习过程中的导师、监督者和规划者，因此教师具有一定的权威性，影响学生在课堂上的行为。而德国教师的角色则更类似于顾问，其主要根据自身经验和学习技能给予中肯的建议。然而，学习上的决定始终是由学生自己做出的，而受到外界因素的干扰是有限的。在这样的过程中，学生可以建立良好的学习习惯，由此使得学生的未来学习行为具有独立性和自主性。

2. 学习者的表现和观念

我国学生在课堂上主要依靠教师的指导和规划，来协助和控制其正常的学习活动。而德国学生学习的主要特征是自主性强。因此，不同国家的学生个体在进行学习选择和动机确定方面，都有其不同的影响因素，这使得学生也在学习方面形成了自身不同的表现和观念特征。

第五节 经济层面对比

一、我国终身教育的经济投入

1. 我国的基本经济状况

近年来，我国经济日益强大，综合国力和国际地位都有显著的提升。1952年，我国的GDP仅为680亿人民币，而2014年已达到63万亿人民币，年增长率超过8%。1978年以来，我国经济增长速度最快，当前我国的GDP已经超过日本，世界排名第二。

同时，我国普通居民的生活条件也得到了极大的改善，人民的生活质量得到了显著提高。20世纪80年代以前，居民消费主要集中在食品、服装等基本生存需要上。经过40多年的发展，目前普通民众对电脑、汽车等消费品的消费量大幅增加。此外，人们的文化生活也得到了显著改善。

2. 我国对终身教育的投入情况

在现代教育管理体系中，教育投资是学校和其他教育机构一个重要的教育经费来源，影响着教育的发展。教育经费应包括投资体制和管理体制的运行和审计监督。因此，建立稳定、合理、有效的终身教育和成人教育经费制度及科学、高效的管理制度，是保障终身教育和成人教育发展的关键。

根据我国1998年《财政统计年鉴》和联合国教科文组织1998年《统计年鉴》的数据，1994年全球公共教育支出占GDP的比重为4.90%，1995年为5.20%。特别是英国的教育投资占GDP的比例为5.40%，巴西为5.20%，泰国为4.10%。其他国家，如印度、韩国和新加坡等，在教育方面的支出超过3.00%。然而，从1991年到1995年，我国的教育支出分别占GDP的3.02%、2.94%、2.74%、2.52%和2.46%，这表明教育投资占GDP比重下降的趋势。2013年，我国国家的财政教育经费占国民生产总值的比重较高，低于发达国家6.20%的平均比重，相当于发展中国家4.13%的平均比重。事实上，我国以只占世界教育经费的2%的总量维持世界四分之一人口的教育活动经费，这也表明我国人均教育消费偏低。我国人均教育公共开支不到50美元，而美国人均教育公共开支将近2684美元。我国教育经费占GDP的比重是德国同比的44.00%。因此，发达国家和发展中国家在教育开支方面存在较大的差距。

由以上数据可知，我国是一个典型的以基本教育为主的人口大国，对教育的投入有限，特别是公共教育经费的投入严重不足，将会极大地影响教育的健康和整体发展。同时，终身教育是科学和技术领域及经济发展强大的结果。因此，没有一定的经济条件，就无法较好地建构终身教育体系。由于继续和成人教育在财政方面需要各方面的投入，因此我国强调企业、事业单位和其他社会组织采取各种策略，如电视、广播、互联网、通信等教学形式，根据课程大纲和高等课程计划进行独立的学习活动，强调在当前经费有限的情况下，突出终身教育和成人教育的效率和成就。

从上面的描述中可以看到，虽然我国的总体经济状况有了明显的改善，但其教育投入，特别是面向终身、成人和继续教育的投入有限。这就使得终身教育在未来的一个阶段仍然需要通过各种渠道吸引经费资源，从教育的未来发展角度来对社会的各个层次人群提供充分的受教育机会。

二、德国终身教育的经济投入

1. 德国的基本经济状况

德国拥有强大的工业经济、稳定的经济增长、完善的货币体系和繁荣的国内市场。这些保证德国能够在欧洲的经济发展中发挥主导作用。此外，德国一直与中东和东欧国家进行着密切的贸易往来，这使得德国制造品进入了广阔的国际市场。

自第二次世界大战结束以来，德国经济只经历了两年的负增长和零增长。21世纪，德国经济自战争以来经历了一定的增长放缓，而从2004年到2008年实现经济持续增长。据德国联邦统计局统计，2008年是全球金融危机最严重的一年，但是德国GDP仍实现1.3%—2.6%的增长。然而，2009年德国经济受到了金融危机的严重冲击，国内生产总值下降4.9%。2010年，自第二次世界大战以来最大的经济衰退后，德国经济开始引领欧洲经济复苏，以2.5万亿欧元国内生产总值实现了3.6%的GDP增长率。2011年和2012年其GDP分别增长3.0%和1.0%，2013年其增长率为1.5%—2.0%。在这种情况下，2012年和2013年，德国人的可支配收入以前所未有的速度增长了3%以上。相比之下，国家预算赤字从2010的4.3%下降到2013年的0.2%，失业率降至6.0%左右，是欧盟的最低水平，从而实现了大部分人的充分就业。

2. 德国对终身教育的投入情况

由于终身教育制度融资渠道网络复杂，结构较为多元，因此难以准确地描述其各种经费来源，也没有关于德国终身教育总成本及具体分配的确切数据。据估计，德国终身教育每年支出约为400亿欧元，其中包括企业针对员工的职业性继续教育。由于其对终身教育的日益重视，德国目前有大量的教育经费投资于成人和继续教育，其中主要的资金来源是联邦政府、州政府和地区政府等官方部门及联邦劳工局，甚至由企业和个人进行承担。德国联邦劳工办公室每年都为继续教育提供大量的财政支持，而每个州对普通类型和成人类型的教育基本条件也进行规定及监督，并支持建设免费的继续教育机构和部门。地方政府以公共经费支持终身教育和继续教育，全德国各地的大学和学院都有相应的财政支持其进行终身教育的相关活动。同时，参与终身学习的个人也需要支付一定的学费，从而保证资金的到位。

终身教育的成本是由不同的结构体系和教育内容所影响甚至决定的，而随着德国对终身教育的日益重视，其也在不断地从各个方面加强对终身教育的资助力度。当前主要资金来源为：（1）学生支付学费；（2）企业为其雇员支付的从事专业培训和继续教育的费用及教育发展过程中的经营费用；（3）公共经费支持，包括联邦、州、地方政府和公立协会所提供的资金；（4）通过公益组织的捐赠，包括自愿的捐款及工会等组织所要求的成员强制性会费资金；（5）私人捐款、代理费用收入和部分教育基金的利息收入等。德国的终身教育和成人教育需要人力、物力和场地来提供相应的服务，一般而言，德国各类机构和组织都有义务为终身教育的规划、组织和实施提供相应的支持。

在德国，其终身教育一般具有对所有成年人开放和只属于特定成员群体两种形式。尽管形式不同，但是对于学习者个体而言，其参与终身教育的意愿是自由的，而不是像小学和中学教育那样具有强制性。因此，每一个德国人参与终身教育的动机和机会由多重因素决定，其中包括地方性的成人教育的经济条件和社会背景等。

虽然德国的经济体系相当复杂和多元，但不同的组织和个人为终身教育的发展提供了许多经济支撑。因此，终身学习体系的需求可以通过德国当前的经济体系得到充分满足。特别是近年来，德国在教育方面的经济投入不断增加，以减轻学习者自身的经济负担。这又会在若干年后增强学习者自身的学习动机和个人对相关知识及专业技能的学习兴趣，从而形成终身学习的良性循环。

三、对比与总结

与德国终身教育投入方面相比，当前我国对终身学习的经济投入还有待加大。通过对比中德两国的经济条件后，可以发现其差距正在缩小。然而，通过对终身教育的投入途径、来源、资金量、个人承担份额等方面进行仔细观察，可以发现两者之间仍然存在较大差别，而经济方面的投入力度将会直接影响个人在终身学习方面所能形成的动机、兴趣和机会等。

第六节　总体框架对比

一、我国终身学习的项目框架

不同形式和风格的终身教育代表了不同国家和不同文化背景下的终身学习理念。我国终身教育体系主要包括正规教育，如初等、中等和高等教育等普通全日制教育；也包括非正规教育，如各种成人机构和院校的教育。这些是传统的教育形式，其主要遵循我国总的教育环境的基本原则。同时，也有非正式的学习形式，如家庭教育及在日常生活中的学习和社会活动等，其包含了正规和非正规学习之外的所有形式的学习。这种学习形式被认为是人们日常生活中最广泛和最全面的学习方式，没有特定的形式和固定的模式。在根据个人或社会群体的学习习性和方式对其进行正规、非正规和非正式学习方式分类之后，很难得出每个人或社会群体的一般相似性。基于每个人或每个社会群体的分散学习形式，对于每个人或社会群体的非正式学习风格或形式的普遍相似性较难进行统一的概括。

然而，对于我国的非正式学习，地方或中央政府及不同形式的教育机构有不同的教学或认证方法。成人教育，包括成人学历证书教育、非学历类型或不同类型的学校教育系统外的成人教育，均是在教育机构的监督下提高成人工作和生活能力及生活技能的日常学习方式。由此，则有必要在我国成人教育范围内做深入、具体的分析和调查。

我国成人学历教育基本涵盖了各类成人教育的不同阶段，其主要包括三个部分，即成人初等教育、成人中等教育和成人高等教育。成人初等教育适用于文盲或仅接受过基础教育的人，根据其无法达到成人基础教育水平的情况，对其进行两到三年的类似于小学阶段化的教育；成人中等教育则是为只完成初等教育而不能满足中等教育的成年人而开设的，而成人中等职业教育的任务是培养具有一定实践经验的初中或高中毕业生，使他们的职业能力和技巧能够适应现代经济和社会发展的需要，从而保证这些参与学习的学生均具备中级应用专业能力；成人高等教育则意味着一种高等化的教育水平，其包括以高中毕业生为主要入学群体基础的专科和本科学院。对于学生而言，其可以根据自身的学习时间选择进行全日制和非全日制学习。此外，还可以根据教学的形式，将教学结构分为夜大学、函授教育、广播电视教育、现代远程教育、网络教育、自学考试班等。这些不同类型的高等教育机构的学生包括社会青年和高中毕业生等，其均须参加全国统一的考试，在具有相应成绩资格的情况下，获得在这些大学就读的机会。完成必修课程并通过考试后，学生将获得国家认可的文凭。获得了文凭证书，成人高等教育学生可以获得专业的技能认证，从而得到更好的工作机会及在工作中获得晋升。

我国非学历成人教育是指国家行政管理部门要求范围之外的教育活动，由于在学习之后无法获得文凭、学位、资格证书或毕业证书等。因此，非学历类成人教育的学习者一般不需要注册，而只是选择报名和进修性学习。这种教育形式面向的是有提升自身专业技能需求且不要求获得证书的在职工人及农民。我国的在职培训是另一种教育训练活动，着重于提高在职员工的生产技能，满足企业的生产质量要求，并根据用人单位制定的标准来确定具体的教育培训内容、标准和教学职责。因此，包括在职培训在内的成人教育的目的是为在岗工人提供更具有时代性的新知和行业技能，提高其专业能力，以适应社会发展和技术进步的需要。而社会文化和生活方面的成人教育，则旨在满足普通民众的精神文化生活需要，以更上进、健康的生活方式引导大众的各种生活习惯。由此可见，以成人教育作为其中重要组成部分的终身教育，其教学方式灵活多样，不仅具有社会性也具有群众性，既能够锻炼参与学习的个人的智力，还能充分激发个人的学习兴趣甚至挖掘个人的潜在能力。此外，非学历成人教育还包含其他形式，如健康教育、体育教育、家庭生活教育、个人生活教育、老年教育和成人自学考试教育等。我国还鼓励各类企业、教育机构及其他社会团体组织开展辅导培训，并通过电视、广播、通信、网络等多种课外渠道同步进行。

成人教育必须适应社会的发展，以促进社会的进步，因此，成人教育的类型和形式要适应成人的学习变化要求。目前，我国已形成了各种形式、层次、规范的终身化成人教育体系，并结合了职前教育和职后教育及学历教育和继续教育的成人教育模式。其中，学历教育是当前我国成人高等教育的一个重要组成部分，全日制成人教育机构与一般专职教学机构类似，但在培养目标和教学内容上存在差异。事实上，各类非学历教育和成人中等学历教育也是通过这样的教学形式进行的。

通过以上分析可以发现，成人学历教育的形式是作为基础而存在的，但不是唯一的，也不是最重要的成人教育形式。虽然成人教育的学习形式受到的关注有限，但其仍然在普通成人教育系统中发挥着重要作用。例如，夜校即是由普通大学组织，作为一种全日制教育补充形式而存在的。在夜校的教学活动中，参与者可以更为充分地安排自身可以进行学习的空闲时间，包括可以在星期六和星期日去夜校学习。另一种重要的形式是函授教育。这是一个基于自学并利用各种教学方法所能实现的远程教育，函授教育毕业生必须达到和普通高校应届毕业生同等的知识和实际操作水平才能从学校毕业。因此，函授教育的教学计划需要以课程大纲为中心，在全日制普通高校的规范下，整合通信教学的特点，为学生提供灵活的学习时间、地点和形式。第三个重要的成人教育形式是广播电视教育，它采用广播电视网络进行远程教育，广播电视大学在全国提供覆盖面较大的各级各类教育，并开展包括在职培训在内的各种类型的专业教育。与传统的教育形式相比，广播电视教育的时间和地点更加灵活方便，因此是广大终身学习者较为理想的选择。此外，网络教育是现代教育形式之一，其充分利用卫星和互联网技术，以实现教学信息的远程传输，创造一个不同的时间和空间中的虚拟教室环境。这种教育的具体方法是将信息、图像、教师的课堂场景等转换为数字信号，采用视频技术形式制作课件。这项技术可以让学生与其他人一起在多媒体教室里学习，也可以让学生单独使用计算机在家中实现网上学习，学习者甚至还可以通过视频会议系统或计算机网络与教师直接沟通，还可以在学习过程中提出问题并进行讨论。

我国成人教育中的评价体系还可以对成人学习者的成绩进行分析，其中的一种形式是自学考试，这是一种基于个人自学的成就水平而由国家所组织的考试，其主要对自学者进行相应的学位资格认定。自学考试的主要任务是促进和扩大个人自学的成就及水平，通过个人所学内容在专业中的发挥，促进终身教育在社会的广泛开展。对于我国公民而言，不论其性别、年龄、种族或受教育现状，都可以报名参加自学考试。自学考试者的学历程度应与高校的要求相一致，高等自学考试教育是一种社会考试制度和教育形式，能够有效地促进社会各个阶层民众的受教育水平及参与教育活动的意愿与权利意识的提升。

二、德国终身学习的项目框架

德国的公立大学和私立教育机构都能够提供普通类型的教育课程，而私立教育更注重在成人教育和继续教育等终身教育类型方面对民众进行相应的培养。德国成人教育在职业继续教育和普通继续教育两方面均产生了重要的影响。

德国的职业性继续教育主要包括在职培训、继续培训、基础职业教育等内容和形式，除了职业协会、商会和职业教育机构外，还有公立和私立职业学校组织此类教育活动。所有这些组织都在普通成人和职业教育体系中发挥着重要作用。对于成人教育而言，其中一个最重要的形式是企业内进行的人员培训，一项调查显示，在德国参加内部培训人数比参加外部培训人数要多。此外，基础职业教育和定向职业培训也是继续教育的主要形式，而这些培训的主体结构和内容则主要由公立高校组织和实施。

在德国，很多专业技能和资格是通过高级成人教育和继续教育及专业培训获得的，职业教育对确保行政人员的职业资格和现实中的技能管理起着非常重要的作用。通常情况下，职业教育具有"双轨制"的特征，即学习者可以在学习初期进行职业培训方面的学习，而当后续教育继续进行时，其可以选择继续进行职业教育或者进行学术性的教育。由于在德国学术和职业双轨是互通的，因此对于学生而言，其职业和学术之间的融合也是无障碍的。此外，也有许多商业机构提供职业基础教育，企业自身还会组织专业技能的培训课程，针对员工的培训包括研讨会等形式，但企业自身组织的培训大多无法授予相应的技术培训文凭或证书。

德国的普通继续教育也是其终身教育的重要组成部分。通常情况下，普通继续教育和职业继续教育不同，因为其基本在全国的公立高校中进行。目前，德国全国公立高校在该领域所进行的教育培训占据总体数量的三分之一，而社会公共组织、教会等也占据继续教育组织结构的一部分。各政党组织、工会和基金会进行普通继续教育的份额有逐渐下降的趋势，包括其对于该教育领域的投资也在逐渐减少。相比之下，私营部门和企业雇主、商会和职业协会等对于整个普通继续教育领域的贡献正在逐渐增强。最值得关注的是，雇主对普通继续教育的课程内容和资源的投入约占总数的一半，因此，对于继续教育的招生规模而言，其招收的学员基本有半数是各个企业的员工。

德国成人教育和继续教育体系也通过颁发证书为合格毕业生建立了自己的毕业评价体系。参与继续和成人教育的学习者获得毕业证书的条件和前提取决于其所学习的内容、时长和形式及组织继续教育的主体等。对其学习的最终评估以书面考试或现场实践的形式进行。目前德国的大多数短期继续教育将不发放证书，而长期继续教育的学历认证主要有如下三种认证形式。

第一种是通过国家高等教育考试。这是一种由国家颁发的特定证书。国家证书的一项重要功能是弥补学习者在中小学文凭，尤其是普通高中文凭方面缺失的遗憾，这些文凭使学习者拥有均等的求职机会。继续教育证书与大多数普通教育系统，如职业教育、中小学教育和高等教育机构的相关文凭证书具有同样效力。

第二种是用于某些特定领域的专业性质的继续教育证书，特别是与语言和信息科学等专业相关的领域，如剑桥商务英语证书（Business English Certificate）和国际资格证书（International Certificate of Competency）等。

第三种是教会和工会颁发给各个组织的有效证书。这些证书用于为参加成人学习活动的学习者进行专业资格证明。此外，由于继续教育的形式逐渐发生改变，根据学习者的需求，德国社会也有不同的新证书类型或多个证书的相结合。

在德国，通过终身教育培养出来的人才，更具有独立自主性和极强的学习兴趣，由此使得各个少数族裔个体的自主学习习惯和偏好得到了继承，也使得整个国家的自主学习系统得到了很好的发展。据悉，德国的自主学习和非系统继续教育机构的数量在不断增加，继续教育的形式日趋多样化。例如，出现了资助主体和教育机构的结合，即强调出资方和教学方的相互配合以完成相应的继续教育教学任务,这表明德国已经形成一个较为完整的继续教育结构体系来组织相关的培训课程。

德国的经济和社会的发展,使得其从理论及实践层面都对终身学习中的"自主学习"概念产生了很大的影响,而该理念正是创建"新学习文化"惯习的基础。自主学习的概念并不能取代传统化的学习概念。相反,其进一步拓展了学习的理念,即从社会性的功能出发,强调在社会中每个人都需要实现自我控制,成人教育中的学习者应当适应社会和工作场所的趋势和变化,从而形成当今社会需要的个人独立性、责任感、灵活性、多元能力和适应性等特征。

自主学习概念包括学生自主学习能力的目标和社会发展的期望之间相吻合,这也符合传统教育理论中成年学生自主选择的理念。自主学习涵盖教育过程中的各个方面,包括学习目标、内容、方法、媒介、材料、时间、地点、成就等,学生在学习过程中运用的工具性和辅助性元素越多,其自我控制的程度就会越高。此外,当学生主动地以自我导向的方式获取知识时,尤其是当学生对学习内容充分感兴趣时,其会将自主学习的行为进行得更为全面和持久。

以这种自主学习的方式,学习者本人主要承担整个学习过程中的责任和任务。首先,这种学习方式要求学生有较高的自省和推理能力,其理想的状况是,自控型学习者不仅能够描述自己的学习目标,并发现学习中自身凸显出的学习问题,还可以采取不同的学习策略来不断完善其学习的过程,同时充分利用可用于学习的媒体资源。其次,学生应通过了解自己的学习需求,克服学习困难,认识到无法依赖外在指导的现实,逐渐认识到自己作为自主型学习者的事实。最后,学生应该有良好的自我管理和自我评价能力。

当前,德国的"自主学习文化"在理论层面有过很多的讨论。研究者大多认为自主学习对于终身学习者而言,是一个较为有效的方式,如能经由教育机构协助学习者个人创建恰当的自主学习计划,则相应的学习过程会更加有效。德国成人教育研究所与7个不同的继续教育机构合作,实施了一项名为"自主学习:一个新的学习文化的发展服务"的研究。自1998年以来,其在学校教育活动范围内,进行了一系列自主控制学习的科学调查,以实现自主学习的有效性。负责这个研究项目的是一个成人教育研究团队，其中主要讨论了以下 4 个主题：自主学习方法；自主控制学习的媒体；学习和咨询的能力；互动学习软件和学习经验的积累。

德国的教育文化和结构，尤其是终身学习教育体系，具有强有力的指导性和自主性特征，经由政府、私营企业及社会组织在财政方面提供的特别支持，使得社会个体包括企业职工都能够对学习过程、学习模式和习惯，甚至是整体的学习文化和社会惯习都有一定的了解。由此，使得社会的学习文化反映出个人的学习偏好。例如，自主学习就是在社会影响下构成的一种学习文化，使得德国普通个体对于终身学习的认识和习惯也在逐渐完善。这就说明，在对德国的终身学习文化和特征进行调研的过程中，需要从不同的角度，尤其需要从社会各个层面的需求和发展过程的特征入手，对个体在时代背景下做出的学习决定进行综合化的分析和考量，实现对于不同社会个体的终身学习思维和认识的全面分析和掌握。

三、对比与总结

从终身学习和继续教育活动的组织机构和法规中可以看到，我国的教育活动有明显的集体组织的特征，这是根据我国教育机构的属性和公民参与活动的性质和形式决定的。当前，我国几乎所有与终身学习和成人教育有关的组织与机构，都是在官方机构的指导和管理下创建的。因此，在这些教育组织和机构中的学习活动往往直接或间接地受到教育机构和部门的管理及调控，由此使得相应的学习活动计划性较强，也凸显了活动的目标性和明确的导向性。因此，在这样的终身学习体制和环境中，个人的学习活动会有较为明显的集体化特征及社会化属性。

相比之下，德国的终身学习机构和成人教育组织一般受到政府部门和其他非政府机构的多元因素影响。因此，在这样的组织环境和体系中个人的学习活动显示出较为复杂的行为特征，一般对其影响的因素无法独立成为决定性动因，而需要各种不同的环境因素共同施加影响，才能最终对个人的学习行为和思想产生作用。其中，以上提到的自主学习即是德国目前典型的一类终身学习模式，其主要建立在自主的学习内容和方法的基础上。这种学习方式，使得个人的学习不受外在环境因素的干扰，对个人的自我管理和自我约束能力提出更高的要求。

总体而言，不同的社会背景和文化风格在中德两国都形成了不同的终身学习形式及其特征。由此可见，个人学习行为总是受到教育机构的组织形式和风格的影响，这反过来又会对社会学习方式及后代的学习习惯产生较大的影响，从而形成迭代效应。由此可以发现，对于终身学习的相关研究不应仅仅考虑当前其所表现出的学习形式，同时需要从社会背景和文化特征、个人学习的影响因素等各个方面综合考量，形成对个人终身学习习惯选择的全面化研究。

第七节　终身教育系统对比

一、中德终身教育系统的相似点

1. 发展过程

我国现代终身教育的建设始于1949年中华人民共和国成立后，初步形成于20年代50年代初至60年代中期的成人教育体系。其中，我国的终身教育和成人教育的结构是有一定区别的，终身教育包括幼儿、小学、中学、大学、成人及各种继续教育在内的各个阶段的教育类型，其教育类别包括针对适龄学生、职工、农民等在内的各类民众群体。自1978年以来，我国终身教育和成人教育飞速而健康地发展，国家也出台了一系列法律、政策和措施，旨在促进和指导成人教育的发展。从政府的教育部门到基层的各个教育组织和机构，已经充分且清醒地认识到成人教育的功能性和重要性，并且其对现代成人教育完整的理论框架的形成也相当重视。成人教育的内容、类型及管理方式也发生了很大的变化，使得从大学毕业后的继续教育逐渐成为成人教育的重要组成部分。

经过几十年丰富的教育实践，我国已经形成多层次的终身教育形式，将统一性和多样性、普及性与提高性、全面规划性和权力下放性结合。我国包括成人教育在内的终身教育的重点是提高成人工人和农民的文化素质，强调通过保障教师的教学质量，以专业的教学方式和管理经验，对相应层次的民众进行一以贯之的继续教育。然而，当前我国社会民众对于终身教育的理解仍然是较为片面的，普遍将其视为一种教育的补充形式，或将其看作成人教育的延续，这说明我国对于终身教育的贯彻和实施还有待加强。

德国的现代成人教育制度是第二次世界大战结束后逐渐建立起来的。从20世纪50年代初至60年代，德国的各个州和地方政府并没有充分发挥其在成人教育中的主导作用，因此，当时的州立法中并未包括对终身教育和成人教育的相关规定和管理制度。同时，德国政府、社会和其他教育部门的负责人也并没有意识到成人教育对于德国整体经济和社会的重要性，主要将终身教育作为短期任务，而强调其有限的社会功能及个人能够通过终身教育获得一定的发展和适应社会的能力。

20世纪60年代到70年代末，德国实施了一系列教育改革，成人教育以立法形式获得快速发展，对于终身教育的相关理论研究在此社会背景下也逐渐形成了自身的学术意义和价值，同时终身教育也逐渐获得社会和企业的资金扶持。20世纪80年代以来，德国终身教育得到了社会的广泛支持，其影响迅速扩大；由于城市化，与生活相关的成人教育体制也得到了蓬勃发展，终身学习的概念也逐渐成为成人教育的重要理论支柱。

2. 管理系统

我国的成人教育范围极广，管理领域涉及社会所有阶层，这使得针对成人教育效果评估等具体的管理体系非常复杂。当前，我国的成人教育管理模式坚持有中国特色的社会主义市场经济体制的基本原则，努力提高管理的针对性和适应性，同时根据法律框架使管理更加规范化和制度化。

我国现行成人教育行政体制包括中央政府、省、自治区、直辖市、市级和县级政府等层次。对于成人教育的发展，国家鼓励企业、社会团体和公民依法兴办成人学校等教育机构，形成各种形式的成人教育。可以说，我国的成人教育基本上已经实现了多元化，如教育机构的范围、学校的财政、成人教育系统的动态性和开放性及教学内容和教学方法等，这构成了我国丰富且多元的成人教育机制。

德国的成人教育体系是终身教育系统中应用最广泛的概念，德国没有国家成人教育体系，也没有统一或集中的成人教育管理体制，其成人教育管理理念根据宪法的规定，侧重于保护个人自由发展的基本权利及多样化且自由化的教育原则。联邦政府和州政府通常共同努力，以灵活协作的方式构建成人教育管理体制和运行机制。德国主要以国家强制力为基础，强调社会组织对终身教育和成人教育的自主管理，其高度发达的成人教育是由联邦和地方政府、社会团体及其他办学团体共同推动的。

3. 社会保障

我国和德国的终身教育体系得以稳定发展的重要原因，是两国的中央和地方政府都能够建立一套健全的法律和政策，以对终身教育进行保障和支持。

20世纪90年代以来，我国教育行政部门颁布一系列的成人教育法律法规，以适应时代的新形势。特别是1993年颁布的《中国教育改革和发展纲要》和1995年颁布的《中华人民共和国教育法》对从事成人教育的教师的地位、任职条件、基本职能、工作、考核、责任划分及拥有的权利都有明确的规定，同时确立了成人教育的经费来源、主要形式和内容等。

德国是联邦制国家，这意味着其基础教育的立法和管理权处于独立状态。德国成人教育的发展也建立在全面的法律保障和政策支持的基础上。大多数成人教育和继续教育是普通教育的一个分支，一直独立于各个联邦州的法律之外。因此，联邦政府在继续教育领域的管辖范围非常有限，其对于继续教育的法律、法规和政策体系是不能够完全限制各个教学主体的教学自由的。然而，其终身教育体系也并非完全处于无政府控制状态，教育和文化的问题对于每个州的发展和跨地区的交流所产生的意义非凡，德国联邦对包括成人教育在内的终身教育的法律保护是很严格的。德国的成人教育基本原则的调整和完善主要是在联邦政府的法律框架下进行的，根据参与成人教育的学习者的需求、社会发展的前景及办学主体的现实发展导向共同决定，这完全符合德国宪法对于教育的相关要求，表明其成人教育的基本导向规定了每个个体人格发展的多样性和独立性。联邦政府为各地方的成人教育和继续教育等终身教育机构及针对终身教育开展研究的机构提供相应的资金和财政支持。因此，联邦政府和每个州在针对成人教育的法律和政策确立方面，具有充分的独特性、灵活性和统一性。

二、中德终身教育系统的差异点

由于我国和德国社会条件和教育制度等不同，教育管理的方式上也存在很大的差异。中德终身教育系统之间也存在差异点。

1. 具体的管理形式和行为上的差异

我国实行统一的教育行政领导制度，形成了中央教育行政部门、各省自治区和直辖市教育部门及市县教育主管部门在内的三级教育行政管理体制。作为国家成人教育的最高行政管理部门，教育部具备审批成人教育学校、起草各类成人高校评估标准和组织评估的实施等方面的权力及资格。国务院各部、各委员会负责本部门的成人教育组织及管理，并根据各自的职责，确保本部门和系统的成人教育需求能够得到满足。各省自治区和直辖市应当按照国家教育计划和中央政府教育行政部门的要求，组织、协调、指导和推进区域成人教育的各项工作。根据国家教育计划和中央政府教育行政部门的要求，各县、市政府对地区的成人教育要素、受教育群体、技术教育内容等方面要实现稳定发展。农村成人教育管理系统是由县、镇人民政府及村民委员会组成的，由此使得成人教育的传播在广大农村地区发挥了重要的作用。

与我国的成人教育管理体制相比，德国强调多样性和自由的原则，因此，德国没有统一的成人教育体系。从联邦到各州，其教育都有一般的规定和原则，特别是州政府对成人教育的规定具有较为具体化的导向。在教育政策的实际执行中，地方教育部门具有制定具体政策和方案的最终决定权，会优先考虑与发展有利于地方发展的教育项目，并能够通过适当的框架体制对成人教育的活动内容和最终所要实现的目标进行调整，实现成人教育的多元化和质量保障。

德国不同的机构类型中的成人教育规模、形式、内容和学制各有不同，这说明其在实施国家成人教育活动中有较大的自由。这些机构由不同的教学机构和组织承担，并基本构成了相应的教学组织联合体，如德国成人学院联合会、全国成人学院协会这两个国家范围内的协会覆盖了德国大部分的职业继续教育机构及一些商业成人教育机构。这些不同的办学机构主体按照多元化的原则，对社会各类学习者开展较为公益化的教育培训，由此形成了德国较为特殊的成人教育体系模式和机构联合体类型。

2. 教学业绩和教师资格方面的不同要求

在我国，成人学历教育，特别是成人高等教育，已成为成人教育的一个基本而重要的组成部分。其教学目标、内容、方法和要求是接近普通高等教育的，其中只有培训和教育的主要任务与普通的成人教育有一定的区别。近年来，我国的许多高校都建立了成人高等教育学院或者系部，为成人教育的发展提供了必要的发展条件，从而在终身教育发展过程中发挥了关键的整体作用。一些独立的成人高校，如广播电视大学、干部学院和教育学院等快速发展，大部分参与成人教育的学员都有明确的学习动机，强调为了满足自身的社会属性及其个人兴趣，在文凭和学位等方面有一定的学习要求，这种现象反映出成人教育在我国的总体发展已经逐渐能按照社会的要求而进行一定的调适。

德国的成人教育更加注重继续教育阶段的教育教学过程，继续教育通常被定义为在基础教育阶段完成后，在就业前和就业期间所进行的学习，其在德国一直被视为一个独立的教育领域，是国家和社会的共同任务，由国家、企业和个人共同支持和促进。德国的企业员工通过先进的教育获得了许多重要的专业技能和资格，职业教育的主要形式是通过企业自身组织的内部培训，使职工获得更多的技能和专业知识。德国的成人高校可提供各个领域的专业课程，其同时注重通才教育，即在专业教育之外，同时强调对学员的人文素养、综合社会素质等方面的培养和熏陶。德国的成人和继续教育的教学方案是较为灵活多样的，如两年的全日制培训课程、短期研讨会、职业再培训项目及其他各种在职和非在职等培训形式。参加继续教育的学员大多都是在职或正在求职的劳动者，继续职业教育的目的就是强调要具有更加明确的目标性和实践导向性。

3. 教师队伍的结构性差异

我国许多从事成人教育的教师主要在大学和私立成人学院等专业高等教育机构中从事较为稳定且长期的教学工作，而在私立或独立机构中参与成人教育的教师一般无稳定性的教职。但在德国继续教育机构中从事成人教育工作的大多数教师和工作人员都被视为永久性的教职,无论是在公立还是私立院校,其都在国家成人教育体系框架中,从事受到充分保障的教学工作,在一定程度上,其公立和私立学校的教学任务及地位的区别不甚明显。

中德教师的就业结构性差异与成人教育的结构性差异紧密相关,这主要体现在我国的学历教育上,特别是高等教育已成为成人教育的基础和日益重要的一部分。然而,成人教育从教人员的学历要求在一定程度上很不一致,部分院校的教职员工缺乏教学的知识和技能,已经高度专业化的特定于成人教育教学培训的少之又少;相反,部分从事成人教育的教师只是受到各科教学活动的一般专业培训。与此相比,德国终身教育的重点在于成人和继续教育,特别是在继续教育学院中的教学更为凸显出其对于成人再培训的重视程度。因此,对于教师的资质和能力要求甚高,其针对教师的理论素养、专业能力、实践技能、教学水平等均有具体规范和培训,强调从事成人教育的教师不仅在理论教学上能够体现出较高的学术水平,同时在现场实践和实习环节也能充分体现职业教学的能力,从而更有效地提升学生的综合素质和能力。

4. 资金来源的差异

在我国教育体制中,成人教育经费的主要来源是财政拨款,其他机构的经费来源作为补充。按照有关规定,成人教育支出应当纳入国家预算及地方预算中。除规定的资金资助方式外,企业职工教育经费不足的可以直接从企业经营成本中扣除,也可以直接从企业其他项目经费支出中扣除;农村成人教育和职业教育的经费主要由县市教育经费和各级各类教育部门进行资助;高校筹办的函授和夜校的经费由政府、学生所属部门的财政拨款及学生支付的适当学费中提供。

在德国,继续教育的资金来源也是多渠道、多模式的。与我国不同的是,德国联邦和州政府提供补贴或使机构免税,为学校等教育机构最基本的物质资源和人力资源提供资金,以保障学校的日常运作。一般来说,德国继续教育的资金来自不同的渠道,如学生缴纳的学费、政府对于城镇和企业的补贴等。企业组织的继续教育资金由企业负责人提供,而私立性质的继续教育费用通常由学习者个人承担。如果继续教育的目的是职业培训，则组织学习的相关企业也可以免除一定的税费以支持该职业提升项目。

　　总之，中德两国的教育体制在终身学习和成人教育方面既有相似之处，也有不同之处。从宏观层面可以研究法律政策、经济条件和教育法规；从中观和微观层面可以从教与学的具体表现、教学方法、行为、关系和文化、教师资格等进行观察。通过对以上领域的观察，研究者可以更清楚地了解两国个人终身学习行为背后的理论和实践基础。

第四章 建构以扎根理论为方法论的分析框架

第一节 扎根理论的基本概况

一、扎根理论的起源及发展

研究者通常将社会科学研究方法分为定量研究方法与定性研究方法。定量研究方法最早源于自然科学的研究范式,它强调实证研究结果,并认为只有可验证的研究才能称为真正的科学,研究结果通常通过统计方法进行验证,该方法在社会科学研究领域也得到了广泛的应用。

尽管社会科学研究中经常使用定量研究方法,但仍受到一些学者的批评。他们认为,社会科学和自然科学不能混为一谈,这意味着自然科学的研究范式不应盲目地应用于所有社会科学。因此,他们提倡使用定性研究方法。与定量研究方法相比,定性研究方法是对社会现实更深刻的反映,并且近年来越来越受到相关学者的重视并得到广泛应用。然而,定性研究方法常因不够严谨、直接影响到研究结果的可信度而饱受诟病。

本书通过一种相当严格的定性研究方法,即扎根理论方法,进行终身学习相关的分析和研究。在我国的相关文章和专著中,已经有很多的研究成果主要对定量研究方法进行了解释,但对于定性研究方法的讨论和运用还相对较少。在尝试理解扎根理论之前,首先要明确定性研究方法的概念。① 一些学者将社会科学的定性研究领域划分为三种模型，即量化模型、解释模型和批判研究模型。同时，也有学者扩大了定性研究的范围，将其划分为总结性观察、访谈、案例研究、现象学等。

二、扎根理论的具体定义

扎根理论方法由两位学者共同开发，分别是芝加哥大学的格拉斯（Barney Glaser）和哥伦比亚大学的施特劳斯（Anselm Strauss）。该方法是一种定性研究方法，它利用系统化的程序，针对某一现象，归纳构建出理论框架。②

扎根理论的主要目的是建立基于经验数据的理论③。在开始研究之前，研究人员通常不做理论假设，而是直接从实际观察入手，从原始数据中总结经验，然后构成一个理论系统。这是建立实体理论的一种自下而上的方法，在系统地收集信息的基础上，寻找反映现象本质的核心概念，然后通过这些概念之间的联系来构建社会理论。扎根理论应当有经验证据支持。其除了具有经验属性之外，还包含从经验事实中抽象出的新概念、新理论和新思想。在哲学领域，扎根理论方法是建立在后实证主义范式基础上的，它强调了对建构理论的证伪。④

扎根理论起源于20世纪60年代，基于格拉斯和施特劳斯在医院中对医疗人员治疗危重病人时的行为的观察，这种方法的形成离不开哲学和社会学的理论思想。其中一个理论来自美国的实用主义，特别是杜威、乔治·米德和查尔斯·皮尔斯的思想，他们都强调行动的重要性，并专注于处理有问题的语境和解决问题时总结方法。第二个理论则来自芝加哥社会学学派，其通过广泛使用观察和深入访谈的方法收集信息，并就社会互

---

① ALHEIT P. Grounded theory. Ein alternativer methodologischer Rahmen, für qualitative Forschungsprozesse[R/OL]. (1999-12-31)[2018-01-05]. http://www.fallarchiv.uni-kassel.de/wp-content/uploads/2010/07/alheit_grounded_theory_ofas.pdf.
② GLASER B, STRAUSS A. The discovery of grounded theory[M]. Chicago: Aldine; London: Weidenfeld and Nicholson. 1967:1-3.
③ STRAUSS A. Qualitative analysis for social scientists[M]. 1987:5-12.
④ CHARMAZ K. Constructionism and the grounded theory method[M]//HOLSTEIN J A, GUBRIUM J F. Handbook of constructionist research. New York: The Guilford Press, 2008:397-412.

动、社会过程和社会变化提出个人见解。①

施特劳斯指出,扎根理论强调理论的发展,该理论建立在从现实中收集的数据及信息与分析之间的持续相互作用的基础之上。② 因此,扎根理论通过系统的数据收集和分析产生了成熟且经过验证的理论,扎根理论既可以指代研究方法本身,也可以指代该研究方法得出的结论。

三、扎根理论的研究范围

扎根理论认为,定性研究和任何研究方法一样,都应该注重数据分析和理论构建。③ 因此,扎根理论研究方法适用于理论体系不完善、难以有效解释实际现象、理论空白及正在发生新现象的领域。这种方法应该通过不断的比较、分析和数据转换来实现理论框架的构建,通过与事件和现象进行交互,研究人员在新结论的基础上改进了理论。

扎根理论依赖数据的特点之一,是理论与案例研究方法紧密相关,只有在案例选择和数据收集的基础上才能更好地对扎根理论进行后续分析。④ 案例研究方法历来被研究者质疑,随着扎根理论的日益严谨和科学分析的兴起,案例研究方法受到了重新审视。如果不断引入大量数据并且不断增加总量以调整分析的重点,则案例和相关数据的储备量会不断增加。这种方法论与一般的定性研究方法大不相同,后者仅在数据收集后进行集中分析。⑤ 扎根理论要求同时进行数据收集、分析和调整研究的特定方向。这促使研究人员一开始就把研究主题范围定得非常广泛。

---

① CHARMAZ K. Constructionism and the grounded theory method[M]//HOLSTEIN J A, GUBRIUM J F. Handbook of constructionist research. New York: The Guilford Press, 2008:397-412.
② STRAUSS A, GLASER B G. Awareness of dying[M]. Chicago:Aldine, 1965:65-73.
③ STRAUSS A, CORBIN J. Grounded theory methodology- an overview[M]//Handbook of qualitative research, New York: Sage Publications, 1994:34-36.
④ ALHEIT P. Grounded Theory. Ein alternativer methodologischer Rahmen, für qualitative Forschungsprozesse[R/OL]. (1999-12-31)[2018-01-05]. http://www.fallarchiv.uni-kassel.de/wp-content/uploads/2010/07/alheit_grounded_theory_ofas.pdf.
⑤ ALHEIT P. Grounded Theory. Ein alternativer methodologischer Rahmen, für qualitative Forschungsprozesse[R/OL]. (1999-12-31)[2018-01-05]. http://www.fallarchiv.uni-kassel.de/wp-content/uploads/2010/07/alheit_grounded_theory_ofas.pdf.

第二节 扎根理论的主体思想

一、根据数据得出理论

扎根理论强调只能通过对数据和材料的深入分析来逐步构建理论框架,它是一个归纳的过程,其中信息和数据从下到上连续集中。扎根理论并不对事先设定的假设做出逻辑推论,而是从数据分析和汇总入手,因此该理论在实际操作中可以进行理论和数据的协调,并可以用于指导特定的日常活动。

二、连续比较的方法

扎根理论的核心是对信息、数据、理论进行分析比较,然后根据数据和理论之间的关系将其通用的属性细化为不同的类别。这种比较通常有4个步骤:第一,根据概念类别对数据和信息进行比较,这意味着在对数据进行编码并尽可能精确地将其规范化为概念类别之后,比较相同和不同概念类别中的编码材料和数据,以查找每个概念的属性和类别;第二,将相关的概念类别与其属性结合,并比较这些类别,同时考虑它们之间存在的关系,以特定方式连接这些关系;第三,必须概述最初提出的理论,以确保理论的内涵及其延伸,用原始数据验证初始理论,优化现有理论,使其更精确;第四,可以通过理论总结,描述所获取的材料和数据、概念类别、属性及它们之间的关系,从而解决研究问题。

三、对理论的敏感性

扎根理论的主要理论基础是建构理论,研究人员必须对研究过程中的现有理论和由此延展出的理论有高度的敏感性。理论敏感性不仅有助于在数据收集阶段明确之后研究的重点和方向,而且还能够使得数据分析过程中更集中地表达信息和数据内容的概念,特别是在数据内容信息相对松散和分离的情况下,扎根理论能够比纯粹的描述具有更多的解释力,因此,它强调研究人员需要对理论保持敏感的研究态度。

四、理论评价

扎根理论有一套评估理论的标准,具体可以分为以下4个指标[①]:首先,概念必须源于原始材料,这是做出论证的基础;第二,从理论中抽象的概念应该得到充分展现,概念的密度应该相对较大,这意味着概念之间的关系及其理论意义具有许多复杂的关系;第三,理论中的每个概念应该与其他概念有系统的联系,因为理论是概念集群之间的合理连接,这意味着所有概念应该紧密交织在一起,形成一个具有统一和内在关系的整体;第四,通过概念集群连接的理论对于广泛的实际应用具有很强的价值,理论应该对个体行为的细微变化和具体动机具有强大的解释力和敏感性。

第三节 扎根理论的应用特征

一、归纳和演绎思维

归纳和演绎思维是扎根理论中着重分析的方面,这些重要的思维策略表明了研究的意义和目的。其出现的背景是,有些研究线索无法从现有的数据和材料中识别,或者有时没有足够的数据作为研究证据的支撑,这两种因素都可能使得研究过程中的现象不明显。在这种情况下,研究人员应该转向归纳和演绎的解释性思维,即可以假设在某些情况和场合下会产生一些相应的变化,然后通过现有的数据和材料,通过相应的数据证据支持部分假设,并最终修改和完善假设。其研究结果主要通过连续观察、归纳、比较和验证得以不断丰富。

---

① CHARMAZ K. Constructionism and the grounded theory method[M]//HOLSTEIN J A, GUBRIUM J F. Handbook of constructionist research. New York: The Guilford Press, 2008: 397-412.

扎根理论的一些程序可以帮助研究人员做出一些假设，并从以往的数据系统中创建一个新的系统命令，这种方法的创新之处在于研究人员能够通过概念化过程重新分配收集的数据和资料。在研究人员建立有效理论的过程中，创新是极为重要的。在对资料进行分析的过程中，研究人员对资料的充分比较有助于提高其理论敏感性，通过发掘具有发展潜力的一些领域或类别，以证据和材料确定类别建立的条件和结果。

二、不断比较的理论策略

扎根理论研究的策略基于数据收集，这是通过研究人员和受访者之间不断的互动实现的。研究人员在采访过程中收集全面的数据和材料，采访过程中应当注重策略的灵活性，使受访者有机会提供真实的反馈，以便研究人员能够正确使用采访时所获得的信息，在考虑受访者的现实情况和需求后，进行综合的分析和解释。

三、数据的收集和分析

扎根理论既强调理论的发展，同时还强调数据收集和分析的持续性。其整个研究过程不是先建立理论再验证，而是针对某一现象进行发掘和审视，分析问题和了解微观现象，逐渐形成理论。扎根理论中的数据收集具有微观的、发展的、基础的、模糊的、非正式的和交互的特点，由此使得整个数据发展过程中的数据分析和处理更为复杂，与各种数据相关的背景信息也应当得到更好的展现。

四、概念和理论的丰富性

扎根理论以其独特的方式挑战现有的理论研究方法，该方法可以用数据和材料进行分析和概括，并逐步构建概念的信息体系。这使得研究者能够为各种资料和数据建立相应的理论框架,实现微观和宏观领域之间的联系。①

第四节 扎根理论的分析过程

扎根理论方法的核心是数据和材料的收集与分析,其中包括理论推导和总结,其他定性研究方法和扎根理论方法之间的数据和材料收集没有显著差异。施特劳斯称数据分析是基于扎根理论的"编码",即首先是分解和识别收集或翻译的数据,然后是现象的概念化,最后是概念的抽象、优化和合并。以上过程应基于现实的数据和材料,定义数据的范围和类别,然后确定这些类别的性质和维度。这些类别之间复杂的性质和关系是研究的重点,这意味着扎根理论的方法旨在从理论层面描述现象的性质和意义,以便建立适合于数据和信息的理论。

在扎根理论研究中有以下主要步骤。

1. 问题表述

扎根理论较适合研究与社会个体行为密切相关的现象或问题,主要因为其能够得出足够完整的理论来解释现象或问题的成因、过程和机制。

2. 理论抽样

理论抽样是指可以提供大量的受访者及其相应的经历及经验,旨在为理论构建形成多元化和充分性的选择。通常这些受访者最了解问题的本质属性,因此能够提供深入和完整的数据和材料。在访谈期间,研究人员可以指导叙述者以讲述故事的形式清楚地、自由地表达其感知、见解及其对情境的理解。②

---

① CHARMAZ K. Constructionism and the grounded theory method[M]//HOLSTEIN J A, GUBRIUM J F. Handbook of constructionist research. New York:The Guilford Press, 2008:397-412.

② ALHEIT P. "Biografizität" als Schlüsselkompetenz in der Moderne[J]. Biografisch lernen und lehren, 2008:15-28.

3. 面谈记录

访谈内容是重要的第一手研究材料。对于研究人员而言，应该认真对待和整理各种访谈记录，包括逐字转录内容并逐行进行分析，这是运用扎根理论分析原始文件的基础。此外，每次访谈或与叙述者面谈时的时间、地点、情景也应记录下来，以帮助研究人员思考访谈的重点、意义和价值，并始终以此来判断和导正研究方向。

4. 数据分析和命名

数据分解是指将几个具有类似意义的句子成分进行重组。在分解之后，研究人员须用一个具体简洁的名称来标识每个句子的分段信息，最好使用数据中的动词进行命名，以便清楚地展现受访者的想法和行为。同时，研究者应当对采访手稿或文件档案逐行审查，以确保研究的严谨性和对结果呈现的真实和准确性。

5. 类别创建

此时，研究人员应从访谈材料中整理出几个主要的概念类别，以便能够概括受访者提供的数据。当类别中的所有分段数据具有相同或相似的含义时，即表示该类别具有代表性。研究人员应对此概念的类型做出清晰的定义，而不必创建太多具体的概念类别。但当概念类别过多时，研究人员应尝试将类似的类型合并在一起，形成共同的概念集合，以相同的类别名称进行命名，从而确保相关的概念能够获得较为有效的整合。

6. 数据比较

研究人员应不断地将新的数据与现有的概念类别进行比较，以便将其分类到相关类别中。然而，当现有类别不能涵盖新数据和材料的项目时，研究人员应考虑增加一个新的概念类别。同时当某些类型的数据薄弱、缺乏或偏离某些类别时，研究人员应考虑添加新的概念类别，并调整抽样或访谈的方向，对于个别情况应进行充分的考虑，以确定其是否是应该重视的问题或者项目子集。

7. 备忘录制作

研究者应记录访谈过程中自己所产生的想法、灵感和感受，并将其纳入分析备忘录，以跟踪自身的概念形成和发展过程，在数据、材料、概念和理论的发展中找到自身概念与现实数据之间的联系，构建创新性理论体系。科尔宾（Corbin）和施特劳斯（Strauss）认为："写作理论的备忘录是扎根理论的重要组成部分。由于分析人员不能随时记录从分析过程演变而来的所有类别、属性、假设和生成问题，因此必须有一个这样的备忘系统，备忘录不仅是想法的集合，而且是参与研究过程中的研究者个人的理论形成和修订的体现。"[1]

8. 理论扩展

从数据中形成的概念类别将被转换为理论结构，并在最后阶段以理论框架的形式呈现。研究人员可以将这些重要的概念类别组织起来，并在科学方法的协助下完成理论框架的构建。每个概念、步骤或理论元素必须从数据中得到支持和佐证，研究人员还需要将这些数据与概念创造性地联系起来，并使其成为具有解释力的系统性陈述。

虽然学者将扎根理论研究方法主要分成以上8个步骤，但这些步骤不是必须分步完成的，而是需要随着研究和工作的推进而不断迭代。[2] 扎根理论方法需要高水平的书面表达、材料整合和组织技能。进行扎根理论研究还需要有足够的耐心和热情。

第五节　扎根理论的编码实例

扎根理论的数据和材料分析可以分为三步，即开放式编码、主轴式编码和选择式编码。虽然这三个阶段在形式上是独立的，但在实际的分析过

---

[1] CORBIN J, STRAUSS A. Unending work and care: managing chronic illness at home[M]. San Francisco: Jossey-Bass, 1988:10-23.

[2] PANDIT N. The creation of theory: a recent application of grounded theory method[R]. The qualitative report, 1996, 2(4):34.

程中需要将它们建立连接并进行比较。

一、开放式编码

开放式编码是指在研究过程中把获得的数据和记录进行逐步概念化及分类，旨在识别现象、定义概念、寻找类别，并对各自发散的问题进行处理。开放式编码即是对现象进行标记和概念化，在此基础上发现及命名类别，最终根据其属性和维度进行类别开发。这样可以确保从概念到类别的精炼操作更加科学和适当[1]，具体描述如下。

开放式编码的第一步是标记不同的现象和问题。该阶段的首要任务是在分析中将数据转换为概念，以便解释观察到的现象。然后给这些概念命名，以表示它们所指代的现象。这个步骤可以通过提问的方式实现。

第二步是基于不同概念的特征划分和类别创建。在整个学习过程中，会有上百个概念类型，当对其进行分别化研究时，这些概念是复杂和无序的，因此需要将类似概念进行类别分类。分类是指将各种不同的概念按照其性质和特征归纳为各种内涵的类别。分类在整个研究过程中是暂时性的，即类别的划分可以随着研究进展而改变。

第三步是命名和总结不同的类别。类别的名称应该抽象于其所引用的概念，每个类别在概念上均应有其确定的特征而需要及时进行命名。选择类别名称的方法取决于研究人员。然而，名称通常与其表示的数据具有逻辑关系，这样就可以使人们在看到该名称时联想到其所能描绘的概念。该名称也可以引用学术文献中的名称，从而使得研究人员不仅可以选择容易获得的名称，而且可以协助研究者进一步拓展重要的相关学术概念，但这种命名方式的不足之处在于，容易使读者误解当前类别的概念，而将当前类别的概念误认为常规含义。因此，在正规研究中，要谨慎对待命名。

此处提到的概念和类别的命名有多种来源，其中最重要的一点是需要以名称的名义，真实、准确地反映和解释现象的本质。此外，命名的概念和类别在研究的过程中可能会随着事件属性的特征而发生改变，以便找到

---

[1] ALHEIT P. Grounded theory. Ein alternativer methodologischer Rahmen, für qualitative Forschungsprozesse[R/OL]. (1999-12-31)[2018-01-05]. http://www.fallarchiv.uni-kassel.de/wp-content/uploads/2010/07/alheit_grounded_theory_ofas.pdf.

最能反映所有数据和资料性质的概念和类别,由此使得数据、概念和类别之间相互融合。①

第四步是对类别属性和维度的阐释。类别的属性由多个不同的特征构成,因此需要区分每个特征所代表的不同的背景、因素、含义和价值等,开放式编码主要可以帮助研究人员确认这些类别属性的导向和影响因素等。

在使用开放式编码的第一级分析之后,所获得的概念和类别已临时取代了大多数第一手数据和信息,对数据和材料的精炼、简化和理解也在逐步进行。因此,分析大型复杂数据集的任务正在简化为检查和归纳这些概念,特别是这些类别之间的各种关系,后续的扎根理论研究的分析需要在研究数据概念化和分类化的前提下进行。

二、主轴式编码

即使研究人员使用开放式编码将数据分解为抽象和精炼的类别,这些类别也仍然是相对独立的单元,尚无法对它们之间的关系进行深入讨论。但对于其相互之间的关系进行更为透彻的分析是建立关系结构的前提,因此对于每个分离的类别应进行相互关联并重新整合,这两者都依赖于主轴式编码阶段中的规范模型工具。

在主轴式编码的过程中,必须建立主类别和副类别。主类别指的是所观察到现象的偶然条件、背景、行动及其相互之间的作用和结果。虽然部分附属的条件、语境、策略和结果也属于主类别,但无法单独作为主要因素进行分析,因此其主要用于帮助理解主类别,被称为副类别。

规范模型构建了类别之间的紧密关系,并使研究人员更全面而准确地理解主类别和副类别。根据在现实生活中发现的问题及现象的复杂程度,可能会出现一个以上的主类别,但如果主类别种类太多,对其分类将毫无意义。因此,可以阐明并解释主类别的重要性和归纳性,并反映主副类别之间的关系,从而可以将不同的典型案例归纳在两种类别之下。

---

① ALHEIT P. Grounded theory. Ein alternativer methodologischer Rahmen, für qualitative Forschungsprozesse[R/OL]. (1999-12-31)[2018-01-05]. http://www.fallarchiv.uni-kassel.de/wp-content/uploads/2010/07/alheit_grounded_theory_ofas.pdf.

某个类别可能在不同主要类别的规范模型中发挥不同的功能。例如，某个类别可能是第一个主要类别分析的因果条件，但成为第二个主要类别分析的结果。

与开放式编码技术类似，访谈和提问及后期的内容比较也是主轴式编码的主要程序。在此编码过程中需同时执行多维分析的工作和完成相应更为具体化的任务，因此每个步骤都变得更为复杂。首先，必须根据主类别和副类别的性质来构造它们之间的假设关系；其次，必须按照实际数据来支持这种假设关系；第三，需要继续分析和调研主类别和副类别的属性，以便根据实际情况确定其在整体结构中的定位和作用；最后，需要比较各个案例在其主类别和副类别中的异同。

主轴式编码同样具有验证的功能，其主要作用方式是通过数据和材料验证主类别和副类别之间的关系及之前所做出的各类假设。在数据收集过程中可能会发现一些反例，但这将有助于研究并理解相关现象的多样性和特殊性。在主轴式编码过程中所构建的理论必须更具可变性和灵活性，这种编码过程利用了归纳和演绎的思维方法，使得研究人员更容易注意到能够突出事件特征的某种模式类型。因此，在分析过程中，研究人员需要更加重视在此阶段可能出现的各种突发事件特征和个例的特殊性，并将其进行分析和比较，这些分析结果对下一阶段的选择式编码有重要价值。

经过主轴式编码后，研究现象的主题概念将变得清晰。然而，需要继续以核心类别为轴向，进行深入的选择式编码以建立理论。

三、选择式编码

通过对原始数据、概念、类别及这些类别之间的关系不断进行比较，已经进入扎根理论分析的选择式编码阶段。选择核心类别是该阶段的研究目的，系统地寻求核心和其他类别之间的联系，然后验证它们之间的关系及全面地补充缺乏概念化的类别是本阶段的中心任务。选择式编码阶段的数据集成与主轴式编码类似，但选择式编码用来处理更抽象的分析任务。这一过程的主要内容包括确定能够统领和代表所有其他领域的"核心类别"，并在数据、类别和关系的帮助下简要描述所有现象，最终继续发展各个已有的类别形式，以使它们更加完整和全面。[1]

当研究者不断地用理论思考、编码和评论深入进行数据分析时，将逐渐挖掘出清晰的核心类别，所有其他类别都围绕这些核心类别运行和集成。格拉斯指出，核心类别必须具有"中心"的特征，这意味着它们与大多数其他类别和特征相关联，并不断地出现在数据和资料中，成为具有稳定属性的类别特征。随着时间的推移，作为连续比较，核心类别的名称应该具有较高的包容性和抽象性。同扎根理论方法的其他阶段一样，选择编码并非以简单的线性顺序依序进行，而是随着研究的推进而不断变化。[2]

第一，研究者需要定义访谈者在访谈过程中所阐述的内容情节。每个叙述都是一个概念化的故事，它将最初的描述性叙述抽象为概念性集合，使得相关的个体经历从理论上进行了升华。这就使得在访谈过程中，访谈者必须使用"持续比较"和"反复提问"这两个基本策略来为叙事情节提供线索。核心类别的名称可以是名词、形容词或动名词，但必须能够描述它所代表的故事。

第二，研究者应该将主类别和副类别与典范模型建立连接，将主类与其他子类及由规范模型根据条件、上下文、策略和结果处理的核心和子类连接起来。每个类别对应的典范模型也应当获得相应的定义，每个类别之间的关系应根据相应的规则来排列，之后按照其顺序进行分析，使其成为完整且有序的叙事化分析版本，以正确反映叙事的情节，由此可以通过叙事的逻辑和顺序使研究人员能够清楚、简单地处理个人经历中包含的各个类别。

第三，研究人员必须将不同类别的不同层次联系起来，这意味着可以确定重复出现的不同类别的属性和级别之间的关系。对这些关系识别和确定之后，理论将化为具体的数据收集。接下来，研究人员可以根据不同类别的位置进行分类、聚集，并发现模式和关系。主要的方法仍然

---

[1] ALHEIT P. Grounded theory. Ein alternativer methodologischer Rahmen, für Forschungsprozesse[R/OL]. (1999-12-31)[2018-01-05]. http://www.fallarchiv.uni-kassel.de/wp-content/uploads/2010/07/alheit_grounded_theory_ofas.pdf.

[2] GLASER B, STRAUSS A. The discovery of grounded theory[M]. London: Weidenfeld and Nicholson, 1967:3-15.

是反复比较、提出问题，甚至使用假设策略。这样，理论的原型就得以实现。

第四，要根据资料和材料确定类别的关系，完整的理论需要用收集的数据进行验证。研究人员应在其备忘录中以图表或文字形式记录该理论，然后清楚地阐明不同上下文中类别的不同关系。在此阶段要验证两部分：类别之间是否存在关系；在各种情况下这些关系的不同方面。

第五，对类别应加以充实。研究人员应该返回到原来的结构范畴，在确认理论完成后对其进行一些修改，使该理论具有丰富的概念性和准确性。换言之，当某些类别的理论尚未得到很好的发展或缺乏足够的数据来证明时，研究人员应该返回到实际场景继续收集相关数据以验证原始的数据和假设，以填补理论的不足或缺陷。

第六，在研究的过程中必须随时做好备忘录的记录和分析。扎根理论的建立历经备忘录编写、论文写作初期、论文完成，是一个持续积累的过程。该备忘录可供研究人员自己使用，反映其理论创造过程中的思维碰撞轨迹，是对其写作过程中发散性思维的记录。因此，备忘录是之后结论写作的基础和蓝图。此外，各种构造的理论内涵和外延都是由概念的识别和类别的区分决定的，这使该构造的理论更加清晰、生动。同时研究者也需要对访谈的过程和形式进行解释和说明，如此便能够满足不同层次读者的需求。

这三种编码方法表面看具有线性的序列关系，但实际上都相互连接，彼此影响和交织。这意味着选择式编码的形成通常依靠主轴式编码的结果，选择式编码始终旨在确认故事情节、发展情境类型及基于不同情境类型的理论构建，其相关的各种线索都可以在开放式编码或主轴式编码中获得原始踪迹。因此，研究人员可以在形成主轴式编码后，根据获得的文件或编码过程本身的经验进行选择式编码。

第六节　对扎根理论的评价

格拉斯和施特劳斯创立的扎根理论，一共有 4 部经典著作。他们于 1967 年出版的《扎根理论的发现：定性研究策略》中首次提出了这种理论的概念和方法论体系；格拉斯出版了《理论敏感性》，强调了扎根理论的目的是理论建构，研究者必须发展理论的敏感性，保持对以往数据和信息的警惕及一定程度的怀疑，要从目前的理论研究中，发现和开创经过更深层次验证的研究理论；施特劳斯于 1987 年出版的《社会科学家的定性分析》，对扎根理论进行了更为详细和系统的解释；1990 年，施特劳斯和科宾出版的《定性研究基础：扎根理论程序和技术》对定性研究的步骤、方法、策略和技能进行了深入细致的解释和说明。由以上可以看出，其对于扎根理论有较为成熟的认识和规范，对于研究者的各项研究举措和需要关注的信息也都给予了充分的提示。在进行扎根理论研究的过程中，是具有充分的方法论基础和科学的方法引导的。

扎根理论强调，基于现实生活经验而建立的理论才能够更为充分地反映社会的现实，也会更有说服力，因此其建议研究人员无须进行过多的预测性理论研究，而更多地关注抽象的访谈数据，以构建核心概念以及概念之间关系的类别，创建出一种源于受访者真实社会生活的理论体系，此原则同样适用于各类社会形态中。

凯西·卡麦兹（Charmaz）在 2007 年指出，扎根理论的主要功能在于它为理解经验世界提供了有效的理论和建构的工具，研究人员可以使用这些工具来形成一套更为开放的基础理论实践体系，同时从实证的立场出发，强调理论建构的功能，以启发式的形式实现扎根理论的方法宗旨。[1]

在深度访谈中，通过与受访者的对话可以明确特定社会群体的生活方式和生活经历，从而描述其所构成的一种社会现象，分析由此形成的社会问题，并具体阐释相关个人和群体的集体惯习及生活愿望。在具体访谈和分析过程中，主要进行主题取样、访谈和座谈、备忘录、面试编码、采访和分析等步骤，来实现更为完备的分析途径。深入访谈的优点在于其形式的灵活性，使研究方法更加灵活和详细。因此，以上的分析步骤是在扎根理论的基础上灵活有效地进行深度访谈的方法，其将会在系统的基础上构建访谈理论，形成一套灵活有效的理论创建方式。如前文所述，本章结合深度访谈，总结扎根理论研究方法的有效途径和手段，

---

[1] CHARMAZ K. Constructionism and the grounded theory method[M]//HOLSTEIN J A, GUBRIUM J F. Handbook of constructionist research. New York: The Guilford Press, 2008:397-412.

以扎实的理论分析为基础，促进扎根理论和深入访谈研究在我国的进一步发展。

主轴式编码和选择式编码反映了结论的雏形，但是在理论构建过程中的关系和类别，经由此阶段后，还尚未通过所有应用数据和材料进行验证。通过扎根理论所形成的理论构建，实际上会保持数据与理论之间的相互作用，以确保将来自现实世界的数据连续转换为一系列的高度抽象概念，并由此概念与其他概念建立相互关系，直到理论饱和。因此，对于数据而言，其在整个研究过程中需要不断充实和反复对比验证，从而保证材料的准确性和完整性，并从现实发展的角度出发，从资料和数据的真实性入手，验证在研究之初所预先进行的研究假设。产生理论的基础是要求使用规范模型，将核心类别与主类别及副类别相互联系起来，并验证这些类别与数据之间关系的密切性。研究需要收集和补充相关的数据和资料，检查这三个编码分析过程的准确性，并在对分类的系统关系存在逻辑模糊时再次调整类别之间的关系，确保研究方法的有效性。

为了使扎根理论研究的结论更具说服力，应针对新出现的社会现象或问题进行多重案例研究。该研究过程应充分考虑到如下的信息和重点：首先，研究人员应对一些案件结论之间的异同点进行比较，以实现多元化的结论，并以一个独特的视角来解释理论的内涵；其次，围绕研发主题，对每一个案例进行独立的编码分析，得出结论，确保其独特性有所保留；最后，对从多个案例中提炼出来的主要类别、核心类别和其他类别进行分类和整合。

一般而言，扎根理论研究方法是现象学研究领域中一种有效的分析技术，尤其针对缺乏理论和现象解释力的研究问题更为有效且有高度的可信性。这种方法可以帮助研究人员摆脱文献演绎方式，而通过归纳法从现象中抽象出该研究领域的基础理论，在创建和完善理论体系的过程中，逐步实现抽象理论和现有理论的有效结合。

第五章 传记研究作为资料分析的主要方法

第一节 传记研究方法

科学研究成果的取得,离不开合理的研究方法。而研究方法的选择不仅取决于研究对象,而且取决于研究目的和问题。同时,研究方法的选择和应用也受到研究人员个人能力、外在环境和条件的限制。[1]

人们普遍认为,研究方法应根据研究范围和研究对象的特征进行选择和运用,并且必须在科学的研究目的中进行调节和规范。遵循单一模式的研究方法将限制研究人员的能力,使其成果大打折扣。由此可见,研究方法的选择至关重要。传记研究法作为一种资料分析方法,应用日益广泛。下面将从研究对象的特征入手,使用传记研究法探讨特定个体的基本特征。

一、传记研究法的理论分析

1. 传记研究法的建立

有关"生活史"和"传记"的文献中包含自传、生活历程研究、生活

---

[1] NKETIA J. The association of society and music: the cultural analysis methodology[M]. Ethnomusicology Translations, 1992:58-63.

史、生活故事、口述史、生活传记等相关概念。《德国社会学家辞典》将传记研究描述为几种以相似方法组合在一起的研究理论，其研究数据和资料包括档案、叙述和人口统计等相关内容。这些生活史或生活故事在本质上被视为可以通过社交语言进行诠释，从而重建个人真实经历的社交材料。[1]

传记研究是一种强调生命过程的研究方法，其将个体从出生到死亡的整个过程或仅仅一定生命时期的过程作为研究对象。传记研究也反映了生活事件中个人的主观感受和感知以及事件序列对于个人认知、行为和生活方式的影响。可以说，传记研究可以从叙述者的生活故事和数据中强调个体的独特性。[2]

以教育学的应用为例，可以将传记法归纳为四个研究方向。（1）专业的教育研究。其将学校的教师和领导作为主要研究对象，以便理解和分析个人知识发展的背景和集体知识，并促进教学的改善。（2）教育历史的研究。可以用来获得关于具体学校的发展历史和教育政策演变的流程及脉络。（3）针对弱势群体在教育活动中的研究。突出弱势群体的教育意愿及其对教育权利的争取。（4）文化和社会变革研究。有少数研究会将传记法应用于该方向。

德国学者温弗里德·马洛茨基（Winfried Marotzki）于1999年出版的《教育学中的生命传记研究方法和方法论》提出，人类行为与周围环境和问题密切相关，这是由人类本身特性所赋予的，并且在其历史经验中已经被验证。马洛茨基认为，教育学中的口述传记可以用来解释个人日常生活的相关意义，并以此为基础讨论个人的学习和教育过程。同时，在快速发展的现代或后现代社会中，生活秩序建设的复杂路径也需要通过个人的传记性经验进行统合分析。[3] 此外，雷纳·科莫尔（Rainer Kokemohr）在

---

[1] ENDRUWEIT G, TROMMSDORFF G. Wörterbuch der Soziologie[M]. Stuttgart: UTB GmbH, Auflage, 2014:68-70.

[2] ALHEIT P. Biographical learning within the new lifelong learning discourse[M]//Knud Illeries, Contemporary theories of learning: learning theorists in their own words, London: Routledge, 2009:116-120.

[3] MACCOBY E, MARTIN J. Socialization in the context of the family: parent-child interaction [M]//HETHERINGTON E M, MUSSEN P H. Handbook of child psychology: socialization, personality, and social development. New York: Wiley, 1983:1-101.

《传记与教育科学》中提出,传记研究的目的是更多地了解个人发展的创新化途径及人们从新的世界观中所得到的思维方式和应对新问题的对策及方法。①

因此,生命历史和传记研究非常重视生活经验的内容和意义。它强调个人的社会背景和生活场所的文化背景,强调分析互动活动的教育场景不仅可以使研究人员进一步了解案例,而且有助于促进学术理论的建立。

2. 传记研究法的历史发展

传记研究法在历史社会学研究中也有一定的地位,在历史社会学研究领域,它曾经是一种新的研究模式,将社会学理论和方法与历史学家的传统方法和思想结合,并采用了一种全新的写作形式,这也使得历史社会学这一学科诞生。②

历史社会学有两个主要目的,一个是联系,另一个是重构,即试图联系和重构过去的经验。在历史社会学中重构和联系的概念是相互依存和相互作用的。没有联系,重构只会产生一系列不确定的片段;而没有重构,则联系就缺失目的性。③ 因此,需要运用辩证思维来反映事实及其意义,解构与重建社会经验,传记研究法即是实现此目的的特定操作模式。

历史可以帮助我们建立这些结构、变化和事件,并在文本中对这些内容予以重现,其中传记研究方法作为一种路径使得这些目标成为可能。以传记作为研究中心在中外均有悠久的历史。从我国秦代以来,传记一直是一种重要的历史符号;而在西方,传记这个词自1660年起就被英国使用。从中可以看出,中外都强调传记与个人的生活经验有直接的观照。

根据《辞海》中对于传记的定义,此概念是指"个人故事的书面记

---

① KOKEMOHR R. Inferential analysis as qualitative methodology: case studies in biographic research[J]. Applied Psychology Research, 2001(12): 25-48.

② ELLIOTT B. Biography, family history and the analysis of social changes, in time, family and community: perspectives on family and community history[M]. Shanghai: Shanghai Peoples' press, 1999: 96-118.

③ ELLIOTT B. Biography, family history and the analysis of social changes, in time, family and community: perspectives on family and community history[M]. Shanghai: Shanghai Peoples' press, 1999: 119-123.

录"。传记研究作为一种方法，其起源和盛行始于拉斐尔·塞缪尔（Raphael Samuel）、保罗·汤普森（Paul Thompson）和特雷弗·鲁米斯（Trevor Lummis）等学者。此外，其他学者也发现了个人生活史研究方向的价值，如威廉·托马斯（William Thomas）和弗洛里安·扎纳涅基（Florian Znaniecki），他们主要致力于在西方发展"口述历史"。[①] 以往，学者们通常在宏观理论的指导下寻求文化发展及其变迁的规律，但其结果总是不尽人意，甚至在面对复杂的理论时，研究人员普遍无所适从。因此，研究人员和学者应从微观的角度研究文化变革的过程，以便探索新的研究方法，而不是在一个宏大的理论框架内对文化进行评论。在此基础上，引入了传记研究方法，并对其进行了运用和传播。

3. 传记研究法的意义

过去，研究者对于文化本身较为关注，对文化模式的规律性也表现出极大的研究热情。但是当我们探寻某种文化的历史发展规律时，无法从单一的书面描述中得到完整的答案，亦无法从文化行为理论中了解人们最新的生活经历。因此，在当下有必要对整个人类学进行反思，以便从各种人文社会科学的思想和研究方法中得到启发。传记研究法便是基于历史民族志，使用历史社会学的方法作为参照的一项重要研究工具。

所谓的传记研究法是一种以传记作为研究材料的文学形式，它描述了个人在生命历程中的经验、功能和贡献的总和，旨在探索个人行为与家庭、社会群体、公共行为、社会环境和社会变化之间的关系。传记还考察了个人在民间文化的传播、发展和创造中的作用，包括通过收集相关的传记资料、对个人的心理和行为特征进行研究和调查，并使用人格心理学、发展心理学、心理诊断和精神病学的研究，来完成对个人的行为模式背后的心理特征和背景原因的判断及挖掘。

传记有许多不同的类型，如自传、个人生活传记、他人描述的人生传记、多人生平传记及基于传记的部分原始资料集合等。传记大多是第一手的研究信息，此外，还有历史传记和文学传记等二手传记资料。大多数传

[①] ELLIOTT B. Biography, family history and the analysis of social changes, in time, family and community: perspectives on family and community history[M]. Shanghai: Shanghai Peoples' press, 1999: 121-125.

记将社会生活作为背景,描述个人的生活过程和在不同环境中的行为。传记通常记录人们的姓名、性别、出生和死亡时间、历史背景、出生地、家庭、婚姻、教育水平、价值观、行为、成就、人际关系、爱好、专长、休闲活动、疾病和社会地位等情况。这些对于理解个人和研究对象的心理和行为特征都是重要的材料,并具有普遍意义。由于传记作者在写作目的、信息的使用、描述的风格形式及材料的开放性等方面存在差异,因此必须仔细审查传记信息的真实性。

4. 传记研究法的类型

传记研究的类型很多,包括自传、生活史、口述史和叙事探究等,其涉及的研究材料包括生活经历、自我思考幻想、故事、文字和文本等内容。根据研究人员对传记的不同解释和定义,传记研究可以是文本研究,也可以是对个人生活经验的总结而产生的主观价值判断,抑或是解释受访者行为动机的一种工具,甚至是一种自我行为和性格分析。因此,在开始研究之前,应明确传记研究的目标。

二、传记研究法的访谈分析

从对其学习和生活经历的叙述中,我们想要了解更多叙述者的思想和日常生活见解。换言之,当叙述者没有思考过自身对某一事件的看法,而仅仅是讲述生活中的故事时,那么这样的叙述内容对于研究就没有太大意义。然而,传记法所谓的叙述实际倾向于有意或无意地表达叙述者自己对生活中某一事件的感悟。因此,研究者应该更加注重叙述者的思考过程,而不是具体的内容再现。

生活经历是由内外因素共同塑造的,影响着个人的意见和想法,并由此形成个人对这些外部因素的不同反应,因此,这些外部因素和背景对分析个体思想和特殊行为的原因非常重要。这样的生活经历是个人感知、记忆并最终被访谈者所叙述[1],这是一个复杂的过程。在此过程中,真实的

---

[1] ALHEIT P. Changing basic rules of biographical construction: modern biographies at the end of the 20th century [M]//ANSGAR W, WALTER R H. Society and biography: interrelationships between social structure, institutions and the life course. Weinheim, 1996:111-128.

外部因素已得到受访者的反映和表达,如社会现实或人与人之间的关系。这种反映不是重现自己心中的外部因素,而是要根据自己的知识和思维方式来处理外部信息和因素。这种处理方式因人而异,因为每个人都根据其性别、年龄、教育背景、社会地位、经济状况、性格和习惯而拥有特殊的知识体系和行为方式。

作为研究者,可以将叙述者划分为具有相同或不同思想和行为模式的不同群体,然后根据他们的相似性和专长来分析不同的叙述者自身的特征和情况。通过调查这些相似性和特殊性的原因和背景,我们可以清楚地看出个体对外部因素的反应及了解外部因素对个人产生影响的机制。

1. 传记研究法的一般特点

传记研究法在重视个人历史的作用和功能及将个人置于文化群体中的社会发展过程方面具有明显优势,因为它的历史架构具有社会学背景和文化人类学目的,将个人的行为作为焦点,并对个人的日常表现和文化历史中的活动进行调查。[1]

与其他类型的研究方法相比,传记研究法具有以下特点。

第一,它可以用于追踪社会变革的主要过程与特定社会群体的现实生活经历之间的关系。虽然常用的社会学方法,如官方人口普查、民意调查等调查方法可以提供有用的信息,但它们并不能完整地洞察真实且时常变化的生活经历,也不能揭示人类行为的动机或者驱动力。传记研究可以弥补这些缺陷,实现对这些潜在原因进行挖掘的目标。

第二,传记方法收集的材料可以使研究者超越一般的信息和片段的证据,这种方法通过历史研究方法对受访者的复杂社会生活进行长期的探索,使研究人员更接近事实的真相和各类影响因素在个人身上的投射。

第三,很多研究信息通常具有个人性格特征和主观倾向。然而,传记材料可以剔除掉过于主观的问题,因为其能够揭示许多相互关联的现象,如个人的生活环境、教育、家庭、婚姻、事业等,当个人全面映射自身的生活史时,传记法可以使研究者刨除以前研究中所使用的个人主义方法

---

[1] KOKEMOHR R. Inferential analysis as qualitative methodology: case studies in biographic research[J]. Applied Psychology Research, 2001(12): 25-48.

论，通过更为客观和准确的传记对个人的生活及内外动因进行分析和综合考量。①

第四，传记研究法以辩证法理解研究对象的各种生活情境。从研究对象的详细描述中，研究者不仅可以听到叙述者讲述他们的生活经历，而且可以听到这些事件或故事的意义，理解他们在处理相应事件中的各种意识形态和价值观，影响他们行为的社会和个人心理因素。个人行为实际上代表着一个群体或一个阶级的价值观，这也是"惯习"所指代的"集体"性的价值所在。个人行为无法与周围的社会环境分开，因此可以将个别案例应用于理解群体普遍认识和观念的过程中，形成对于集体意识的全面化分析。

第五，传记研究还可以使我们了解文化塑造个体行为的各种方式，并探索个体行为和传统在实质上或精神上能够传承给下一代的各种规则和方式。同时，传记研究还追溯了影响个人生活的重大社会变化，彰显出社会对于个体影响所产生的微观功能。②

可以看出，传记研究是一个整体的概念，其强调对特定的人的特定生活经历形成全面的了解。这种理解的基础强调个人是组成社会的基本元素，而社会同时影响着个人的日常生活，因此，对于个人的分析将会直接映射社会的各项变化及功能，以小见大，形成对整个社会的认识和看法。

2. 两种基本的叙述形式

彼得·阿亥特认为，叙述形式和风格可以分为"回忆方式"和"解释方式"③。

"回忆方式"是指叙述者仅仅叙述故事和经历。换句话说，该模式主要将叙述的时间起点定为童年，一直持续到当前的访谈点。例如，叙述者在开头可能说："当我在幼儿园学习的时候……"这种叙述风格侧重于日

---

① STRAUSS A. Identity, biography, history, and symbolic representations[J]. Social psychology quarterly, 1995, 58(1): 4-12.

② ALHEIT P. Mentalität und Intergenesrationalität als Rahmenbedingungen "Lebenslangen Lernens": Konzeptionelle Konsequenzen aus Ergebnissen einer biografieanalytischen Mehrgenerationenstudie in Ostdeutschland[J]. Zeitschrift für Pädagogik, 2003(49): 379-380.

③ ALHEIT P, HOERNING E. Biographisches Wissen: Beitraege zu einer Theorie lebensgeschichtlicher Erfahrung[M]. Frankfurt und New York, 1989: 123-147.

常生活中的细节。① 讲述人通常会将学校学习经验作为讲述的重点，而不关注其学习细节或继续教育中所发生的重要事件，因为这些教育形式被认为是不正式的。然而，经过特定的提示，叙述者会发现在一生中有过很多这样的学习经历，显示出终身化的学习阶段贯穿了整个生命周期。由此可以看到，包括继续学习在内的终身学习并未得到个人太多关注或重视。这种回忆式的叙述方式由于同样限制了叙述者对某些生活经历的描述，因此这种叙事模式存在很多的不足之处，在具体的研究过程中有很多值得改进之处。

第二种叙述形式被称为"解释方式"，其重点是个人对自身生活经历的想法和评论。在这种叙述风格下，个人会围绕其具体事件展开主观分析和评论。然而，评论本身有时可以代替生活经历，而生活经历则是研究者研究材料的主要来源。因此，这种叙述形式会显得非常主观，并带有感情色彩，而忽略了具体事件的客观性。

在采访中，可以发现受访者经常会将两种叙事风格混合使用，有时其叙述的内容和方式对于研究过程和结果是毫无价值的，在整个访谈过程中，需要对其相关的叙述内容进行一定程度的导正，并强调其内容的客观性和价值性。因此，当研究者无法从叙述中获得有意义的信息时，提问阶段可以帮助其厘清叙述细节或想法，有针对性的问题对整个采访是很有必要的。然而，这些问题是在每次叙述结束时对叙述内容的一种补充，并且应限于与叙述内容有关的针对性问题。

3. 个人的主观看法

用作研究材料的叙述，可以被视为调查叙述者内在思想、生活和学习经历最有效、真实且令人信服的重要方式之一，但是这种叙述内容的可靠性仍然存疑。不过，对于研究者而言，其不可能记录每个人生活和学习过程的每一个时刻，特别是当研究对象需要具有不同行业、年龄、性别和国家的背景时。从这个意义上说，进行研究的最有效和经济的方法是基于叙述者的叙述和表达。

---

① ALHEIT P, HOERNING E. Biographisches Wissen: Beitraege zu einer Theorie lebensgeschichtlicher Erfahrung[M]. Frankfurt und New York, 1989:123-147.

在叙述和真实的学习经历之间会有所偏差，因为过去的记忆可能很模糊或令人不愉快，所以叙述者不愿叙述。然而，叙述只根据事件的时间顺序进行，叙述者有自己的谈话风格，这也可以被视为研究的另一种材料依据，叙述形式的差异也可以反映个人的不同想法、社会的风俗和群体的意志。叙述者在研究过程中的作用和地位是不可替代的，他们所做出的选择和决定直接反映了一定的社会背景和状况，其自身关于当时的思想、感觉、动机、结果的叙述，是最有说服力和生动的信息来源。

在访谈期间，研究者的角色是倾听者，也可以在必要时做出肯定的评论，但在叙述过程中为了保证叙述内容的真实性和完整性，应当不能有任何中断。叙述内容的真实性只能通过叙述过程中的客观性来保证，而无须修改。由研究人员的持续建议或提问题所引起的强迫或定向叙述，将对该叙述过程具有破坏性。叙述者所处的环境和舒适程度对于实现流畅性和完整的叙述是相当重要的。

基于这些叙述，我们才能够理解学习和生活事件与外部因素之间的关系，如个人学习受到的社会、学校、家庭或同伴的影响。根据所叙述事件的顺序及外部因素的顺序，我们可以得出关于外部因素对学习和生活经验影响的重要的结论。

三、传记研究法的实际应用

1. 叙事问题

叙事的目的不是记录真实的事件，而是记录复杂的思想、琐事和生活经验。里斯曼（Riessman）提出"叙述"的形式包含两个层次的语境和意义，即个人通过语言叙述个人的生活故事而成为自传作者，其内容不仅包含个人对过去生活经历的陈述，而且包含个人对这些事件或行为的意义的理解。[1] 部分学者们对叙事形式有不同的看法。瓦列茨基（Waletzky）和杨（Young）认为叙述应该按时间顺序进行；而迈克尔斯（Michaels）主张叙述应该按主题顺序呈现；科莫尔（Kokemohr）提出研究者必须理解叙述内

---

[1] RIEMANN G. Das Fremdwerden der eigenen Biographie: Narrative Interviews mit psychiatrischen Patienten[M]. München: Wilhelm Fink Verlag, 1987: 1-17.

容中表达的叙述性词语的含义,这被认为是构建特定社会背景的主要表达方式,如以建构、维持、理解和接受的方式来体现个人对于社会环境的认知。①

总而言之,"叙述"可以被认为具有认知形式,是对个人经验的陈述,并且允许调查者通过理解叙述内涵来理解受访者的经历。② 作为传记研究的一种途径,以口头或书面形式提供的个人生活经历的资料将使研究人员清楚地认识到随着时间的流逝个人生活与社会背景之间互动所具有的社会意义。

2. 叙事访谈

为了理解叙述的意义,德国社会学家弗里茨·舒茨(Fritz Schütze)提出生命史可以被描述为有序堆叠,由大小顺序相继的过程和经验组合而成。在人的一生中,重要的生活方式和习惯及其整体含义都会发生改变。基于这一论点,就需要寻求一种适当的研究方法来再现习惯和思想的演变过程。1977年探索出的"叙事访谈法"已经广泛应用于德国的传记研究过程中。③

"叙事访谈"是一种数据收集方法,通过叙述中的材料探索个人的生活经历。④ 舒茨本人将其定义为:"一种收集数据的社会科学方法,也是一种即兴叙述,它聚焦于叙述者讲述的符合研究主题的各种事件和经历。"⑤

当叙述开始时,叙述者(或称受访者)被邀请谈论他们自己的生活经历。叙述者生活过程中的重要事件的联系和关系,将随着叙述者选择和描述的生活故事而逐渐展开。这种具有即兴表达特征的访谈与结构式问答访

---

① KOKEMOHR R. Inferential analysis as qualitative methodology: case studies in biographic research[J]. Applied psychology research, 2001(12): 25-48.

② SCHÜTZE F. Biographieforschung und narrative Interview[M]//Neue Praxis, 3. The Class of Oral Life Biography in preschool department, 1983: 283-293.

③ MACCOBY E, MARTIN J. Socialization in the context of the family: parent–child interaction [M]//HETHERINGTON E M. MUSSEN P H. Handbook of child psychology: Vol. 4, socialization, personality, and social development. New York: Wiley, 1983: 1-101.

④ FLICK U. Narrative as data: an introduction to qualitative research[M]. London: Sage publications Ltd, 1998: 98-106, 204-207.

⑤ SCHÜTZE F. Das narrative Interview in Interaktionsfeldstudien: Erzähltheoretische Grundlagen. Teil 1. Merkmale von Alltagserzählungen und was wir mit ihrer Hilfe erkennen können[M]. Hagen: Fernuniversität Gesamthochschule Hagen, 1987: 31-49.

谈的模式不同，后者需要采访者提前准备问题提纲。相比之下，叙述性采访是在开头简短回答完采访者提出的问题之后自由地进行的，然后叙述者可以自行决定叙述内容和方式，并根据自己的兴趣谈论任何事情，即使叙事主题偏离了最初讨论的主题也不会受到采访者的限制或打断。

弗里茨·舒茨于1987年设计的传记叙事访谈方法主要分为三个阶段，为采访者提供了相应的任务参考。

第一阶段，采访者为邀请受访者做好准备。

采访者应特别注意面试的时间和地点，选择的地点应该方便叙述者到达，并且需要安静、舒适且便于沟通的环境，访谈时间应由采访者和叙述者共同确定，同时应该优先考虑叙述者的需要。如果在现场无法记录谈话内容，采访者应提前准备录音设备。[1]

第二阶段，采访者进行自我介绍。

采访者应将其姓名、身份、工作部门、职业或专业、工作主要任务及访谈的主要目的清楚且真诚地介绍给叙述者。同时，采访者应该强调，访谈中的所有数据和信息都是匿名的，受访者可以自由地表达自我，并且不会被打扰。采访者不应限制叙述主题，而应该告诉受访者其传达的所有生活经历或经验都是值得一听的，因而可以毫无保留地进行分享。采访者还应询问叙述者是否有任何问题，并在必要时获取有关叙述者的姓名、身份、学历、家庭状况、工作状况等方面的信息。

第三阶段，叙述者开始叙事。

这个阶段首先由采访者提出一个简短的问题，以引导受访者更好地进行自我陈述。与传统的问答式采访不同，这里的叙述者则可以根据采访者的指导性问题开始叙述。因此，最初的引导性问题非常重要，该问题应设计得有针对性，应面向特定主题或特定时期的个人经历和感受进行展开。指导性问题不清楚或含糊不清会使接下来的叙事达不到想要的效果，因此在访谈开始之前，必须确认开始的问题与研究主题的核心问题相对应，并明确建议受访者详细叙述所有重要事件和内容。

在整个叙述过程中，采访者应当是一个积极的听众，专注于叙述内

---

[1] FLICK U. Narrative as Data. An Introduction to Qualitative Research[M]. London: Sage publications Ltd, 1998:98-106, 204-207.

容，并能时刻理解叙述者的本意。采访者不应打断、干预或对叙述内容进行主观评价。然而，采访者应做出及时和适当的回应，以鼓励叙述者继续讲述，直到叙述结束。当叙述者结束时，应当给出明确的提示，如"我已经讲完了"或"就这样吧"等，以便让采访者为下一阶段的采访做好准备。

第四阶段，针对叙述者叙述的内容进行提问。

这个阶段具有仔细询问和证明某些假设的功能，一开始提问时可以主要从叙述内容入手，不断扩展故事的细节，如询问受访者所用的个别词语的含义、含糊不清的观点、叙述内容中的矛盾之处等。采访者必须敏锐地感知其叙述内容是可扩展的，并提取带有开放性问题的叙事片段，如"您能就这个问题进行更多的描述吗？"使得受访者对某一个特定的问题继续展开更为全面和有针对性的描述。

第五阶段，总结理论。

在此阶段，可以通过自身的感悟将自己的理解和抽象概念通过语言进行表达和评估。提出的问题应能激发叙述者从理论的高度对事件进行回顾和评价，使得研究者更好地对受访者特定的生活阶段或事件的社会背景进行综合型评估。

3. 采访案例描述

下面将提供叙述采访过程中的一个实例，该案例是研究者在研究过程中针对某一特定的受访者进行访谈的完整过程。以下第一部分将描述研究的数据收集和实际采访经历的过程，第二部分将描述数据转录为文本的方式。本部分省略受访者的真实姓名，以保护受访者的隐私。

第一，访谈过程描述。

2012年7月27日下午我给陶先生打了电话，简要介绍了研究目的和内容。然后，我邀请陶先生参加采访，参与访谈研究。在讨论了采访内容、目的、形式和保密性之后，陶先生欣然接受了邀请。我们确定了采访日期为8月2日，时间为14:00，地点在我家。为了帮助陶先生理顺和熟悉访谈过程，我在访谈前两天给他发送了一封电子邮件，详细说明了访谈内容、结构、记录程序和环境。

在访谈当天，我在陶先生到来之前准备好了茶、饼干、鲜花、笔、纸和录音笔。陶先生到达后，在访谈前我们进行了简短的交谈，因为我发现他似乎有些不安。我笑着说："今天我在这里只希望听到您身上发生的有趣的故事，就像与您的老朋友聊天一样，您可以尝试轻松地谈论一些您感到非常有趣或印象深刻的事情。"然后，我简要介绍了我的研究工作和这次采访的目的，并强调了采访将以匿名的方式进行，在他叙述完毕时，我可能会就一些事件提出某些问题并期待回答的可能性。我对他说："我期待听到有关您整个真实生活经历的各项信息，您可以告诉我任何您想要聊的，此次访谈只是为我的学术研究提供一些有用的信息，不会有任何商业目的。我保证您所叙述的内容只会以匿名方式进行，您可以毫无顾忌地敞开聊。在您的整个谈话过程中，我不会打扰您。也许在您说完之后，我会就您所说内容提一些相关的问题。"我在进行完以上导入语之后问："现在，您有什么问题要问我吗？"他回答："没有了。"我问道："我们可以开始吗？"陶先生就进入了正式的叙述过程中，整段叙述过程从 14:25 持续到 14:54，之后他以"就这样吧"作为结束语。

在整个叙述过程中，有 3 分钟的电话通话，中断了他的叙述，之后他显然忘记了之前说到了哪里，便问我在通话之前他在说什么。我通过回放录音的一小部分立即解决了这个问题，之后他按照原来叙述的内容节点继续往下叙述，这种意外的中断也是访谈过程中随时可能发生的。因此，安静而无干扰的环境对于成功进行访谈是非常重要的。

在叙述过程中，陶先生只做了些小动作来调整坐姿，而没有其他过多的肢体动作，在叙述之前的紧张感已经慢慢消除，甚至在叙述到他觉得有趣之处，还会产生兴奋或激动的表情及语气。在访谈的问答阶段，我提出了许多有关叙述内容的问题，如"您认为在整个学习过程中哪些因素对您的影响最大？"，他在思考片刻之后，基本都能够顺利回答所提到的问题而没有拒绝回答的情况出现，采访在 15:03 结束。

从整个叙述过程中可以发现，故事讲述过程是一个中介点，其将叙述者的思想传递给倾听者。叙事访谈的基本假设是，叙事中的口头数据代表了生活历史和经历。因此，叙述者的表达方式、思想、言语，包括叙述者和采访者共同构建的环境及叙述开始之前采访者与叙述者之间的关系，都影响了叙述的内容和质量，建立积极的互动和访谈空间有助于访谈的顺利进行。陶先生和我之间的关系是在我与他讨论一些学术问题时建立的，然后通过互动的合作过程形成了学术信赖关系。由于建立了这种关系，陶先生对自己的成长过程和生活经历的叙述更加清晰和详尽，甚至在叙述中分享了他对人生的一些思考。由于我们之间存在年龄差距，因此他总是解释他小时候的历史背景，以便于我能跟上他的思路。整个采访顺利结束。采访结束后，我再三感谢了陶先生的支持。

第二，访谈内容转录。

叙事访谈的内容在录音笔的协助下获得语音资料并通过手动记载进行转录和收集，以下部分描述了转录规则。

首先，用计算机将录音内容转录为文本。其中，不仅输入受访者所说的每个词语，还需要输入每个段落或章节的叙述时间，甚至显示出计算机操作程序的行序列号，最终保证研究者可以通过引用文本中的原始短语、行序列来对叙述内容进行完整的分析。叙述中难免会出现感叹语气词，如"啊""嗯"，或者习惯性的术语及当地的方言和情绪反应等，如哭、笑、沉默片刻等。在对这些内容进行转录的过程中，需要尽可能准确地用叙述者所用的语言的语法和拼写规则进行替换，以便读者和研究者可以更轻松地理解及应用访谈内容。

其次，叙事访谈的数据和材料在收集和抄录后必须得到有效、及时和迅速的处理，以保证采访者对这些受访材料的新鲜感和深刻度，这将使采访者可以更清楚地识别叙述者的语调和情绪，从而减少甚至消除对访谈内容的模糊性。此外，从口头语言到文本数据的转换具有一定的困难和障碍，尤其体现在精准性和数量性上。因此，重复聆听对于发现转录中的错误或遗漏很重要，研究者在对转录文本多次听取的过程中，需要不断在转录过程中对转录文本进行修正。研究者需要尽可能仔细地详细抄录受访者所说出的文字信息，以便为继续进行文字分析打下基础。

4. 研究者在研究过程中的任务和功能

研究者应该从研究一开始就完成以下任务。

首先，研究者应该是寻求答案的人。作为一名社会学研究者，应该对于每个个体的思想和观点都保持好奇心，以便对社会和世界有更好的理解。其次，研究者也应该是一个学习者，这意味着其应当从其他人不同的生活方式和经验中体会各种认识。此外，研究人员还必须学习如何高效、顺利地进行访谈。最后，研究者应该深入考虑叙述者对每个词语的表达。在访谈过程中，研究者不能分心，而保持用手势和语气词给予受访者积极的回应和鼓励，并对叙述者的内容表现出极大的兴趣。

舒茨（Schütze）将采访中获得的叙述性文字视为具有"社会真实性"的基本数据，这些数据可用于分析个人活动及其生活意义。[①] 对于这些数据的分析，学界有许多不同的文本分析策略，如前文所述，其中有效的分析方法之一，就是通过扎根理论来进行编码和汇总。

5. 访谈资料分析的基本步骤

第一步，初步抽样。

一共选择了 20 份来自中国和 20 份来自德国的访谈内容作为研究材料。选择的依据为受访者的年龄、性别、国籍、职业、学习背景、居住地点等，以使每个国家的每个社会群体及整个民族特征都可以由样本组的描述获得基本的展现。每个采访均持续 45 分钟到 4 小时，并且四分之三以上的访谈材料都可以得到清晰完整的转录。在每次采访之前，采访者都会对叙述者进行身份和背景研究及分析。在采访中，会向受访者阐释研究目标，并向受访者保证采访的隐私性和保密性。

在访谈过程中，采访者不会给叙述者施加讨论具体主题的压力，而只是让他们自由地谈论他们在生活中发现的有趣事件。在第一阶段，采访者只是一个倾听者，在受访者叙述之后，采访者会问一些感兴趣的、与主题相关的问题。在访谈过程中，部分受访者对于机密性有较高的要求。因此，在访谈中的人际关系和情感关系对于部分受访者也起到重要的作用。

第二步，正式的文本分析。

在采访和选择访谈文本之后，需要对所有叙述内容进行分析和说明。叙述中的关键点，如叙述者对导致特定结果的某些事情的感受，应该引起采访者的高度重视。在研究中，采访者将分析和解释的内容填入写有叙述者姓名和背景的表格，可以得到每个叙述者的"传记印象"，这有助于将每个叙述者进行相应的编码。

[①] SCHÜTZE F. Das narrative Interview in Interaktionsfeldstudien: Erzähltheoretische Grundlagen. Teil 1. Merkmale von Alltagserzählungen und was wir mit ihrer Hilfe erkennen können [M]. Hagen: Fernuniversität Gesamthochschule Hagen, 1987:14-23.

第三步，理论抽样。

经过一般的分析和小组分类编码后，采访者仍然需要向叙述者确认其某些学习行为和思想的实际成因，而相关学习行为的潜在因素能够在理论抽样阶段中找到。① 根据理论抽样，采访者发现学习动机和影响因素来自父母、亲戚、个人思想、社会事件、学校、老师、同龄朋友、法律法规、经济状况、就业市场、教育机构、学习材料、学习环境、教育文化、社会习俗传统等。这些因素对叙述者学习习惯的影响有大有小，同时这些因素之间也存在着相互交织的关系。

第四步，建立影响因素的类型结构。

根据每个叙述的内容所折射的影响因素背景，可以看出每个叙述者的学习主要影响因素都包括家庭、个人、社会及学校环境下的老师和同学等方面。

第五步，案例介绍和文件解释。

对各个类型的叙述内容进行分析，得到的只是叙述者个人的终身学习观念和行为，这也是定性研究的一个特点。而对于每种类型，都需要有一个关键叙述语句用来表征整个群体属性。这些关键叙述语句的选择原则是要有代表性，即这些语句能够在不同的个体叙述中获得相应的对照和映射。之后，则可以将此类特征语句与普通叙述语句区别开来剥离，将其列为"核心类别"。② 在找到所有核心类别之后，可以根据其类型进行分类，并对每种类型的核心类别的准确性和普遍性进行认证。同一类型的所有核心类别都可以代表该类型的整体特征，以供进一步比较研究。

从以上步骤中，我们可以发现，根据扎根理论，要分析叙事访谈中这些杂乱无章、内容丰富的资料，第一步是将它们分为不同的类别。诺尔（Nohl）认为，必须使用典型示例、代表性模型来构建和阐明主题的框架结构。通过这种方式，可以将访谈对象 A 与 B、C、D 的主题类型明确地区分开。访谈对象 B、C、D 的对比框架首先是与对象 A 存在不同。这意味着，具有不同典型特征和内容的各种采访应带有不同的标签和含义，由此其才能够成为具有对比性的类型框架。因此，可以阐明和划分具有不同

---

① LAYDER D. New strategies in social research[M]. Cambridge: Polity Press, 1983:2-15.
② ALHERIT P. Gebrochene Modernisierung: der langsame Wandel proletarischer Milieus in den 1950er Jahren[M]. Bremen: Donat Verlag, 1999: 711-722.

特点的通用的框架类型，最终以抽象的方式"重构"框架和类型特征。[①]

从这个意义上说，开放式编码在理论上可以通过标记具有个性特征明显不同的叙述内容来完成。对于不同的类型特征而言，其没有明确或特定的界限，以至于每个类别都可以单独形成一个区域，而不会与其他区域建立连接。综合分析后可以发现，很多类别是重复体现在不同叙述者的过往事件中的，这也就是所谓的历史和社会背景对于个人的统一化影响所映射出的个人生活轨迹的类型性，这意味着不同的叙述内容也可能具有相同的核心或本质，下一步是根据扎根理论的主轴式编码步骤将类别分为不同的组。

研究发现，在不同的叙述内容中存在相似之处，因为叙述者始终侧重于教育动机、父母、个人思想、社会事件、学校、教师、同龄人、法律、法规、学习环境等影响因素，其中某些因素对学习的影响甚至远大于其他因素；而且，总有一些因素占据了主导地位，支配或者干扰着其他因素，占据了某些叙述内容的主体。在归纳出具有相似性的主要因素和类别后，确定了家庭因素、个人因素、社会因素及学校、教师和同伴因素。这些因素影响了中德叙述者整个学习过程中的主要动机。

根据诺尔的看法，普遍化主要是指所概括的类型容量[②]，这意味着其他访谈内容在核心点上会对此类型进行连续重叠，并一次又一次地证明此类型在不同访谈者经历中的可重复性，是能够"在其他类型的重叠中得到确认的"，并因此以越来越轮廓化的方式获得抽象的概念提取。[③] 从这个意义上说，核心叙述内容在整个类型中具有不同的特征和功能，其可以代表整个群体中最明显的特征。因此，可以将其设置为整个类型组别的代表案例。同时，还应该有不同的叙述内容可以支持或确认这些代表性的观点。在本研究中，对于每个典型案例，可以发现都会有 4 个及以上支持性的叙

---

① NOHL A-M. Narrative interview and documentary interpretation[M]//BOHNSACK R, P N. WELLER W. Qualitative analysis and documentary method in international educational research. Opladen: B. Budrich, 2010:195-217.

② NOHL A-M. Narrative interview and documentary interpretation[M]. Qualitative analysis and documentary method in international educational research. Opladen:B. Budrich, 2010:195-217.

③ BOHNSACK R. Typenbildung, generalisierung und komparative Analyse[M]. Die dokumentarische Methode und ihre Forschungspraxis. Grundlagen qualitativer Sozialforschung. Wiesbaden: VS Verlag, 2007:225-253.

述案例，从中可以发现其与代表案例所显示问题的态度、思想、经验、背景具有一定的相似性。

在包含所有影响因素的特征方面，支持性的叙述案例不能像代表案例那样具有普遍的代表性。这里引用支持性案例的主要目的是验证代表案例所体现的主要内容和类别，不同的叙述内容和访谈都显示出与代表案例相似甚至相同的情况。

到目前为止，已经可以将这些核心类别总结出来，使其成为具有说服力且泛化性的类别特征①，其能够支持并验证代表案例中内容的概括性或有效性。此步骤可以看作选择式编码阶段的核心，它突出了代表案例的重要性，并确认了各种动机在个体学习行为中的不同体现。

6. 宏观、中观和微观层面之间的背景比较研究

对于受访个体而言，其特定的"思维空间"不仅是研究个体的基本要素，而且是研究受访者学习行为的历史背景和动机所在。其研究的方向不是要识别造成这些差异的不同因素变量，而是要分析其作用模式和关系结构，以解释细微之处所能产生的区别。②

挪威比较主义学者斯坦·洛克坎（Stein Rokkan）在一项研究中建议通过"思维空间"分析个人思想认识。他发现，仅仅以某一群人的微观行为为基础进行国际比较是远远不够的，重要的是要在宏观层面上考虑民族心态或特定的经济发展情况，为社会行为者的各种行动设置特定的时代背景。③ 总而言之，微观层面的现象描述必须考虑中观和宏观层面的影响，这可以被视为一种解释性的研究行为。因此，本研究将从影响"思维空间"的宏观、中观、微观层面的背景展开分析。

这里的宏观层面是指中德在历史、法律和经济等方面，这些因素是一个国家的宏观概况和背景，可以在个人教育和学习行为中发挥指导或监督作用。宏观的比较始于这些因素的差异。中观层面是指中德在教育机构方

---

① NOHL A-M. Narrative interview and documentary interpretation[M]. Qualitative analysis and documentary method in international educational research. Opladen：B. Budrich, 2010：195-217.

② ALHEIT P. Zwischen den Kulturen. Allgemeine und speziellere Anmerkungen zu einer qualitativen Komparatistik[J]. ZQF, 2012(13)：81.

③ ALHEIT P. Biographical learning within the new lifelong learning discourse[M]//Contemporary Learning Theories. Learning theorists in their own words, London：Routledge, 2009：118-120.

面，如学校、教学或咨询组织、教育部门等。这些组织和机构执行从宏观下达的教育命令，并直接影响微观层面的教学行动。该层面可以影响个人的具体日常学习和教育活动，同时还可以反作用于宏观层面所制定的政策。微观层面则是指师生之间的教学实践，包括他们之间的关系、整体的教育文化和传统等，这一层面的内容和特征通过具体的叙述和学习经验得以体现。

根据中德之间的宏观、中观和微观层面的比较，可以大致了解这两个国家终身学习行为和背景之间的差异。这些只是个人学习经历的背景原因。更深一步的研究则是考虑影响叙述者学习和生活的每个核心因素类别的动机和背景。换言之，每个核心类别都可以与宏观、中观和微观层面发生相应的连接和关系。最后，对中德之间的这种关系进行比较，并得出针对终身学习方面的建议，以弥补其不足。

第二节 其他研究方法

本书研究中，主要使用定性研究方法，包括文献研究法、传记研究法和比较研究法，同时也会使用包括访谈调查法和个案研究法。对这些方法的描述如下。

一、文献研究法

研究中需要文献研究法来充分和正确地理解终身学习，包括其历史和当前的状况等。研究者会借助图书馆、档案馆、博物馆、教育机构、学术会议、个人关系网及在线资源，收集关于终身学习的德语和中文文献，对该问题有一个全面的了解和认真的分析，并就当前的研究趋势和需要解决的问题提出自己的看法和建议。

二、比较研究法

在理论准备和数据收集之后，本书主要从研究背景、理论起源、发展过程、实践问题、困境和成就、具体的环境和实践背景等方面展开研究。此外，研究还会就中德过去20年的研究重点和趋势，实施终身学习计划后它对于当前的社会影响和意义，不同年龄和阶层的人群对于终身学习的意见、态度和期望及政府、专家、教育者等对终身学习发展的影响和作用等展开讨论。通过比较研究，旨在为构建我国终身学习系统提供有益的参考。

三、访谈调查法

在研究中德终身学习系统的过程中，有必要使用访谈和问卷调查的方法。本书计划采访中德两国教育部门工作人员和教育政策制定者、终身或成人学习理论的专家、教育工作者和教师，以了解终身教育和学习政策制定的内容、过程、问题及解决方案，总结终身教育政策实施的成功经验。

四、个案研究法

在从宏观角度研究德国终身学习系统的同时，本书还将从微观角度对已经成功实施终身学习的不同组织机构或学校进行案例分析。从长远来看，对其分析需要进行连续的现场观察，并进行静态和动态相结合的分析，如观察、访谈、收集资料、测试、问卷、分析图片和数据等，目的是为我国终身学习系统的构建提供具体的建议。

第六章 中德终身学习活动的动机和影响因素

第一节 中国终身学习活动的动机和影响因素

根据研究过程中收集到的叙述内容，大多数我国受访者经历了从童年到成年的整体学习过程，他们在幼年时期接受家庭教育，然后接受学校教育阶段，包括各种教育层次，之后参加一些职业培训或相关的岗位认证，以获取一份工作。在此教育过程中，个人对于教育需求有清晰的认知。研究发现，主要有4个因素影响我国受访者的学习动机、风格和目标，甚至人生道路，即家庭、学校、社会和个人因素。对于20位受访者而言，这些因素的影响力大小因人而异。本章将讨论这些因素对受访者的影响。

通过对叙述内容的系统分析，每个因素都普遍具有以下特征和含义。

1. 家庭因素

家庭对受访者的影响主要来自其父母，他们不仅对子女学习活动的物质负责，还会关心子女的整个人生，如职业、婚姻和未来等。从叙述内容中可以看出，大多数受访者从学龄前到大学毕业，受到父母及其他家人的影响最大。从每个叙述内容中可以看出，家庭因素一直影响着整个人的一生，这虽然并非是终身学习过程中最重要的因素，却是每个人生活中必不可少的影响来源，具有显性或隐性的影响。这些因素包括父母和其他家庭成员接受的正式和非正式的教育、针对学习者个人的学习建议及家长个人的榜样力量等。这意味着家庭成员的教育和社会背景会影响受访者个体对自己人生道路的看法，而其配偶和子女也可能会由此受到相应的影响。

2. 学校因素

尽管有些受访者在访谈时已经离校多年，但大多会从小学入学开始谈起，这意味着早期教育给人留下了深刻的印象。很多受访者会将从一所学校升级到另一所学校的过程完整地叙述下来。对于许多我国受访者来说，学校教育经历是他们生命早期最重要和最有意义的组成部分。学校因素还包括教师、同学、学校教育政策、教育部门的影响、学校教育环境的变化、学生参加的学校活动、考试和学习内容等。该因素包含与学校相关的所有主要因素。

3. 社会因素

社会因素是指政策、价值观、社会背景、传统、风尚、道德及地区情况等。本书重视教育政策和普通教育水平在特定的时间阶段对于社会个体学习经历的影响力，甚至通过叙述内容可以发现，整个一代人往往在社会因素的影响下具有彼此相似的学习背景。

4. 个人因素

这些因素包括个人的反应、思考、态度、行动、决定、意愿和学习方法等。在叙述中，个别因素以评论或思想的形式形成表达特色，每个人的个人因素都是独特的，但是很容易受到外部因素的影响，如社会条件、家庭和学校因素等。

由于这 4 种类型的因素与本书中收集的叙述内容有关，因此下面展开详细讨论。

一、家庭因素

1. 家庭因素代表性传记案例及个人背景——以彭的经历为例

受访者彭 1983 年出生于我国中部某城市，其父母均是普通工人，他获得的教育经济资源与周围的其他学生相比不甚突出。1990 年，受访者开始上小学,尽管他刻苦学习,但是在课堂上的成绩和表现并不出色,班上老师对待学生很公平。1996—1999年的初中学习期间,他学会了弹奏乐器,并参加了一些比赛和演奏会,但他没有获得任何突出的奖项。在高中入学考试中,他的成绩表现不佳,未能进入该城市的重点高中,就读于一所普通的高中继续完成学业。在高中学习期间,他的成绩有所下降,之后他选择艺术作为大学入学考试的科目。当时对于一些参加高考的学生来说,艺术是一种比较时兴的选择。他在高考中的成绩也未能让他进入一所外省的重点大学。2002—2006年他在本省的一所师范大学就读,而他所入读的艺术专业的学费比其他学科的学费要高一些。

2006年大学毕业后,他未能找到一份稳定的工作,而临时找了一份兼职工作。2006—2011年,他在私立学校或补习班从事教学工作。与公立学校不同,这些学校在社会上的认可度不高,他的薪水也远低于公立学校的教师。在这5年中,他结婚生子。他的妻子是一家小工厂的普通工人,而抚养儿子的早期教育、衣食住行等费用让他捉襟见肘。2012年,他与一位朋友合作创建了私立学校,现在,他正忙着办学并为学生上课。当前,他的收入比过去要多一些,但是他的生活被日常的学校事务和教学工作占据,有时他不得不去其他城市长期出差。从毕业至今,他没有参加过任何社会或学校的辅导或者培训课程以增加自我的知识储备。

2. 彭叙述的核心段落分析

彭的叙述内容中有4个选定的核心段落,每个原始叙述段落之后的分析,是描述家庭因素对受访者的学习和生活活动影响的核心类别,同时这些内容也用来检验受访材料的有效性和可靠性。

(1) 彭:"我的母亲总是跟我说……应该在学校努力学习,不要让父母担心我的学习……只有学习可以改变我的命运,如果我不学习,成年后的生活会很糟糕……我可以把握这个机会(考艺术专业)……因为我也许不能在文化课上有多成功……所以可以转向音乐专业考试……亲戚说,这个专业以后几年肯定会发展得更好!"

受访者从母亲对他的建议和忠告开始叙述,这表明他受到了家庭的很大影响。"总是"这个词表明他的母亲时常灌输他在学校努力学习的重要性。这个目标就是要改变命运而不让成年生活太"糟糕"。另外，我们还应该注意到，他的母亲告诉他"只有"学习才能改变命运，这限制了受访者对其他的人生道路的探索。从这一部分中，还可以发现这是受访者将母亲和亲戚的原话进行了转述，这些作为二手资料的叙述，表明受访者本身较多受到外界的影响，也体现出父母渴望从儿子的学习和成功中获得快速的成绩回报，父母对他的学习施加了很大的压力。对他的家人来说，学习的意义在于追求更加美好的未来，拥有更体面的生活。

他关于学习方向的决定由他的父母和亲戚施加了影响，在他的亲戚看来，改变专业不是源于他的兴趣，而是大学毕业后音乐专业能让他获得更好的发展。因此，从家庭的角度来看，他学习仍然是为了就业。

(2) 彭："我真的没有那个时间，我只是把每一分每一秒都花在了大学学习上……他们对我的未来感到没有信心，所以他们只是告诉我，找一份工作，即便不怎么好都行……他们不想让我待在家里。我没有其他的机会，我甚至没有想过成为一个公务员或老师，其实就觉得只是做个普通的公司员工就行了。"

从这一段叙述可以发现，受访者承受着来自家庭的压力。这种压力不是由他自己施加的，而是由希望看到他成功的父母施加的。"真的"一词表明，受访者对来自父母的压力感到不安，但父母说服了他。这意味着父母愿意为自己的儿子投入大量资金以接受高等教育。我们可以看到影响彭的学习方向和目的的因素主要来自外部，如家庭背景、经济压力和父母的需求。

他的父母并没有关注到他所面临的问题，而只是要求看到结果。他的叙述"没有信心"和"即便不怎么好都行"表明他的父母迫切希望彭迅速取得成功。在这些访谈中，这种家庭教育是比较特殊的，这是父母对孩子施加压力的一个极端事例。受访者怀疑自己"没有其他的机会"，找到工作可能是因为他没有认真学习。他花了很多时间在大学里只是为了找到一份一般的工作。他在求职方面的劣势，使他抱怨求职的环境，而没有对父母或家庭教育提出任何反思。最后，他说"甚至没有想过成为一个公务员或老师"，这表明他对自己未来的工作没有目标，其原因是他在大学和家庭教育中的学习目标迫使他迅速取得成功。可以说，他的父母施加的压力是戴在他头上的紧箍咒，逼着他上进，从而使他的学习成为一种以职业为导向的学习习惯。

（3）彭："以前的工作收入对我的妻子、儿子和我自己的生活开销来说根本不够……我的父母可以帮助我解决经济问题……我应该学会独自生活……通过上课我获得了更多的收入，现在能够满足家庭的日常开支了。父母在我整个学习过程中对我的影响最大……他们只是告诉我努力学习，当我在学校无法取得高分时，他们会说这是我自己的原因……我在学习上承受越来越大的压力。我的音乐知识要比我课上的大多数同学要好得多。因此，我会感谢父母，他们给了我不仅是精神上的支持，还在财务方面支持了我。"

在工作之初，彭明显需要家人的经济帮助。从彭的经验中，我们可以看出他在社会上开展业务所面临的困难。

他的父母并不关心他在学校失败的原因，也没有帮助他解决学习问题。他们只是告诉他自己解决问题，并认为目前的困难应该由他自己来克服，家庭教育没有承担相应的责任与义务。他认为父母的支持对他的学习和成长非常重要。当然，他的父母竭尽全力为他提供资金支持，但是他们没有给他更多有关学习方面的建议，虽然这些对于他的学习和进步可能更为重要。

（4）彭："我并不认为终身学习对社会有用……每个人都在想如何尽可能多地赚钱，没人想知道更多无用的知识，或者只是花很多时间和金钱在学习上。我认为这不是必要的事情，也不是当前大多数人应该首要考虑的事。"

在此次调研中，他对终身学习的观点与许多其他受访者的观点不同。他认为学习会"花很多时间和金钱"，属于"不是必要的事情"。他根据自己的生活经历做出了如此判断，对生活中学习所能展现的功能几乎没怎么关注过。在他的学习过程中，其学习的成果也并不明显。应当指出，他用"每个人"和"没人"这两个主体来解释他对学习的看法，这意味着他相信所有其他人在终身学习这一主题上将与他有相同的看法。因此，可以说他不了解终身学习的功能和目的。他似乎没有意识到对现代社会中新思想和新想法的认识和了解的重要性。他的看法主要基于实用性，甚至不能接受学习是用来丰富普通人的知识和经验的说法。

3. 概要

家庭影响在整个学校学习过程甚至在走出校门之后都起着重要作用。从一开始，受访者彭就描述了他的家庭状况和父母的背景，以表明他的学习和生活环境不如其他人理想。他上学的每一步都受到父母的影响。他的父母想通过受访者的努力和表现来实现自身的梦想或理想。因此，在整个叙述中，关于父母和亲戚的话，即所谓的二手转述资料信息的内容要多于受访者的一手资料信息。

受访者彭承认，他的学习动机是减轻家庭的经济负担，他不想给父母增添任何经济压力，这一点可以通过很多细节得到证明，并且可以在他的叙述段落中表达出他自己的态度，如他对父母为音乐课程付费的感觉及对自己今后决心的描述。这些说明他心理上有经济负担，他的终极目标和学习动机甚至工作动机都是为了减轻这种经济负担。可以说，家庭经济状况对受访者彭的学习和生活观念的影响远大于其他方面。

还有一段叙述描述了他的婚姻和儿子，他没有过多提及自己对建立家庭的感觉，但强调他对家庭的经济及对儿子的教育责任。因此，他在学习方面主要目的和动力不是通过获取知识而增进自身的进步，而是主要扶养自己的家人。他强调的"齐家"思想，对于个体的学习和生活的目的有较为明显的导向性作用。

在这篇叙述的结尾，他基本否定了学习在他的生活和工作中的功能或重要性，这也是父母对他的家庭教育和他的家庭状况的反映，使他也忽略了学习对于未来生活的重要性，而更多地看重工作为他的生活所能带来的好处。然而，这个叙述也揭示了一个事实，即他仍然对自己的生活条件不满意，而希望得到更好的改善。

从他的叙述中，我们可以推断出他的父母所接受的教育不够理想，从而想将自己关于教育的梦想和理想传递给他们的孩子。他们希望子女成功和进步，从而过上更好的生活。换句话说，他们更在乎的是通过子女的努力实现自己在生活、教育和学习方面未曾实现的理想。

4. 核心类别

从上面的原始段落和分析中，可以看出家庭对彭的学习风格和活动的影响。从这一部分可以得出以下核心类别特征。

个人的学习决定受到父母的直接影响。父母或亲戚希望通过建议为孩子做出决定，而不关注孩子自身的看法或决定对孩子命运的重要性。

父母的经济和教育背景作用于个人学习。父母的经济和教育背景会影响孩子的学习方向、目标、习惯、动力和接受教育的感受。

养家糊口的压力减少个人的学习机会无暇兼顾于学习或阅读，对于受访者而言，意味着对生活和工作的态度必须务实。

父母对快速成功的期望转化为个人压力。父母渴望从子女的教育中获得成功，这种观点会使子女长大后继续继承这种学习目标。

第一，个人的学习决定受到父母的直接影响的支持性叙述内容。

这个核心类别的一个例子可以从受访者尹的叙述中找到，她很年轻，已是一名博士生。

> （1）尹："我的父母没有责骂我，或者要求我为了他们而要成绩好……他们只是告诉我要努力学习，他们会尽自己的所能给我支持。"

这与当今许多其他学生的情况不同，因为大多数父母要求他们的孩子在课堂上争取更高的成绩。许多学生对学习感到无聊或厌倦，而尹很幸运有如此开明的父母。她可以自主地学习，受到父母的影响很小。她的父母还对她的专业、职业及改变命运的其他未来重要事项提供了一些建议。

> （2）尹："父亲告诉我，因为我很年轻，我应该尽可能多地学习……找到一份更好的工作……所以我只是按照父亲的建议，选择医学专业，参加入学考试。"

受访者尹的每个重要步骤或选择都会受到其父母的影响。实际上，她并不是真的想获得博士学位，只不过是父亲为她做出了选择。她在大学里一直进修，如果没有家庭对她的学习期望或者父亲的建议，她可能不会继续攻读博士学位。

从上面的叙述和分析中，我们可以看到她的学习和决定的每一步都受到她父母，尤其是父亲意见的影响，她也承认这一点，但她对这种"建议"和"帮助"又有了另一种理解。

（3）尹："父母影响了我很多……我太年轻了，所以我需要经常问他们的意见，大部分时间我需要听从他们的意见……我的父母已经在我的学习方式方面给了我很多的帮助……从大学获得博士学位后，对于职业的选择我想自己做决定。有时候，如果我不听话，我母亲会数落我……而我父亲总是可以给我最好最有用的建议。"

她认为对自己学习过程最重要的影响来自于家庭，她的父母为她做决定的原因是她太年轻了，无法自己做出决定。无论子女对于这些决定的好恶，父母都会帮助子女做决定并期望严格遵守，如此则使得子女有了外在的动力去有效地学习相应的知识，但同时失去了自我决定学习方法的自由。他们中的许多人在进入社会后对于是否继续学习显得无所适从，这也和学习期间的决定由父母代劳有直接关系。

无论一个人年龄几何，其一生的决定或多或少都会受到家庭成员的影响，这可以从 90 多岁的俞的叙述内容中看出。她的家庭比较传统，有 7 个子女。以下叙述内容表明，婚后她在学习方面的决定也受到丈夫极大的影响，而其丈夫是家庭中的决策者，对于家人的行为具有决策性的威严。

（4）俞："我有两次学习的机会……我真的很想和当时的伙伴们一起去，但是当时我的丈夫禁止我参加学习……他肯定不会让我去学习的。"

这是基于当时传统中的社会思维，即家庭中由男性掌握全家人的行为模式。丈夫对她学习的决定，代表了过去典型的传统家庭男性对妻子的学习态度，由此使俞丧失了婚后的学习机会，而成了文盲。

第二，父母的经济和教育背景作用于个人学习的支持性叙述内容。

父母的财务和教育背景直接影响子女的家庭教育水平和价值观，甚至这些影响还能传递给他们的后代。这些影响在对池和俞的访谈中得到了证明。

（1）池："我小时候父亲就去世了，母亲独自抚养我，所以我必须自己做所有力所能及的事情并完成每一项工作……完全依靠我自己……母亲说：'我希望你的生活达到我的期望并能尽早独立……除非你真正无法自己处理，否则我不会帮忙。'"

受访者池一开始叙述的就是自己的特殊家庭情况，这表明他在谈论自己时非常在意自己的家庭背景。他没有告诉我他的父亲去世的确切时间，只是说"小时候"，这意味着他从小就没有受到父亲的教育。他提到母亲"独自"抚养他，以此来描述他早年家庭中的困难。由于这种家庭背景，他"自己做所有力所能及的事情"，这些只能依靠他自己。在叙述早期工作时，他用"必须"一词表明他别无选择。他不能依靠任何人，且被迫独自完成所有的工作。

他母亲的养育方式与其他父母完全不同，因为她"不会帮忙"，并要求儿子"尽早独立"。单亲家庭中的后代子女往往比传统家庭中的后代会更早成熟。多年之后，受访者池仍然记得他母亲的原话。他的母亲鼓励他自立，在他"无法自己处理"事情时，也会提供一定的帮助。这表明他的母亲仍然关心着儿子成长中遇到的困难。单亲家庭中的孩子将具有一些其他的特征和性格，包括具有很强的独立性、必须自己学习很多东西、学会自己处理问题而不是直接寻求长辈的帮助等。在这种家庭状况下，单亲父母的角色对于孩子的成长非常重要，受访者的母亲基本完全承担了家庭教育的责任。

（2）池："相信她会为儿子感到骄傲……我也非常敬佩我的母亲……我的老师和同学也没有人再去提我父亲的事。"

上下文的语境是，当其他同学和老师得知叙述者的家庭情况时，会有一定的态度特征，包括对于单亲家庭的池的看法。池的母亲是一个非常坚强的女性，并赢得了老师和同学的尊重。因此，受访者能够感到，当他无助时，母亲会及时给予他鼓励。在生活各个方面他都"非常敬佩"自己的母亲，这意味着母亲在学习阶段对他的影响很大，而他也感受到母亲给予的坚定而强烈的安全感。从这个摘录中，我们可以看出他非常关心外界对于他的家庭情况的看法，他和同学之间的关系也对他的日常学习有一定的影响。他和母亲之间的家庭关系非常融洽。

其他受访者俞和傅也受到他们家庭的极大影响。

(3) 俞:"我有很多孩子,我必须做很多工作,所以我没有太多时间陪伴他们或管他们的学习。"

这一部分描述了她的家庭状况及其对子女的教育程度。我们可以看到,她的孩子们的家庭教育是不充分的,原因在于她"必须做很多工作",而"没有太多时间",她的孩子在家里所获得的父母的关注是比较少的。此外,我们可以看到,家庭教育不足的原因还在于孩子过多。她提到自己无法"管他们的学习",她认为家庭教育应该是通过督促孩子的家庭作业和通过"管"来完成学习,这表明她对于家庭教育的理解是简单而专制的。当时每个家庭平均要生育3个以上的孩子,父母没有足够的时间或精力为每个孩子服务,儿童的自我学习行为只能依靠自我意识。

第三,养家糊口的压力减少个人的学习机会的支持性叙述内容。

对于家庭背景一般或经济条件有一定困难的个体,其主要会将自身的注意力专注于赚钱和改善家庭的财务状况,包括池、傅和俞的叙述均证明了这一点。

(1) 池:"大学毕业之后,我没有选择继续学习……我不想成为一名研究生,早挣钱比成为一名研究生更重要。我继续从事职业学习大概花了两三年时间……我只是想赚钱来孝顺母亲,因为你知道我当时的家庭并不十分富裕。"

家庭背景对叙述者池的影响很大,因为他根据家庭经济状况考虑了毕业后的选择。他可能想过继续学习以获得硕士学位,或者通过硕士学业学到一些对自己有用的知识,但是希望为家人赚钱的目标使他在本科毕业后立即投身于工作岗位。他放弃了继续深造的机会,这代表了他在学校的系统学习经历的终止。即使他想在工作中学习,也没有机会在心无旁骛的情况下继续完成全日制的学习。因此,对于类似于池一样的成年人,能够在进入社会后,继续开展大学学习的机会很少。

由于池出生在家境普通的单亲家庭中,因此从童年时代就对于学习持这种观点。也有一些人对学习完全没有兴趣,只是想为家庭赚更多的钱,这种看法可以在对傅的采访中得到体现。

(2) 傅:"我不想上学,想帮助父母赚更多的钱,为我们的家庭赚钱。我在小学学习了大约三年……但是我一点也不喜欢学校……我周围的同学和老师也不喜欢我。"

贫穷家庭中的子女也会对挣钱以减轻父母的负担有更为明确的认识。这也是部分贫困地区学生辍学和不愿意继续学习的主要原因。

经历贫困家庭生活的个体,对赚钱以改善生活条件的重要性有深刻的了解。因此,对于他们来说,最重要的任务不是学习,而是抓紧时间和精力来赚钱,正如俞的叙述内容。

(3) 俞:"家里人口很多,我没有时间做其他事情,只是做家务,生了孩子还要供养他们……我那个时代的大多数女性都没有机会在学校学习。"

根据家庭状况,她知道"没有这样的机会在学校学习",这意味着她学习的主要障碍是当时的时代背景及家庭经济条件。她认为接受教育的决定因素是家庭背景和经济状况。

我国传统思想中对于女性学习的认可度和支持度始终一般,而直到中华人民共和国成立后,这一现象才得到改观。对于俞这样的女性代表,其在旧社会中的学习机会基本是非常渺茫的;彼时妇女自身也并不认为学习具有比家庭工作更为紧迫的重要性和必要性。

(4) 俞:"我的家庭和当时的条件是影响我决定学习还是不学习的最重要因素。我的丈夫不想让我去学习……我确实没有那么空闲的时间学习……我家有这么多孩子在等我工作和赚钱,我只是做家务,总能赚到一些养家糊口的钱。"

她的主要任务是"做家务"和"赚到一些养家糊口的钱"。家庭和社会因素是当时阻碍她学习的主要因素。她的叙述可以体现出主要是依靠自己来养家糊口,这意味着她缺乏丈夫和其他人对她的支持和帮助。她的工作是整个家庭重要的收入来源,她的空闲时间非常少,无法满足学习的需要。

第四,父母对快速成功的期望转化为个人压力的支持性叙述内容。

父母希望他们的孩子实现自己无法实现的梦想和理想,此类别说明了子女如何被迫遵循父母的学习目标或方向。对尹、俞和傅的采访支持了这一观点。

(1)傅:"希望我儿子能上一所好高中,不过最后他的成绩可能就是只能上一所普通甚至不怎么好的学校。当然我也无话可说,谁叫我是个文盲。我也无能为力。"

他对儿子的教育感到无奈和无助,也做了一些自我反省,并且知道儿子的成绩下降或多或少是由他的知识匮乏和家庭背景造成的,由此他可能会对自己的学习经历更感遗憾。

(2)傅:"对我来说,只要我能一直在物质上支持儿子学习就足够了……我们在日常生活中能吃饱喝足。"

他唯一能做的就是保证满足儿子的物质需求。从他之前的叙述中,可以发现在他小时候,他的家庭条件不好。他对于儿子的希望在于其学历的提升,但是他对于儿子的基本供给仍然不是家庭教育等思维层面的助力,而是通过物质保障儿子学习所需要的"吃饱喝足"。

(3)俞:"我总是警告我的孩子,小时候不好好读书,年老的时候就会受苦……他们就是不听,年轻的时候就喜欢玩。他们浪费了很多时间。"

她的家庭教育方式是"警告"孩子们要珍惜时间,否则就会在长大的时候"受苦"。至于她个人,与孩子相处的时间不多,孩子受到的家庭教育更是无法满足子女的需求。她认为,这个警告对她的孩子来说足够了。她在有限的时间内所进行的这种"警告"式的家庭教育内容,对她的孩子来说是微不足道的。这只是她的一种理想化的思维,而没有给她的孩子做任何原因解释或形成人格榜样。看到她的孩子"不听……就喜欢玩……浪费了很多时间"也就不足为奇了。在某种程度上,家庭教育比其他类型的教育对个人发展更为重要,但她的家庭中因为各种环境和经济条件,使得她没有给予子女足够的家庭教育。这同样也是因为受访者本人接受的家庭教育和其他类型的教育有限,所以她也缺乏给孩子进行正确家庭教育和引导的经验。

根据叙述者俞自己教育后代的亲身经历，我们可以看到她对自己没能尽到教育责任而感到遗憾，并对自身和子女之前的教育经历是不满意的。

(4) 俞："当时号召学生青年到农村学习，很多人到了农村生活了很多年。当他们回来的时候，也错过了学习的最好时光，他们根本没有机会在学校再读书学习了。现在他们知道自己当时没有学习多遗憾了，但是也晚了……所以现在我的子女会告诉他们的孩子，就是我的孙辈，在学校要努力学习。"

从她的叙述中，我们可以看出她知道适当的学习期对于个人整体学习阶段的重要性。她认为，青少年时期是学习的宝贵时间。她认为他们"根本没有机会在学校再读书学习了"，这意味着她确实在成人生活中感受到了学校学习机会的稍纵即逝和来之不易。她用"遗憾"和"晚了"来形容那些年轻时学不好的人，并对他们错过了这段宝贵的教育时间而感到很可惜。

二、学校因素

1. 学校因素代表性传记案例及个人背景——以锋的经历为例

受访者锋于1980年出生于我国中部某省份，其父母是工厂的普通工人，家庭经济状况中等，早年学习期间不必为生计担心。1986年到1992年，他在自己家附近的小学上学。小学期间，他在班上表现良好，成绩始终名列前茅，是班上受到老师关注较多的学生之一。上完小学后，他进入了位于家附近的初中，3年初中期间，他的表现继续保持稳定，和同班同学相比，成绩卓越，同时他承担了班干部的角色，作为老师的助手对班级进行管理。1995年到1998年，在距离他家较远的一所学校就读高中，进入这所学校的原因是他在高中入学考试中的成绩较为优异。在高中3年中，尽管他仍然是班干部，并受到老师的信任，但他的成绩变得一般。他的高考成绩不够理想，未能进入重点大学就读。1998年，他考上了北京的一所普通大学接受高等教育。

1998 到 2002 年，他在北京上大学期间，忙于在学校参加各种校园活动，并在广播电台和学生会等学生组织中担任学生干部。他不太喜欢自己的专业，专业成绩表现不佳。大学一年级时，他有两门专业课程没有及格。第二年，他付出了更大的努力，专业成绩得到了提升，但他仍然对自己的专业没有兴趣。他在下课后的业余时间开始自学自己感兴趣的专业课程，包括社会学专业的知识。同时，他还从事各种学生组织的活动，并自愿为贫困家庭的学生提供英语支教。

在大学毕业之前，他有选择在公司做职员或者成为公务员的机会，但他没有选择大学毕业后立即工作，而是选择报考北京一所知名高校的硕士生，他所选择的专业与大学的专业方向完全不同，但他很感兴趣。2002 年，他未能通过研究生入学考试，他回到家乡，担任兼职英语老师一年。他的教学所得到的工资并不高，这促使他寻求其他的出路。2003 年，他再次准备研究生入学考试，并报考了他所在城市的一所大学。这次，他通过了考试。2003 至 2006 年他在当地大学攻读硕士学位。在这 3 年中，他的学习成绩很好，并且由于出色表现而获得了丰厚的学业回报。他在研究生阶段继续从事学生干部，3 年来他在私立学校担任兼职英语老师，以赚取兼职的报酬来改善生活。由于他的研究生学业背景，他的薪水明显提升了很多。

2006 年他硕士研究生毕业后，参加了博士学位的入学考试，报考了位于我国南方的一所高校。由于他的成绩一般，因此没能考上，于是他又整整准备了一年，并在 2007 年再次参加了考试。这次，他获得了攻读博士学位的入学资格。2008 至 2012 年他一直在该大学攻读博士学位。博士毕业后，他获得了一份高校教职。

2. 锋叙述的核心段落分析

(1) 锋："我感到同学都挺好的，甚至在我成为语文课代表之后，一些同学对我非常友好……当时我们没有重点和非重点学校之分。因此，大多数朋友和同学根本不在乎进入的学校，当时的友谊和关系还是蛮纯粹的。"

从他的叙述中，我们可以发现他在进入学校之后的个人评价是"挺好",说明他发现班上的学习环境对他而言是适当且舒适的。但在此之前,根据他的叙述可知,他认为学校的情况不会像他预想的那样令人愉快,这主要是他对于学校的环境比较陌生而产生的畏惧感。同学是学生成长中的重要因素,同学之间的友谊会影响每个人在同龄小组或班级中的意见和想法。因此,班上的每个学生都应当参加集体活动并彼此成为朋友。受访者锋在这里用"非常"和"友好"来表明他在上学期间的友谊,并有很美好的回忆。他在之前的叙述中,认为同学之间的友情会比较"糟糕"而无法应付与同学的互动。后来他逐渐发现他们的"友好",所以受访者对学校同学之间的友谊从态度上发生了变化。

他将过去与现在的学习状况进行了比较,以解释大多数同学选择学校的主要考量因素。然后,他认为对于小学时期而言,学校的等级和情况并不重要。这表明外部社会因素对教育环境选择的影响较小,彼时学生进入的学校之间并没有太大的差异,学生之间的关系对他们来说非常宝贵。

(2) 锋:"我不知道如何获得那么大的勇气,以至于我当时站起来并毛遂自荐要当语文课代表,尽管这在所有班级干部中并不那么重要,但是从那时起,我觉得在课堂上很重要……比班长都重要得多。"

当他在新学校、新环境下学习时,他的关注点不是学习内容或同学,而是他当课代表的行为,这与他在小学时所做的班级干部工作相关。他将自己的行为描述为"站起来并毛遂自荐",这表明他对这种经历有深刻的记忆,这对他来说非常重要。他希望这项工作能再次改变他在学校的经历,就像在小学时期一样,成为老师关注的对象。

他两次将自己的经历与其他人进行比较。而得出的结论是,他比班长重要得多,这意味着他在那段时期感到非常自信,上学期间对他影响很大。班级课代表的经历对于锋而言,是使他从一个内向的学生转变为一个较为外向的学生的过程,也帮助他学会了沟通的技巧。

(3) 锋:"我为自己感到骄傲。但是过了一段时间之后,我觉得有点不对劲了,因为我发现越来越多的同学,他们在学习上比我强得多……更多优秀的学生,来自城市的各个角落,我开始感到非常担忧。我对高中的未来没有信心了……我确实在高中学习过程中非常努力了,但我不知道为什么成绩总是如此差,而且好多课的成绩都下滑了。两个学期之后,我不再担任班长了,因为我觉得我的成绩不合适再当了。因为我的分数低,考上的大学也很一般,所以我不想去那所非常普通的大学。我当时真的很想再回到高中复读一年。"

他在高中遇到的第一个也是最严重的问题是遇到了更优秀的学生,他们的表现比他更好,因此,他的自信心受到了打击。环境的变化对他的学习经历产生了负面影响。由于自信心丧失,他的情绪也逐渐低落,他很难适应新的环境。尽管他已竭尽全力学习,但并未获得理想的结果。他自信心受到的另一个打击来自无法担任班长,这影响了他在课堂上学习的勇气和精力。他对上普通大学感到沮丧的原因很复杂,原因之一是他对考试成绩感到不满意。他无法理解学习行为的真正含义,而客观因素正在影响他的学习行为,推动他不断进行学习并追求更高的成绩。

(4) 锋:"我在大学的学习不是很好,因为我选择了不喜欢的专业……我是一个应该学习文科的人,但是最后,我选择了工科作为大学四年的专业……所以直到现在我仍然对这个决定感到非常遗憾……也许以为这个专业很好学,很容易,谁知道那个专业对我来说是这么难学。在大学的第二年,我真的很努力,成绩比第一年好得多……我的大学生活非常舒适,也没啥事,所以我有很多时间做自己喜欢的事情。因为我喜欢文学艺术这些,所以经常写点东西……因为大学的毕业不是很难,所以我还是真的很喜欢大学的学习氛围。"

锋和其他许多学生一样,在上大学之前选择了不适合自己的专业。造成这种情况的主要原因是,在他们做决定之前对该专业并没有及时了解和认真分析。因此,许多学生在不知道专业内容的情况下做出了选择。另外,越来越多的父母代替自己的孩子决定了要学的专业,而父母的选择通常是当下流行且今后就业前景较好的专业。所造成的结果是,许多学生在真正了解到所要学的专业,或者在意识到毕业后所要从事的职业之后,就会发现自己根本不喜欢该专业。

叙述者锋在这一部分的叙述过程中言辞比较激烈,经常使用"非常"和"很"之类的词表示强调。他对大学第一年和第二年的比较表明,他可以逐渐适应环境，并且心态很好。他用"舒适"来形容自己的专业，这意味着他可以在自己的专业上做得较好，因此，选择一个适应性强的专业或工作对他来说非常重要。整个叙述部分说明他对专业和大学环境是认可的。他为自己选定了今后要从事的另一个合适的专业，同时他可以对自己的生活环境有良好的心态，这两者都表明他的内在性格如何影响他的教育经历，这也表明专业和兴趣对于学生的学习行为和表现很重要。

（5）锋："我们觉得自己很多东西没想明白，花这么多时间在学习、学习、学习……当我们离开大学时……我无法想象……我们可以拥有与其他早早进入社会的同龄人一样的竞争能力……刚刚开始工作后，就觉得已经有点晚了……在读博期间，我只是想尽快毕业，我真的不想再读了，也不想做有关将来无法帮助我工作的研究。"

这部分表明他对博士生学习和研究有了自己强烈的态度，今后的工作和生活问题已经是他现在考虑的主要问题。因此，他不会花太多时间在学习和研究上，而是会更多地考虑未来及毕业后的工作。起初，他喜欢学习，并且感觉到学习是容易和舒适的事情。但后来他说，他想毕业，不想再学习了，并且用了强烈的情感性词语，如"尽快"。这说明他对博士毕业后的学习已经不再有兴趣了。他之所以不喜欢学习，是因为他认为学习内容和研究无助于他毕业后的生活和工作，而这些被认为比他在大学里的学习更为重要。可以发现他的学习目标已确立为在社会上打拼出自己的一番事业，也表现出了务实的学习态度。

3. 概要

受访者从他早年的学习经历开始叙述，直到他强调自己是一名博士，这表明他为自己的这个学术头衔感到自豪。我们发现，学习活动和成功对他来说意义重大。他讲述了自身的学习经历，描述了老师对他的态度及他与同学的关系，这两个因素都对他产生了很大的影响。在他的教育环境中，他非常重视与周围的人之间的关系和自我的心理感受。

根据他对初中学习经历的叙述，我们可以看出他对"当班干部"感到一定的压力，成为"班长"和组织班级活动等都会对他的学习经历产生影响。从这些班级角色中，他获得了一定的优越感和自豪感。这反过来促进了他的学习和对班级生活的信心。但他的学习也随之而产生了波动,从小学和初中的优异表现,到高中的逐渐下滑,再到大学的正常表现,其压力都随着时间而变化。因此,可以说,在他的整个教育过程中,成绩始终是他在学校情况的重要表征。

起初,他不喜欢他的专业,因为他在选择专业时不知道所学专业的具体内容。于是,他专注于描述自己在大学生活中获得的成就和幸福,而没有任何关于他所学专业的内容和知识。可以说,除了纯粹的科学知识以外,他还从大学生活中获得了较为丰富的生活经验和技能。

叙述结束时,他谈到了自己在学校学习多年的看法。他表示"遗憾",因为他感到自己无法与已经工作多年、经验丰富的其他同龄人"竞争"。总的来说,他觉得学校学习在一定程度上浪费时间,这种观点与他的生活和工作经验及他在学校学习受到的影响有关。因此,有必要探讨他关于终身学习的观点和思想的形成原因及背景。

4. 核心类别

(1) 师生关系对个体在学校教育和生活中的影响

学生在学校度过了大部分年少时光,因而学生与教师之间及学生之间形成较为紧密的关系。没有人可以在如此紧密的同伴圈子中独自生活或学习。学生时期,每个人势必与他人互动和联系,而与同学的日常互动会影响个人在学校学习的目的、方法和习惯。从锋叙述的核心段落中,我们可以发现在小学、初中等早期学习阶段受到的影响尤甚,因为此时学生尚未对自己的学习形成完整而成熟的看法,所以更容易受到同伴的影响。此类影响包括学生在学校参与正常学习活动的各个方面,如老师的态度、方法、教学内容,同学之间的关系,学校和教育部门实施的教育政策和监督。

(2) 参加学校活动对个人心态产生的影响

学校是大多数学生与陌生人交集的地方,并能让学生为踏入社会做好准备。因此,学校的活动和在学校形成的职责可以促进学生的社会化成长,如获得组织和管理的能力等。对于学校中的许多学生来说,这也是除了文化知识之外的一项重要的学习内容。

(3) 为了提升成绩而产生的学习压力

对于大多数此阶段的学生而言，学习目标均指向更高的分数和出色的班级表现，这也是判断学生学习能力的一般标准。学生不仅关心自己的分数和表现，还喜欢与他人进行比较。家长和教师也将学生在校的高分和良好表现作为"好学生"的标准，因此这种信念指导着学生的学习行为。超越同班同学的目标给学生的正常学习活动带来很大压力，他们害怕让老师和父母失望。因此，他们的学习行为变得越来越务实。

(4) 大学和专业选择对高等教育阶段的重要性

对于当今的许多年轻人来说，大学学习是必要的，大学生活是最接近真实社会生活的阶段。因此，大学学习和生活是毕业后乃至一生的社会观念、理想、职业选择、学习动机和计划形成的关键时期。因此，这个阶段的学习和生活会对个人产生不可估量的影响。

(5) 学校学习效率形成的个人判断

经过多年的学校学习，学生对学习效率及学校和社会中的学习活动有不同的看法，尤其对大学毕业后的学习形成了各种观点。因此，从事终身学习的研究，对个人大学毕业后学习态度的调查和分析是必要的。许多人从大学毕业后就放弃了学习机会，对学习失去了兴趣，认为学校的学习内容已经过时，或者在大学学习了很长时间后，感到与社会脱节。

第一，师生关系影响个体的学校教育和生活的支持性叙述内容。

这项研究中的大多数受访者都是从学校生活经历开始谈起的，这些经历中最重要的因素是自己的老师和同学，它们构成了受访者易、陈和若的主要叙述结构。

(1) 易："上了初中之后，突然间，我感到放松，我觉得老师不怎么严格，小学那么严，初中的学生反而越来越顽皮……初中的班级更加混乱，老师也不管。"

上初中后，受访者易的第一感觉是老师的管理方式发生了变化，在学习环境中，他比老师更关注班级的风气。他发现"顽皮"学生的数量比小学多得多，班级管理显得"更加混乱"。

(2) 易："我初中三年级有一位新的班主任，给我留下很深的印象……直到现在，我仍然记得他是个秃头。"

本部分和之后一部分的叙述都是关于他这个新班主任的。多年后还可以回忆起他鲜明的外形特征，这意味着老师给受访者易留下了很深的印象。对于这个老师的形象的记忆也使得易对于这个老师的印象深刻。

在校期间，受访者陈与同学和老师之间也有许多共同的回忆，这些对他在校期间的思想和表现产生了很大的影响。

（3）陈："在过去的四年里，我一直和朋友一起度过，这在我的学习生涯里是难得的，之前在中学和小学的时候，我很少能和同学出去玩两个小时以上，但进入了大学就自由了，像天堂一样，想怎么玩就怎么玩。"

受访者使用这种明显的对比来说明他来到大学后的心境变化，他更希望享受与同伴共度的闲暇时光，而不想受到父母和学校的限制。他的家人也对他产生了很大的影响，因为从之前的叙述中，可以发现其父母严格控制他业余时间的活动，他被迫留在家里，独自完成功课，而无法与同学共同度过课后时光。在这样的家庭教育下，他不敢考虑在业余时间与朋友自由玩耍。因此，他的青年时期是没有很多空闲时间的，他用"天堂"一词来形容他的大学生活，这意味着他很享受此阶段的生活方式，并在长期的家庭控制后终于感受到了自由。

由于他在中小学的经历几乎与其他人相似，因此他对这些经历的感受与其他人没有太大差异。他在大学里经历了很多，从他的叙述中我们可以看到，这是他第一次在家庭之外的范围独立与他人进行密切的交往，并学习到许多其他的交流和生活技能。他认为大学就像一个小社会，由此看来，大学生活对他思想和认识的影响要远大于其他早期学校阶段，大学教育极大地影响了他的个人终身学习观。

受访者若当时上大一，讲述了她的大部分的学习生活，尤其是她对自己在高中和大学的经历的看法。在日常生活中，她经常与老师和同学保持联系。

（4）若："一件很烦人的事……班主任总是对我们的班级没有任何关注，她只是关心她在学校的工资……因此大多数学生都不想学习。我到现在还能记得她的名字。她不值得被称为'老师',因为她并没有真正管理班级。"

当前学校的老师不仅需要关心学生的成绩,在教学工作之外还有许多其他的工作要做。因此,对于教师而言,除了要保证教学任务顺利完成之外,还要考虑如何管理班级和对学生的人格可能产生的影响等。在此期间,教师的个人行为和对待教学的态度可能会影响学生的整体学习态度和兴趣。因此,在高中阶段不应忽视教师的作用,教师对于学生的态度甚至会对学生的终身学习产生深远的影响。

与上述受访者不同,受访者舒否认了老师或同学对他的学习思想和方法的影响。

(5) 舒:"我的同学对我没有什么影响,因为我们有不同的发展道路和不同的学习方式。起码现在我还没有感受到这种影响,但是在学校学习中,我们总是谈论自己喜欢的事情,并互相鼓励,目的是达到最高的学习水平,他们的话和做的事情可以激发我向更高的目标努力。"

起初,他否认了同班同学的影响,因为他们具有"不同的发展道路和不同的学习方式"。在本段的最后,他提到"可以激发我",这意味着他将同学视为竞争伙伴,这也是他在课堂上取得成功的一种动力。在他的叙述中,虽然他刻意提到没有发现同学和朋友的影响,但是实际上这种影响仍然存在。在他上学的那段时间里,他承认他们必须"互相鼓励",目的是"达到最高的学习水平",这意味着他与同学之间有着很好的友谊,但他也说自己所受到的影响有限。这意味着他和他的朋友们在学期间的接触不是很充分。在此期间,他的朋友和同学对他的主要影响只是激发、鼓励和协助他达到成绩的顶峰。因此,在他看来,同学间的关系更具有挑战性,也更为强调同学对于其学习动力的影响。

第二,参加学校活动对个人心态产生影响的支持性叙述内容。

在初中和高中担任班长的受访者易有许多组织学校活动的经验,这些活动和班级职务都对他的学习表现和思想产生了一定的影响。

(1) 易:"在大学时期,参加集体活动的感觉并不那么好,因为我在高中阶段参加的活动太多了。因此，当我进入大学时，我只是决定做一些自己喜欢做的事情。那时我开始学习功夫，我从小就喜欢功夫，从那时起就有了功夫梦，我小时候喜欢看成龙的电影。"

被访者使用"太多"来描述学校活动及他不想再参加任何学校活动的原因，这意味着他在是否愿意承担班干部任务方面拥有自己的自主性和选择权。他习惯于将时间花在"自己喜欢做的事情"上，如学习功夫等。他发现自己可以在大学感受到自由，因为他有权根据自己的习惯和爱好选择将时间花在感兴趣的地方，而不受外部因素的影响。

受访者陈描述了他大学期间与同学和朋友们的学习生活情况，这些也改变了他的学习思想和行为。

（2）陈："我在大学确实学到了一些有用的知识……我们大多数人只是花了很多时间结交朋友……学习怎么适应社会，而不仅仅是学习。"

他强调自己确实学到了"一些有用的知识"。他并没有提及自己的学习动机，他解释说，他花时间"结交朋友"，这应该被视为学习他所缺少的社交技能。他用"适应"来形容这种学习，所以周围的朋友也可能会学到与他相同的东西。这也是朋友及他的学习习惯和环境对他的一种影响。

大学生活教会了他如何适应社会并与他人沟通。这也反映出很多大学生的时间不是用在学习相关知识及提升自我专业素养上，而是花在与他人的社交上。他没有认识到学习的重要性，而只是专注于从校园这个小"社会"中学习社交技能。

至于受访者若，她可以清楚地记得参加的学校活动。

（3）若："我是我们学校乐队的核心成员……我对在乐器学习上花费的精力和时间感到很值得。"

这揭示了当今为何会有越来越多的学生从小就热衷于学习乐器。在乐器上表现出色能使他们在表演过程中获得成就感。因此，对于受访者若而言，她愿意花很多时间在学习弹奏乐器上。

（4）若："初中的学校生活很无聊……高中的生活节奏确实非常

快，而且比初中快得多。"

受访者若在进行初中和高中生活对比的时候，强调了时间的相对性，她对于不感兴趣的初中生活没有过多涉及，对于高中生活却用了"非常快"来形容，说明她非常适应高中的学校生活。从她的描述中也可以看出，她对于高中的学校生活很满意，尤其热衷于参加高中的学生活动等。因此，对于她而言，从学校的活动中能够获得更多的满足感和存在感。

第三，为了成绩提升而产生的学习压力的支持性叙述内容。

这种压力主要集中在初中和高中时期，在学生进入大学后，他们面临的学习成绩压力较小，因此该类别在许多受访者关于早期学习经历中出现得较频繁。

（1）易："我在初中升学期间就不怎么出去和社会上的朋友一起玩了，然后我也和女友分手了，因为我想全心全意地投入学习。不过我的高中入学考试成绩很差，被录取到我们市的一所普通高中，并且我也已经在其他城市申请了几所学校，但是都没有被录取。那时我的基础知识实际上很差，因为我所在的初中教学质量差，我又临时抱佛脚……短暂而又疲惫……也没有怎么学，准备得也不好，我只能在考试的时候回答一些简单的问题，难的都空着。所以，我的考试很不理想。"

他感觉自己成绩变差后对自己的心理影响较大，主要体现在他的老师和父亲对他的态度和反应上，之后他立即舍弃了"坏"习惯。从这个角度上看，他仍然需要来自教师和家人的指导和行为调节。

当他谈到自己对女友的感情时，体现出他不得不放弃这段感情关系时的无奈和无助，但他发现现阶段的学习比谈恋爱更为重要，这说明他对于自身的学习是有一定理性的思考和认识的。

尽管他付出了很大的努力，但他的高中入学考试成绩不理想，因而未能被理想的高中录取。原因在于他所在的初中的教学水平不高及他的基础知识不扎实。在叙述中，他用"短暂而又疲惫"来形容自己为考试进行的准备，这意味着他觉得没有花费很多的时间来准备考试。在此期间，他确实很努力，但他努力的动机仅仅是因为面临着重要的考试，他的动力来自

第六章 中德终身学习活动的动机和影响因素

外部的考试压力。

受访者陈介绍了他的同学准备大学考试的情况，这也是大多数高中生在高考阶段的主要学习动力。

(2) 陈："有些运气不太好的人参加了超过5次的（英语四六级）考试，直到毕业之前他们还没有拿到证……这些都会影响求职。"

在本段的叙述中，受访者陈通过讲述身边极端例子来描述考试的难度。受访者在前文中用了"运气"来描述自己通过考试的心情，同时提到这是影响考试成功的主要因素，而不是通过努力学习。因此，这可能会让学生误认为运气是影响能否通过考试的因素，使得一些学生不再努力学习以通过考试。叙述中还提到"找工作"，这意味着通过考试和学习的主要动机是为了获得更好的工作。

在娱乐上浪费太多时间的学生会对他们在大学的所作所为感到悔恨，因此一些受访者认为学习行为应贯穿整个大学生活，并且不应因社交活动或娱乐而被忽视。

受访者若讲述了她学习的外部压力，如她的父母及她将来继续深造的目标等。

(3) 若："我花了很多时间在课堂学习上，其实是为了分数……我真的很讨厌那样的课堂……真的很无聊，老师教的内容大多都是关于提高成绩的……我很小的时候，可能是五六岁，参加了乐器课。那个时候，我一般都是放学后学习演奏乐器，这都是因为我的父母想要把我培养成一个钢琴家或者小提琴家。"

从受访者若的叙述中可以发现，她认为学校把教学重点放在考试上，而不关注学生个体的兴趣和需要。因此，作为学生的她在课堂上的学习兴趣或乐趣未被挖掘或者激发出来。在这种情况下，她的学习效果可能不是很好。此外，弹奏乐器是她父母的坚持，而不是出于她自己的意愿。

在学习压力的来源方面，舒的情况与若的情况相似。

(4) 舒："全家人都希望看到我的成绩的提高，他们其实不怎么在乎其他的事情……我的母亲也很在乎我吃饭、生活啥的，但是还是最担心我的成绩。不过父母没怎么关心过我的学习感受或者思考什么的，有时我会感到学习的过程有点无聊，但他们更喜欢的是询问我的成绩和在学校的表现。"

受访者舒这段话描述了传统的家庭中父母对于子女在学校的成绩表现的重视，同时也反映了父母并未尝试与孩子就学校的学习感受进行更深入的交流。其原因之一是父母主要忙于工作，而没有时间去关注子女情绪的波动。他们认为，为孩子的成长而应尽的主要责任是使他们吃饱穿暖；另一个原因是越来越多的父母只是关心孩子在学校的成绩，因为他们相信只有最好的成绩才能帮助孩子们拥有光明的未来，包括赚更多的钱或拥有较高的社会地位。因此，这种情况下的父母与子女之间的沟通，是无法满足促进子女健康成长的需求的。

第四，大学和专业选择对高等教育阶段的重要性的支持性叙述内容。

易、陈、若和舒这四位被访者在叙述中都强调他们的学校生活对他们的学习产生了很大的影响，其中一些人现在即便毕业了还能继续感受到这种影响的存在。对于他们而言，大学生活在他们进入社会之前已经被视为一种半社会的生活经历。因此，这个时期的生活和成长可以极大地改变他们对学习乃至对未来的态度和看法。

（1）易："实际上，我觉得大学时代是我最有成就感的时代，因为除了学习之外，我还增强了身体素质，除了增强体质之外，我的学习还不错，起码分数并没有下降。"

受访者易在叙述这段话的时候很活泼很健谈。由于他的健康体质和良好的成绩表现，他将大学时代视为"最有成就感的时代"，在此阶段成功的标准非常简单并且容易得到满足。我们看到他对自己在大学的经历感到非常满意，"分数并没有下降"这句话表明他担心自己的分数会下降，这种对分数的执着可以看作他在高中时所面临的压力的影响在大学的延续。

（2）易："另外，如果我对某些东西感兴趣，我会去学习，要是没有更合适的事的话，我会去读博士，实际上，这也并不重要，也许当我找到合适的工作时，我就不会继续念书了。"

受访者易提到自己准备读博的前提是"没有更合适的事"去做，或没有"合适的工作"，这意味着他对攻读博士学位缺乏真正的兴趣。而他的学习动机则是他"对某些东西感兴趣"，他的兴趣可以直接影响甚至控制他的学习行为。他中间用到了"实际上""不重要"这些词语，这说明他并不是很在乎自己的学习。而从这段叙述中可以看到，目前他并不迫切需要开展学习活动。现阶段对他而言，最重要的事情是为未来的生计做好谋划。

受访者陈对自己在大学的经历叙述较多，也承认大学生活改变了他。

（3）陈："我的专业是数学教育……我不担心未来的工作……我和大多数同学都有相同的想法……在大学我们就是日复一日地玩，也没有什么忧虑的。"

受访者陈提到了他的专业，由此提到了"不担心未来的工作"，这种态度意味着他毕业后并不用为就业而发愁，因此在大学期间，他对自己的专业没有过多的压力。同时他也提到，"大多数同学都有相同的想法"，这意味着他周围的其他人也并不关心在大学的学习表现，没有考虑其他事情。如今，这也是一种较为典型的大学生活现象，尤其是当外部因素，如就业等都安排妥当之后，学生的学习任务就会松懈，大学生活也就会变得较为散漫。这种情况下，个人的学习动力不足。此外，学生周围的环境对于他们的发展非常重要，部分人的学习行为会因其他同学的行为表现而产生从众效应。

若和舒叙述了他们的大学生活感受。

（4）若："起初我并不是真的想在这所大学学习，因为我真的觉得那太一般了，令人失望……如果我可以在高中学习的时候更努力的话，我应该会考得更好。"

学校声誉被认为是评估大学的重要因素。因此，学生会将今后要进入的大学排名和声望作为衡量自身今后大学生活质量的一项标准，而并不太会考虑相关专业的情况。这使得大学之间的质量也越来越分化，对于学生的吸引力也变得更加多元。

(5) 若:"我所学的专业,就是化学,我听说在德国的发展其实很不错。而且,我听说欧洲的风景也蛮不错的。"

受访者若愿意在德国进修化学专业不是因为她真的了解到德国的学习条件或氛围,而是因为其他人描述了这个专业的发展情况及其对于风景的评价,因此她之所以会出国留学的学习因素主要是由于受到这些外部评价的影响。

(6) 舒:"我的学习非常、非常简单……学习对我们来说是非常循规蹈矩的,按照老师的要求就可以了,没什么选择的余地。"

受访者舒认为自己的学习经历是有条理的,自己无法改变,而只能根据规划好的事项来安排学习,无其他选择。这也意味着她对当前所在的学校教育形式有不满意之处,有一定的自我学习意识。

第五,对在学校学习的效率形成的个人判断的支持性叙述内容。

易、舒、陈和若在叙述结束时,都对他们在中学和大学的学习经历或过程进行了评论,表达了各自的看法。易和陈认为大学教育对他们是有一定实用价值的;而舒和若则认为,大学的学习和生活经验对他们在未来的就业市场上没有多大用处。他们的叙述细节如下。

(1) 易:"(每天在学校学习的人) 应该为社会做出贡献,为我们的社会做出贡献,这或多或少是一种回报社会吧,因为社会给每个人都有付出,所以每个人应该对社会做出一定的贡献。"

从受访者易所叙述的这一部分,我们可以看出他反对只在学校学习而不进入社会工作的行为,而强调学习的最终目的应该是"为社会做出贡献",这就是他所提到的"回报"原则。因此,他不是从个人的角度考虑学习的问题,而是从整个社会的角度来思考奉献和回报之间的关系。我们可以看到,他同时也不愿意让个人利益凌驾于社会的长期需求之上,所以他所认为的学习模式是强调在之后能够为社会做出一定的奉献。

(2) 陈:"我想学一些真正喜欢的东西,当我有空的时候会对这些感兴趣,但这只是一个梦想,因为我没有足够的空闲时间自由学习……作为教师我其实会对学生要求更加严格,要求我们班上学生每学期的成绩应该比其他班级更高，这样才能保证日常的教学效果，也能获得更高的教学评价，奖金也会更高。"

受访者陈想学习他喜欢的东西，但是实现他的"梦想"的最大困难是时间的短缺，因为他的时间全被工作占用了，包括去完成繁重的教学任务。因此，他学习的最大障碍来自工作。他只是梦想着学习喜欢的东西，但是现实则迫使他将时间全放到工作上，这就对他的学习形成了一个外部的压力，没有时间学习他所感兴趣的内容，而只能为了完成自身的工作投入大量的时间。

（3）若："我会的，我当然会学到一些对我的专业和工作有用的东西。如今，知识过时得很快……所以我应该永远保持学习……如果我的时间很少，我会花时间来充电和学习。"

受访者若承认"知识过时得很快"，这意味着她不想被社会所淘汰。正是这个社会因素，促使她"永远保持学习"的热情，不断去学一些"有用的东西"。她的学习目标主要是基于个人在社会中的发展，她认为这应该持续一生，但这种学习与兴趣、爱好的关联性较小。

（4）舒："这是知识经济时代，我认为，在早期，时间就是金钱，但是现在这种说法并不流行了，另一种说法已经传播很广了，那就是'信息就是生命'。"

受访者舒非常重视当今社会的信息，认为社交经验和活动比其他技能和能力要重要得多。因此，对她而言，知识的学习和信息的获取甚至比其他内容更为重要。在这种想法驱动下的学习其实也是为了满足社会的需求。

三、社会因素

1. 社会因素代表性传记案例及个人背景——以苏的经历为例

被访者苏于1957年出生于我国西部的一个大城市，她的父亲是一家工厂的普通工人，母亲则从事一些兼职工作和家务劳动。她有两个兄弟和两个姐妹，童年时期家庭经济状况不太好，家中的孩子并没有得到父母的太多关注。1961 年，受访者苏上了小学，成绩并不理想，时常会遭到父母和老师的批评，尽管如此，她还是能够在 1967—1973 年进入初中和高中学习，当时的教育政策规定学生无论在校成绩如何，都可以继续完成中学学习。

1973—1978 年，苏下乡参加劳动，没有接受正规教育。在农村完成工作和学习后，她回到了城市，被分配到一家工厂当纺织工人。

1979—2002 年，她在工厂工作，没有上过任何正规课程，也没有自学经历。通过工厂的日常工作和职业教育，她的工作技能一直在提高。这些年来，她的主要任务是家务劳动和在工厂工作，这花费了她大部分时间，由于她的出色表现，她多次被工厂评为先进工人。从那时起，由于丈夫一直出差，她不得不独自照顾孩子和完成家务。最初纺织厂具有较好的经济效益，后来纺织厂的效益和经营情况发生了变化，受访者的工资收入并没有大幅增长，2002 年她离开岗位，寻找另一份工作。2004 年，她在另一家服装工厂找到了一份工作，工作内容相同，但薪水仍然不高。她之所以能够获得这样的职位，是因为她在之前工厂有相应的工作经验和成绩。2012 年退休，现在她在家操持家务。

总体而言，高中毕业后，她没有任何正式或定期的学习经历，但在工厂积累了很多专业的工作经验。她的儿子在一家私企工作，她的丈夫将在两年后退休。她的兄弟姐妹，都是工厂或公司的员工。

2. 苏叙述的核心段落分析

（1）苏："当时社会上对学习没什么要求……我也没有任何学习需求……学生们经常在学校的组织下进行防空演习……也没时间学习。"

从描述中可以看出，受访者苏的学习主要是根据当时的情况进行的，即"没什么要求"，也无法保证学生安心学习，而主要是在学校的组织下进行相应的集体活动。

（2）苏："我被分配到农村，这是当时我们省很贫困的一个农业地区……在田间有农民耕种……我很快学会了怎么采摘和烤制烟叶，还有怎么种红薯，怎么耕种田地……学到了许多农业知识……那段时间给了我很多教育，我学会了在艰难的条件下怎么生活。所以，即使日子多么艰难，我也不会感到非常困难，我都可以忍受……这就是农村经验给我的最有价值的东西。"

受访者苏当时下乡到农村开展工作和学习，这意味着她在学校的文化知识学习过程被中断了。她在农村乡下学到的东西与农业有关，但是和学校的知识已经没有关系了。对她而言，在这样的情况下，她失去了在这个阶段上学的机会。

她用"教育"来描述她在那里的生活，这意味着她觉得自己从农村生活中学到了一些东西。这种学习的结果是，对其他挑战"不会感到非常困难"，而"都可以忍受"。因此，可以说她从农村务农经验中学到如何在社会上坚强地生活。她将自己在农村的生活评价为"最有价值"的。在此叙述部分中，她没有提到在农村学习文化的经历，但她从农村的经历中学到了很多改变她性格的东西。对她而言，这也是一种学习和接受教育的过程。

(3) 苏："在工厂里，我只是学会了怎么制作衣服……对衣服的了解很多……下班后有空闲时间，我总是在家读一些杂志或做一些家务活儿。我只想尽可能做好这份工作，向周围的人学习更多的东西……我们应该在生活中学习，无论做什么，都应该学习……学习我们不了解的东西。"

受访者苏进入社会并在工厂工作后所学到的知识全部集中在专业技能上。除了通过杂志可以了解到一些社会新闻之外，她并没有工作以外的学习机会。从她的叙述中可以发现她善于向他人学习，并喜欢与他人交流，这是一种社会学习过程。她无法再找到接受正规课程学习的机会，这也与在研究过程中大多数的受访者一样，他们对终身学习都有自身的理解，但这只是理论层面上的理解，很少有人能在日常生活中完全践行他们所谈到的终身学习。

(4) 苏："至于我们，我们在终身学习方面做得不好，所以我为自己浪费的日子感到遗憾。那时候我也没办法了……我只是想抓住现在的机会学习更多知识，弥补我学习上的不足……作为女性，应该为家庭做家务，负担起抚养孩子的大部分事情……我们受过的家庭教育最基本的要求就是不要做非法或不道德的事情……以后我觉得我会加强学习，我想阅读更多的书，并希望从电视中了解更多新闻。有空的时候，我想和身边的朋友多讨论一些知识方面的问题。"

对于以前自己浪费了的时光，她感到非常遗憾。同时她了解现在学习的意义和重要性，并希望不错过今后的学习机会。她还认为现在学习知识为时已晚，因为从客观和主观条件来看，她都不适合再进行正规化的学习。

关于她的家庭责任，由她的叙述可知，她深受社会习俗的影响。她认为自己负责家务劳动和"抚养孩子"是理所应当的，而她却没有提及丈夫对家庭的责任。因此，从这个叙述中，我们可以看出受访者认为家庭中母亲角色对于子女抚养的责任更加重大。她同时也提到从童年开始就接受了家庭教育，强调"不要做非法或不道德的事情"，这表明她的家庭教育中的核心标准和准则在于遵守社会规则。她获取知识的主要来源是书籍和电视，她也非常重视与朋友的联系，但没有提及任何她想参加的正规形式的课程学习。

3. 概要

首先，受访者从童年时期和幼儿园的学习开始讲起，这意味着早期学习经历对她的影响很深。她没有过多提及自己在小学的表现，并将分数描述为"一般"。这表明她不太在乎自己的学习表现或对年少时的学习情况记忆不深。

其次，她描述了自己的学习情况和经历，从中我们可以发现她受到当时社会的影响很大。

她强调自己在农村的生活条件和经历，这些生活经历改变了她的性格。她承认自己已经学会了如何在恶劣的环境中生活。这也是一种来自真实生活环境的终身学习。在这段时间里，除了学习到的农业知识外，她没有学到太多科学知识。因此，她这一代人都面临着同样的问题，因为他们中很多人在这段时间都缺乏在学校接受正规教育的机会。

再次，受访者谈论自己的工作和家庭，家庭和工作影响了她的日常生活，并耗尽了她的闲暇时间，而这些闲暇时间本可以用于学习一些她感兴趣的内容。受访者还提到她从工厂工作中学到了很多专业知识，但是她在工厂获得的知识不足。因此，我们可以说在此期间受访者的学习是不完整且分散的。受访者在她的日常工作中逐渐领悟到一些东西，这也是她与同事在工作环境中的一种"情景学习"，即"可以通过现场的技能练习来获取与工作相关的技能……这些知识是员工在熟练执行工作任务过程中所必备的，而这些学习主要发生在完成相同工作任务的同伴之间"[1]。

最后，受访者意识到当今知识的重要性，因此表达了学习的愿望，这也是对学习在社会生活中的功能的一种反思。她还为自己浪费了学习的时间而感到遗憾。在她的叙述中，她只使用了简单的词，这表明她在学校中所受到的正规教育有限，没有达到很高的文化水平。但是，在社会工作了这么多年之后，现实激发了她的个人学习动机。

4. 核心类别

(1) 社会规则和氛围对个人学习机会的影响

社会规则对每一代人的生活的影响都很大，尤其是教育领域。所有的政策在微观层面都可能会影响个人的学习动机。除了教育政策，其他规则、法律和政策也能发挥作用，如经济政策、就业政策等。

(2) 个人的社会实践经历对自身学习动机的激发

在我国，不同地区之间的社会条件差异是比较明显的，并且每个个体的学习过程和日常生活都受到其所具有的物质条件的影响，包括教育资源、经济条件、社会教育程度，这些可以看作影响每一个人学习和教育的外部因素。个人的社会生活阅历也能激发个人去重新思考学习的重要性。

(3) 自身工作情况对学习的影响

从学校毕业后，个人就会进入社会，找一份工作谋生，而工作会占用人的大部分时间，对终身学习的研究应重点放在工作对终身学习的影响上。工作中的学习活动有两种方式：一种是在工作时间学习；另一种是下

---

[1] HALVERSON A C. Rethinking education in the age of technology[M]. New York:Teachers College Press, 2009:74.

班后学习。对于大多数中国人来说，工作时间学习始终是为了提高工作技能和专业知识；下班后则较少有人还能够在没有特定目标的情况下钻研更多科学知识。工作时间的学习总是发生在三五成群的同事之间，这种非正规化的讨论和学习内容包括专业知识及所有其他生活内容，如新闻、社会信息和家居生活等。

(4) 个体学习中的反思

在访谈结束时，受访者总是会就学习在社会生活中的作用及学习的意义和未来的学习计划提出自己的看法。课余时间激发学习的主要因素来自工作压力、晋升机会或生活水平提高的需要。

第一，社会规则和氛围对个人学习机会的影响的支持性叙述内容。

根据苏的叙述，可以看到当时的社会活动已经很大程度上影响了一代人的学习活动，这在龚和魏的叙述中得以体现。

(1) 龚："回想起当年的社会变化，我觉得没有浪费时间，而把大多的时间都放在了看书上，我看所有能找到的书，幸好当时还有很多书在手边。"

受访者龚认为虽然当时社会环境对他的学习机会产生了影响，但是他坚持通过看书来充实自己。然而，大多数人在当时由于社会的影响和个人的认识，没有充分把握自己的学习时间，并在之后为失去宝贵的学习机会和时间而感到遗憾。

(2) 魏："我没有进入大学的机会，因为当时所有想入大学的学生应该由当地政府或部门的组织推荐……但是我当时没有这个机会，因此没有获得推荐，所以我回了家。"

我们可以看到，受访者魏在当时的学习经历比较曲折。他对学习的坚定信念是基于自身的乐趣和阅读习惯。

每一代人都会受到当时社会环境或教育法规的影响，从而影响其受教育机会。这也能从芮和简的叙述中得到体现。

(3) 芮："长期工作后，社会地位可能会改变，学习的成果也会消失，所以从长期看，学习的经验对自己的工作和生活有点重要，对刚开始工作或者晋升的时候是有帮助的，但是长期也没啥用了。"

受访者芮认为学习效果是暂时的，而不是持久的。因此，在她看来，学习只是为了获得工作或晋升。

（4）简："毕业后，我发现自己对社会所知甚少，与社会脱节了很长一段时间，所以我需要抓紧接触社会，赶上很早毕业就已经进入社会的其他人。"

受访者简发现学校教学对于社会生活不是很有用，在学校学到的知识与现实脱节。这也说明大多数毕业生在毕业后很长一段时间都无法适应社会生活，对学校和社会之间的连接提出了自我的要求。

第二，通过自身的社会经历来助推学习动机的支持性叙述内容。

受访者龚在接受教育期间，尽管社会条件困难，但他仍然坚持与同伴一起学习，一起成立学习小组。

（1）龚："我相信大学生对社会的了解不比我们（没上过大学的）更全面……我们首先读了一所'社会大学'……然后我们进入了正规大学。正是由于这种社会上的经历，我才成为现在这样（富有经验）的人。"

不同的时代背景下，各代群体对自己的生活有不同的理解。龚先生在经历了许多社会变革后，可以更加清晰和深刻地了解社会。他首先从社会和他的周遭环境中学习，然后获得了正常的教育经验。因此，他比其他人能够学到更多。也就是说，一个人不仅应该学习课堂上或书本上的知识，而且应该从现实社会中学习社会知识。

至于出生在农村的被访者魏先生，他强调由于家庭和社会经济状况，他的学习更加困难。此外，他将自己的经验与当前的年轻人进行了比较，以表示他对自己一生中学习机会的满足。

（2）魏："我出生在农村……我们家没有多少钱……所以我们家没有太多的钱供孩子上学。"

受访者魏从家庭背景开始叙述，以表明家庭生活给他留下了深刻的印象。"农村""没有多少钱"表明他的家庭背景不利于他的学习，他没有考虑学习或其他文化活动。"没有多少钱"则意味着他没有什么机会上学。他的家庭背景表明，由于家庭负担不起学费，他并没有学校学习的基础。

受访者芮谈论了她的学习过程如何受到社会因素的影响，还转述了她的同学和其他朋友对就业市场和工作机会的看法。

> （3）芮："社会上的年轻人总是觉得，他们获得的工作机会不是很公平……子女可能会受到父母的影响，在父母的单位继续工作，但是我的工作机会不是靠父母得来的，主要是靠我自己争取的。"

许多年轻人认为，他们毕业后无法找到稳定而舒适的工作有一部分原因在于社会不能提供足够的就业机会。根据受访者的叙述，她获取工作主要靠自己的能力，而不是靠父母的荫庇。然而，由于就业市场的竞争激烈，在学校通过学习以促进职业晋升的意愿会有所降低，而通过其他社会化的方法获得更好工作的意愿在年轻人中会变得更加普遍。

受访者简从刚出生起就具有良好的家庭教育和经济背景。因此，从他的叙述中可知，他认为自己会比别人的生活环境更优越，也更幸运，同时社会影响也是他学习过程中最明显的因素。

> （4）简："那时，我班上的所有同学都不在乎考大学的事情……我们所在的城市的学生，可以花更少的精力，进入一所更优秀的大学。那时我的大多数同学都有一两个课外的业余爱好，我们都花了很多时间在自己的兴趣爱好上。"

受访者简周围的所有朋友都有类似的想法。他的社会环境决定了他不必在学习上过多费心，而是跟其他人一样追求自身的业余爱好。由于他们不关心考试，因此在课程学习上没有动力。他们对于学习的理念是，接受更好的教育会帮助他们获得一所优秀大学的录取资格。

第三，自身工作情况对学习的影响的支持性叙述内容。

受访者芮和简提到了自己的工作经验及其工作与学习动机之间的关系。

(1) 芮:"我一直觉得,我没有时间去做其他事情,甚至没有时间学习和思考,因为我不得不经常去另一个城市出差,参加工作上的不同的项目……直到现在我都在做不想做的工作。"

受访者芮感觉到自己的时间很重要,并且觉得自己的时间不够用,她认为重要的事情是要学习更多的知识。由于选择了与她的专业不相关的工作,因此她对于自己的工作不够满意。持有这种想法的人不止她一个。

(2) 芮:"第一份工作会在人的一生工作经历中影响他们的情绪和主动性。所以,我也同意,第一份工作对一个人的整个工作生涯非常重要。"

受访者芮认为一个人可以从第一份工作中学到很多东西,这可以决定之后的工作选择。

(3) 简:"我觉得我的生活很充实……我非常努力地学习,因为我非常珍惜经过这么多年的工作后再次成为一名学生的机会……我申请学位时的毕业论文被认为是优秀的,所以我感到非常自豪。"

受访者简用"充实"一词来形容当今的生活,也许他对自己的社交生活感到不满意,所以他渴望在大学里读书的时光,并有机会再次在大学学习。从叙述中可知他确实非常重视自己的学习感受,并且对学习的重视程度远高于几年前,这意味着他确实理解了学习在生活中的重要性。

第四,个体对学习功能的反思的支持性叙述内容。

在受访者魏的整个学习过程和经验中,他明确了学习在生活中的意义、重要性和功能。作为一名青年教师,他对当今时代的学习功能也有反思和感悟。

(1) 魏:"当时我的一位同学不想上高中,因为他和家人都认为学习对他的生活没有用……比起高中读书,他家人更希望他能在家帮父母种地。"

很多学生辍学,选择在田间或工厂从事体力劳动来赚钱,这种思想源自于家庭条件的制约。

受访者芮谈到了自己对学习的看法及学习对她的日常工作和生活的重要性。根据她的工作经验，她对同学包括她自己在学校学习的表现感到"遗憾"。

(2) 芮："他们感到非常遗憾，因为他们没有在学校读书，所以没有学习好，也就不会找到更好的工作。但是，对以前的学习感到遗憾也晚了，这也是没有用的。"

包括受访者芮在内的许多学生起初认为，专业的选择最终取决于工作的需要，而不取决于爱好或兴趣，因此在学校更愿意学习更加实用的知识内容。这也是为什么越来越多的学生更偏爱工科专业，因为他们认为这些科目的毕业生能够比文科或者其他科目提供更多的就业机会和更好的工作条件，但是对于学习而言，还是需要根据自身的需求和兴趣来慎重选择。

(3) 芮："那些比别人学得更好的人，会有一个更好的起点……我的学习经验不是太多，只是对我进入就业市场的起点有用。"

在受访者芮眼中学习的作用是帮助获得工作经验和促进工作晋升。这意味着她在学习目标方面也非常功利，学习被看作一种毕业后用来工作和赚钱的工具。

受访者龚和简则对终身学习持相反的意见，尽管都是从学习功能和对社会的贡献进行叙述的，但是他们对未来的学习计划和期望却产生了如下不同的看法。

(4) 龚："终身学习是教育研究领域的一个新概念……对我来说，我将终生学习！所以，我只是将终身学习视为自己的准则……我也会教我的子孙养成从小就努力学习的好习惯。"

受访者龚对终身学习概念的理论概括并不是很全面，而只是通过自己的理解进行了一定的阐释。这意味着他对此概念没有太多的专业知识。他所总结的关于终身学习的观点主要是基于自身的感受。他的特殊家庭情况和工作背景使他成为终身学习者。与此同时，他认为终身学习是应该秉持一生的理念，因此他还将教育自己的后代终身学习，这说明他从终身学习中获得了相应的感悟，并认识到终身学习的重要性。

(5) 简："追求金钱、社会地位和日常生活中的其他物质……几天前我刚刚读过一篇文章，说我们这一代人已经失去了自我。"

受访者简谈到"金钱、社会地位"和"物质"，甚至将这一代人描述为"失去了自我"，这表明他很清楚自己的处境和过分追求物质生活的结果。在谈论这一代人的学习态度时，也同时需要考虑社会环境及周边人群对于学习态度的影响，同时需要对于精神、物质等层面的相互关系进行一定的辩证分析和理解。

四、个体因素

1. 个体因素代表性传记案例及个人背景——以辛的经历为例

受访者辛，1972年出生于我国南部一个中等城市。1978年，她入读小学，1984年进入初中。她在学校的表现一般，在数学和其他自然科学学科上的分数不理想，但她的文科科目，尤其是语文在班上相当出色。在1987—1990年的高中学习期间，她开始撰写文章并发表在报端。她在18岁就已经成功发表了文章，而对于同龄人来说，取得这样的成就是非常难得的。1990年，她的母亲去世，她在父亲的抚养下生活。

从她的童年开始，她的家庭经济状况就不太好，甚至比其他同学的家庭条件稍差，她的父母都是普通工人，工资不高。1990年她参加了高考，但表现不佳，成绩还不足以入读重点大学。1991—1995年，她在一所普通的二本高校里学习国际贸易。在大学期间，她的专业成绩也是一般，并且很少与朋友或同学一起参加学校活动。1995年，她从大学毕业，并开始找工作，而在找工作时她遇到很多困难，以至于毕业后的第一年没有找到工作。从第二年开始，她开始进入一家小公司工作，但此后经常换工作。1996—2002年，她连续6次换工作，但仍然找不到自己喜欢的岗位。2002年，她开始在另一个较大城市的经济合作公司担任办公室经理，而这个工作要求她经常出差，而她也非常喜欢通过出差感受不同国家和地区的风貌，因此她对现在的工作产生了浓厚的兴趣。在业余时间里，她喜欢看电视和看小说，没有参加任何补习班或学校的正规化学习。她下班后时常和她的朋友和同事聚餐，从1996年开始，她开始独自在异乡生活。

2. 辛叙述的核心段落分析

(1) 辛:"从小时候起,我就梦想着要尽我最大的努力提高家人的生活水平……当时我的目标是成为一个有钱人,甚至是世界上最富有的人……要为我的父母买最好的东西。"

从小时候起,她就梦想着"努力提高家人的生活水平",这意味着她受家庭状况和社会因素的影响很大。"尽我最大的努力"表明了她对于经济方面改善的决心,因此此时她的所有活动,包括学习和其他社交行为也都受到她的梦想的影响。此外,在表述中的一些词语表达和情绪的迸发表明她是一个感性的人。

一些人对于挣钱与她有着同样的想法,即通过挣尽可能多的钱来报答父母。因此,这个想法也会经常影响个体的学习行为。在这段叙述中,"有钱人"一词被提及,这表明她渴望拥有更多的钱来改善家庭条件。成为"世界上最富有的人"的目标只是她小时候的梦想,但这反映了她从童年时代就希望变得富有。"买最好的东西"表明她想通过向父母提供家人所缺乏的物质生活来孝顺父母。因此,在这个时期,物质方面的追求是她的主要目标。

(2) 辛:"我记得那个时候,我的语文成绩分数表现最好……我为自己撰写和发表的文章感到非常自豪,我想要成为一名文学青年,所以我申请了文科专业……在大学里,我真的无所事事,生活很无聊,我经常不想上课,平时喜欢待在图书馆看书,我喜欢看自己想看的书。"

受访者辛在文学方面很有才华,并为自己的语文成绩和发表的文章感到骄傲。因此,她将自己的兴趣建立在这些文学方面的内容上,并怀有极大的热情,甚至今后她选择的专业可能都会与此相关,这也是她在学习中享受到的直接结果。当她无法进入理想的专业学习时,她觉得"无所事事",并因此失去学习的热情,而以"不想上课"的方式度过大学生涯。但是,她培养了在图书馆读书的习惯。

(3) 辛:"这个工作给了我频繁出差的机会。我曾去过好几个国家,可能有七八个国家……我感到自己很忙,但对自己的工作感到满意。我的朋友现在很羡慕我的工作,这让我感到很高兴,也很满意。"

受访者辛将自己的工作描述为"忙""高兴""满意",并受到朋友的羡慕。因此,从她的叙述中可以发现她非常喜欢工作。她之所以对这份工作感兴趣,是因为她能够前往多个国家出差和旅行,这意味着她非常喜欢旅行。另外,她对朋友们对她的工作的反应进行了反思,这表明她非常关注周围人的意见,所以她受到朋友和社会因素的影响。

虽然这不是她理想的工作,但是这份工作使她有机会去世界各地旅行。通过旅行,她学到了很多东西,因此她不会觉得工作很无聊。这意味着对她而言,每项工作都有其优点和缺点,并且总会有一些可以从工作中学到的东西。

(4) 辛:"我一点都不喜欢学习,但是我很喜欢语文,我在班上的语文成绩总是最好的……我写的文章最后真的被发表了,那是我最自豪和高兴的时刻……我喜欢看小说和文章……我的母亲就非常喜欢看电视剧和文章,所以我从小就喜欢和她一起看电视……我对大多数那个时代的电影和电视剧都很了解。"

从以上叙述中可以明显看出,她喜欢阅读和写作文章,因此学习这些科目会变得更加便利和有效,而她也不会对此类学习感到无聊。对她来说,最令人鼓舞的是她的文章已经发表,从中我们还可以发现她有写文章的才能。她的母亲喜欢看电视和文章的爱好直接影响了她,通过这种行为,我们看到她比较喜欢在家的个人活动,而不是喜欢进行户外的社交活动。

(5) 辛:"因为我觉得自己的生活足够平静,所以我不想做任何改变。也没有要学习更多……我的老板没有要求我们提高知识或者进一步学习……我不担心自己的工作,也不希望继续学习。这对我来说并不必要。"

受访者辛对公司晋升的意愿并不强烈,同时她的工作要求也不会发生大的改变,因此她认为自己不需要学习太多。在这一时期,她的工作环境使她在日常生活中没有过多考虑过学习行为。

她在这里提到,她"不希望继续学习",因为她"不担心自己的工作"。她认为,继续学习的主要动力应该是找到或维持工作职位。她用来形容学习的短语是"不必要",这意味着她不想在日常生活中进行任何不必要的学习活动。

当工作稳定后,她已经不再关心工作的具体需要,结果就是无视学习行为,因为她觉得学习于工作无用。

3. 概要

受访者辛一开始就介绍她的家庭背景,她决定"提高家人的生活水平"和"成为一个有钱人",所以她的最大的梦想是追求更好的生活。在她幼年时期,诸如家庭的物质条件和经济问题等外部因素对她的观点和思想产生了很大的影响。

根据叙述的第二部分,我们可以发现她提到了她中学和大学时的性格。由于她在上学期间非常内向,因此养成了在业余时间阅读和写文章的习惯。通过这项兴趣,她可以获得幸福和满足感,而她对于学业和课堂学习内容的兴趣和态度却并非如此,因此她的个性在学习过程中发挥了重要作用。由此使得她的性格也变了,变得外向和乐观,这影响了她在学习行为方面的表现和成就。

此后,她根据当前的社会和生活状况描述了自己的担忧,如对找工作的担心、对自己家庭的经济状况及结婚方面的压力等。从这些方面,我们可以发现她在日常生活中有很多压力,这些压力将迫使她重新思考自己的生活方式。其中部分压力将激发她的学习动机,尽管这些担忧根源来自社会外部因素,但每个人的内在思维、感受和观点都有其独特性,因此有必要对这些外部因素所形成的内在思想和感受进行研究,以了解它们如何影响个人的学习行为。

她的爱好之一是和母亲一起看电视,但看电视等其他的生活嗜好也极大地影响她的学习动机和活动,由此消耗她的业余时间。她也表示其他的部分爱好,如阅读和写作会促进她的学习活动,但有些爱好,如长时间看电视则可能会阻碍她的正规学习过程或减少学习的机会。

在叙述的结尾,受访者谈论了她对未来的想法和计划。根据她对工作的描述，我们可以发现她并不过分担心工作的前景，因为她感觉自己的工作稳定并且职位变动性不大。换句话说，她现在的工作没有太大压力，因此她不必担心由于工作而带来的自我提升要求。例如，在业余时间学习，只需要考虑满足自己的愿望和爱好等，而她似乎也没有一个明确的未来计划。

4. 核心类别

(1) 对于家庭和社会背景的个人感受

从幼儿开始，孩子们对他们的处境总是有特定的理解或感受，如家庭经济状况、社会状况、父母处理问题的能力、同龄人与自身之间的差距及他们在社会中的受欢迎程度等。尽管这些观点和感受大多基于外部因素，如家庭、社会或学校，但也在一定程度上影响了个人的内在思想。在所有受访者中，儿童期最关键的因素来自家庭经济状况，许多受访者在童年时期过着普通或较为贫困的生活。因此，这些受访者从童年时期开始，就思考着如何改善物质条件。所有这些思想和观点都会影响个人的学习态度、目标、方法和过程。

(2) 个人的品格和个性对学习的作用

个人的品格和个性在个人的学习和生活中起着重要作用。例如，性格外向型和内向型的人在学习目标和风格上会有很大不同，他们的学习成绩和表现也可能完全不同。因此，有必要研究这种特性的形成原因和过程，包括其所受到的日常生活或物质条件的影响，之后再通过评估外部条件和因素来分析性格的发展。性格的变化同时会影响个人的日常生活和工作、学习情绪和动力，进而影响个人对终身学习的看法。

(3) 对生活状况和现实压力的担忧

从生活压力和条件来看，受访者或多或少会担心自己的生活和经济状况。这些担忧将影响他们未来和工作期间的学习目标。有些受访者提出学习的目标仅仅是在工作中获得晋升或赚取更多钱，这种想法与他们对于经济和未来的担忧有关。这一方面可能会激发普通人通过学习来提升自身能力；另一方面由于家庭和社会的直接压力及负担，人们不能够花费长时间学习自己感兴趣的内容。换句话说，当个人承受太多压力时，他们就会失去学习的动力和兴趣。因此，我们必须了解受访者在日常生活中是否承受着可接受的压力。

(4) 个人的爱好及其形成过程

个人的爱好会影响其日常习惯和生活方式。有了良好的喜好，个人可以养成符合社会规范的好习惯，如受访者辛已经养成了阅读和写作的习惯，以使自己摆脱压力。良好的习惯或爱好会直接或间接地促进学习行为、动机和热情，研究中也有必要从外部因素来探讨形成这种爱好的原因，了解激发个人良好习惯的环境。

(5) 未来的学习想法和计划

在每个叙述的结尾，总是有一部分受访者会谈论自己对未来的感受和想法，如人生计划、工作前景、家庭状况和继续学习的愿望等。这些观点和意见会根据周围情况而变化。换句话说，学习的思想和计划在人的整个一生中并不是一成不变的，因此有必要探讨某些观点形成的原因，并总结影响未来计划的主要因素。

第一，对于家庭和社会背景的个人感受的支持性叙述内容。

受访者博、常和施拥有大量的社交经验和对家庭生活的感悟，他们都对学习目标、方法、条件和重要性有着自身的看法。

> (1) 博："当一个人没有知识，那是非常可怕的……他无法在社会上迈出任何一步……一个人没有文化，生活肯定非常艰难。"

受访者博从社会的有用性角度解释了学习的重要性，他的叙述与其他受访者不同，因为大多数受访者都是从自己的生活或学习经历开始谈起的，而他在开头谈到的就是自己对生活中所汲取的教训的总结。他对学习或文化的影响印象深刻，因为他在叙述中反复提到了这一点。他没有提供许多具体细节或事例，因此这也可以看作他对自己一生经历的概括。

> (2) 博："我确实学得很努力，但我没有任何学习的目标，只是觉得学是为了作为生活的日常而学……成绩不是很好，是班上的中等生。"

根据受访者的描述，我们可以看出他在童年时期虽然学习努力，但是成绩不高，他的努力程度与他的成绩表现形成了鲜明的对比。他还强调"没有任何学习的目标"，表示了学习在他早年间不太重要的定位。

(3)常:"我的父母根本无法帮助我学习,但他们会尽全力为家庭赚更多的钱……当我长大后,我会自己努力多挣钱,然后让父母年老的时候过上更好的生活。"

这一段叙述是关于他的家人对他的影响的陈述。"尽全力"一词表明他可以感受到父母为他的未来所做的努力,这导致他的目标是"让父母年老的时候过上更好的生活",以回报他们。对于许多传统家庭而言,这种想法是一个共同的理想,即通过自身的努力来回报父母的付出,这也是大多数个体在社会上学习和工作的动力。反观一些在知识方面有所欠缺的父母,他们中的大多数人无法在学业上帮助子女,因此他们认为自己唯一能做的就是给孩子提供尽可能优渥的生活条件。

(4)施:"我意识到自己应该努力学习,在社会上获得更多的成功……在班上获得比其他同学更好的成绩。"

在校学习期间,他学习的动机是努力学习并取得比同学更好的成绩,他清楚地将自己与同学进行了比较,而这也是他个人学习行为的主要动因。

(5)施:"我更加努力,从早到晚都背诵跟考试有关的内容……大学老师没有太多时间来给我们做指导,我感到挺失望的,他们只是告诉我们一些宽泛的学习内容,每周见我们一两次,上两节课,仅此而已……我意识到作为一名研究生,我自己应该努力学习,靠别人肯定学不好。"

目前受访者正修读硕士课程,由于他有坚定的信念并专注于学习,因此在这一时期,他在学习上拥有更多自主权。研究生阶段教师不会在课堂上进行大量的教学,而是让学生在课后多领悟和多思考。在此过程中,受访者作为硕士生逐渐学会了如何进行独立研究。

第二,个人的品格和个性对学习的作用的支持性叙述内容。

从常和施在叙述中让我们看到了他们的性格。另外,从叙述的各个方面,我们可以看到他们的性格在逐渐发生变化,这些变化在很大程度上受到社会和学校因素的影响。

（1）常："我必须遵循社会的规矩和传统……我一生都会按照社会的风俗来做事……社会的习惯、大家的做事方式，这些对我的影响很大。"

受访者使用"必须"来表示他会遵守社会习俗。在学习和工作期间，社会始终在个人生活中发挥重要作用，宏观性的相关政策法规、社会习俗等都是影响个人学习的外在因素。

（2）施："这种阅读经历也激发了我写文章的欲望……我对现实生活没有太多的经验。我试着写一篇关于我的人生经历的小文章……让我惊讶的是，它竟然被报社接收并且发表了。从那时起，我开始为报纸和杂志写更多的文章。"

受访者施的阅读经历促进了他的写作爱好，这也是他终身学习的一种形式。他的写作需要从现实生活中汲取灵感，从日常生活中收集相应的素材。发表文章的成功激发了他写作的欲望，这表明他的学习活动需要外界的一些鼓励。

（3）施："我认为我的经历是一种实践……当我没有办法写出好的翻译作品的时候，我觉得那就是我翻译梦的终结……我白天在大学里自学，晚上在学校上课。"

当受访者施发现自己无法写出出色的翻译作品时，他立即放弃了这个梦想。这表明他对自己的潜能和天赋有一定的了解。根据他的学习安排，可以看出他一直希望自己能够抓紧时间学习，而学习的乐趣促使他坚持学习。

（4）岳："在大学里，我感到很开心，能够自由地做自己喜欢的事情……我能帮助他们和教他们感到非常高兴和满意……我只是认为这是一种学习的经历，学习如何帮助其他人以及如何在课堂上教书，学习如何对身边的人更友好，我觉得真的成长了。"

受访者大学期间找到了有意义的兼职工作，这也是他增强学习动机的基础。根据他在组织中担任志愿者的经历，他学会了沟通技巧，这是他愿意表现出来的一种自发的终身学习行为。

第三，对生活状况和现实压力的担忧的支持性叙述内容。

属于该类别的受访者的叙述都表明了他们担心自身的生活水平、工作职位、薪水和晋升机会等。所有这些因素都是基于当前的社会和生活状况，表明他们在这种社会环境下有必要通过学习来更好地稳固甚至改善自身的工作和生活状态。

(1) 岳："我不是很聪明，或者也许我对大学学习的科目不感兴趣，所以我无法在每门考试中都取得最好的成绩……我真的感到对学习很失望，有时候会选择逃课。"

当大学学习的结果不理想时，受访者岳的自身思想问题由此出现，因为他不知道该如何应对所面临的问题。他失望的主要原因是学习表现不佳，他也没有应对的方法。他的父母和老师敦促他要努力学习，并取得好成绩。他对于学习的失望和失落，使他无法继续专注在学业上。因此，他的逃课行为不足为奇。

(2) 岳："我在上学期间学会了吸烟……直到现在我还有这种习惯……有时我会想，如果那时我对自己成绩不感到失望，我就不会有这种不良习惯。"

渴望提高学习效率是受访者当时的主要考量，考虑到父母和老师对在校成绩的关注，所以受访者压力巨大。从受访者的经历可以看出，如果在学生时代对于学习的内容或者评价体系有抵触或者反抗，那么以后对终身学习的态度也会变得消极。

(3) 施："我必须在工作中学习越来越多的知识……我意识到，这些知识只是在纸上，对实践没有用。我必须实现现实中的愿望，并切实地做点事情。这对学生来说是真实有用的。"

他用"必须"来描述他的学习动机，这表明他的学习有一定的别无选择感。学习是"工作"所需要的，因此动机来自工作和社会的因素。他对知识的理解只是"在纸上，对实践没有用"。这意味着他学习的最终目的是出于实际目的，说明他对学习有务实的态度。毕业后学习行为的动机全来源于他的工作和物质方面的追求。经过多年的社会学习和工作,他成为一名实用主义者。他认为在学校学习的知识在现实中不实用。

第四,个人的爱好及其形成过程的支持性叙述内容。

从常和施的叙述中,我们可以发现他们业余时间的爱好是读书或学习有趣的内容。然而,社会和经济的压力,使得他们在一定程度上放弃或者停止了对自己的兴趣和爱好的培养及延续,因此可以推断出他们的兴趣爱好的形成和发展是出于自身对学习和掌握这些知识的渴望。

(1) 常:"在公司工作,我真的没有时间兼顾兴趣爱好了……我怎么有空去管业余爱好呢?没时间,我就不去想这件事了。"

受访者在这里用一个反问句来表达他对自己爱好的无暇兼顾。他用"真的"一词来强调自己的语气,以说服自己,并表明自己无暇分身的无奈。当他不得不放弃自己的爱好时,他用"不去想"一词来表达自己的失望。

尽管他仍然梦想着发展自己的爱好或展现自己的才能,但由于工作,他没有空闲时间来发展自己的爱好。同样,很多叙述者都提到开始工作后就没有时间学习,因为其空闲时间是有限的。

(2) 施:"我们没有选择有用或者无用的书,当时只是读我们手头的书,所以当时的阅读只是为了消磨时光,也有些书还是蛮让我感兴趣的。"

从他的叙述中可以看出,该受访者比较喜欢读书,这也是他当时唯一的乐趣。通过阅读,他可以比其他人学到更多,而反观其他人在没有书籍可以阅读的情况下,无法培养出阅读和学习的习惯。

(3) 施:"没有人希望留在大学里过着无聊的生活……在我的大学生涯中,我大部分时间都在图书馆自学……我觉得社会是青年提升能力的好地方。"

他强调对大学的正常生活方式感到无聊,他的性格决定了他的学习经历,即更加自由地去追求自己的喜好和兴趣。他的大部分时间都在学校中度过,因此他在现实社会中的经验很少,由此他逐渐意识到,从社会中进行知识和经验的学习对他也很重要。

(4) 施："我经常听著名教授的课，忙着看学术期刊，做日常的学生干部工作……最后，我决定再次继续自学……没有人教我，我自学自己感兴趣的内容。"

大学生活使他形成了丰富的学习经验，同时在此期间，他完成了兴趣爱好类的自我学习，也避免了浪费时间。

第五，未来的学习想法和计划的支持性叙述内容。

受访者博谈到了他未来学习的目标和希望，他的学习动机源于大学期间学习不够努力。与该类别相似的其他受访者并未过多提及他们对未来学习的想法或计划。

(1) 博："需要利用每一分钟来阅读并记住书中的内容。书中有很多知识，不可能由老师来教所有的东西……学习他人的优点并弥补自己的缺点……向他人学习丰富的经验。"

受访者考虑的终身学习形式是在学校继续学习，同时他还认为阅读在其中扮演着重要的角色。他同时强调要充分利用自己的时间，以学习更多的知识。在他的叙述中可知，他在过去几年未能有效地利用自己宝贵的时间来学习，说明他目前更为了解学习对于其人生的重要性。他非常重视社会知识的学习，这意味着在社会上工作多年后，他意识到社会知识的重要意义。他还注意到，对于社会个体而言，学习可以帮助他们更好地在社会上及工作中立足。

(2) 常："如果我还有机会在我年轻的时候学习一些东西，那么，我告诉你实话，我肯定会重新回去再学一遍……我真的觉得学习很重要。"

受访者强调如果"还有机会"，他的学习意志将更加坚定。通过他的表述，可以发现他已经认识到"学习很重要"，因此他对自己过去浪费的时间感到遗憾。他用"我告诉你实话"一词来表达他的真实想法，即他真的想再有机会继续在学校重新学习。在社会工作和生活了多年之后，他终于更加明确地认识到学习的必要性，一旦在社会上找到一份工作，并且工作迫切需要学习新知识的情况下，他就会更加理解自己对于学习的需求。

(3) 常："只有通过学习才能改善整体生活水平，毕业后也才能找到一份好工作。"

"改善整体生活水平"表达了他对终身学习价值的认识。然而，这种学习的主要目的仍然是生活水平的改变。教育一直被他视为一种实用工具，理想的生活条件来自"学习"，包括毕业后"找到的一份好工作"。学习的每个步骤都有其目标和意义，都与社会的实用性有关。

第二节　德国终身学习活动的动机和影响因素

根据德国收集到的叙述内容，大多数德国受访者经历了从童年到成年的完整学习过程，包括早年的家庭教育，之后进入各个级别的学校，再到找到工作或参与社交活动等。在这个过程中，受访者都会就个人职业发展和所面临的社会压力发表自己的看法。与中国受访者类似，主要也包括家庭、学校、社会和个人四个因素，影响德国受访者的学习动机、方式和目标。对于不同的受访者，这些因素的影响程度各不相同，本节将详细讨论这些因素对德国受访者的影响。

通过对叙述内容的系统分析，可以总结每个因素的一般特征。

1. 家庭因素

由于父母倾向于尊重孩子学习的独立性和自主性，因此在整个教育过程中，学习者所受到的家庭影响通常较小。德国父母对孩子的学习成绩或成就没有明确的建议或期望，但许多受访者比较尊重甚至崇拜父母，尤其是对父亲的成就或职业较为重视。因此，从下一代的学习行为和思想中，我们总能找到一种对于父母的代际传承。部分受访者的父母学习水平通常很高，其中一些父母已经获得了大学学位。父母的学习过程成为孩子们的榜样。孩子们不仅具有独立的学习观念，而且在经济上很独立。许多德国学生选择在没有家人帮助的情况下自立成长。在某些情况下，父母确实会在经济和生活上为孩子提供足够的支持。家庭因素包括正式和非正式的家庭教育、尊重儿童的独立性、父母树立的榜样及父母和其他家庭成员的教育和社会背景等。

2. 学校因素

大多数叙述者并没有过多介绍他们从小学到大学的学习时间和学习过程。因此，对于许多德国受访者而言，他们早期的学校经历并没有勾起其过多的回忆，也没有叙述显示教师在其学习中的重要性和权威性。结交朋友及与同事相处是影响他们学习的重要因素之一，朋友可以在受访者的学习乃至生活中发挥重要作用。学校因素主要包括教师、同学、同龄人、教育政策、学校教育环境的变化、学习小组、考试和学习内容。

3. 社会因素

社会因素指国家或地区情况、社会背景、传统习俗、集体价值观、社会发展趋势、社会道德和社会成员的态度等。通过研究发现，德国受访者的叙述内容多围绕社会福利和职业发展等问题展开。此外，其他社会因素包括政府的教育政策和监督及整个国家的总体教育水平等。由访谈内容可知，德国每一代人的学习过程特征较为一致，从学校毕业到职场就业，并没有显示出明显的差距，这表明学习和工作之间有着紧密关系。经济收入或社会地位等因素并没有在受访者的继续教育过程中发挥多大的作用，而工作上的自我提升和知识更新需求促使德国受访者毕业后继续学习。其他一些社会因素主要是工作要求、社会福利、社会和教育资源、个人的学习权、关于社会问题的思考及与在社会中与其他人的沟通等。

4. 个体因素

个体因素包括个体对于学习的反思、认识、态度、动机，这些是德国学习过程中较为重要的方面。在叙述中，每个受访者都展示了自己的兴趣爱好及学习过程中对知识的渴望。当受访者在学习和生活过程中遇到问题或困难时，他们首先求助的是专业咨询服务机构，而不是父母或朋友，这也是独立学习的一个范例。个体因素因人而异，具有不同的个体学习方法、形式和目标。

以下采访内容主要围绕这四个因素展开。

一、家庭因素

1. 家庭因素代表性传记案例及个人背景——以穆勒的经历为例

穆勒先生于 1929 年出生于德国科隆，他的基础教育是在第二次世界大战期间进行的。高中毕业后，他就读了大学的法学专业，专业方向是欧洲法律体系、人权和公民权利。由于取得学位需要很长时间，而他的家庭负担不起他的学费，所以他没有获得学位就从大学退学。之后，他在一家法律机构工作，直到退休。

他的父母受过良好的教育，他的母亲识字，完成了小学学业，他的父亲也会读写，甚至还通过了大学入学考试。受访者深受父亲的影响，他的学习兴趣和习惯在很多方面都与父亲相似。退休后，他仍然坚持阅读报纸和书籍。

2. 穆勒叙述的核心段落分析

（1）穆勒："从我的童年起，我就被教导要自己做决定，虽然其中也有一些不太正确的决定。但对我来说，这是我做得最好的的选择，我绝不会对我曾做出的决定感到后悔。这是我早期的家庭教育。当我长大了，我的父母并不干涉我的事务或者决定，他们只是让我做我自己愿意做的事情。我的家庭教育是比较民主和开明的，我认为这种教育方法对我的孩子的成长是相当有益的。"

在家庭教育中，受访者从小就被"教导要自己做决定"。根据这个叙述，我们可以看到其生长的环境中，其父母非常重视学习习惯和独立自主能力的培养。从这个意义上讲，受访者的家庭教育是比较民主的。

此部分还描述了他的父母对他的决策的态度，他们希望他自己做决定，以便他对自己的行为负责。这也是受访者的学习过程，因为他必须学会如何在不受他人干扰和影响的环境下做出自己的决定。因此，他还学会了坦然接受这些决定的结果。这种学习是非正式的、潜移默化式的，但它体现了家庭教育对儿童整个成长过程的重要性。

他在结束家庭教育叙述时说，他的父母"只是让我做我自己愿意做的事情",这意味着他的学习是一种独立的活动和经历。它不仅是一种家庭教育形式,而且是家庭氛围特征的反映,它影响着个人的学习想法、生活习惯、学习形式及日常生活的各个方面。

受访者的叙述证实,这种家庭教育是一代又一代继承下来的。受访者认为,这种教育方法"对我的孩子的成长是相当有益的"。

(2)穆勒:"我以为,我的学习习惯和学习兴趣也继承自父亲,父亲没有告诉我特别的学习方法,但在日常学习和阅读过程中,我感到我和他的学习方式和风格越来越相似。有时,我们感觉学累了。正常的人当然可以有这样的感觉,我会去散步,这也是由于我的父亲喜欢长时间阅读之后散步。这也是受我父亲的影响,这对我来说是很有效的。"

受访者本人也知道他的"学习习惯和学习兴趣"受到父亲的影响,甚至是"继承"。儿童学习的本质,如学习兴趣、动机、方法、习惯和形式,已在其家庭中世代相传。

他在叙述中强调,不仅是他一生中需要做出决定的大事,甚至包括小事,如读书后散步,都是从父亲那里学到的,但他的学习和生活决定是由他自己做出的。他只是继承了父亲的生活习惯和原则,不依赖父亲的帮助。这种家庭教育被受访者评价为"很有效"。

(3)穆勒:"我的父母在我学习的那几年里,没有太多时间监督我的学习,或者说没有注意我的学习表现,因为那时我的家庭状况不太好,他们不得不考虑自己的工作以及为我们的生活赚钱的问题,我的学习似乎是我们日常生活中的从属事务。我的学习成绩还不错,因此也没有必要关心我的学习。"

在此期间,父母的主要任务是"为我们的生活赚钱",因为生活的物质基础似乎比其他事情更重要。因此,受访者的学习行为似乎是"从属"的事情。从叙述中,我们可以感觉到受访者在这种学习环境中没有受到父母足够的照顾。这意味着父母的态度对孩子的学习行为有着至关重要的影响。这也表明受访者非常关心父母对他的教育态度。尽管学习情况和环境并不理想,但受访者仍然可以得到"还不错"的成绩,这表明他具有学习才能。

（4）穆勒："我的学习始于第二次世界大战期间的初等教育，大约是20世纪30年代。那真是一个艰难的时期，不仅对我，而且对我的家人……不过，我没有毕业，也没有获得大学文凭。当然，家庭的财务状况是原因之一。我的家庭负担不起这么多年学习所需要的钱，只能负担得起头几年的学习费用。"

从一开始，受访者并没有对自己的学习感受发表任何评论，而只是描述了他的学习环境，特别是家庭状况。这意味着外在因素和条件对于他早年的学习而言非常重要。他用"艰难的时期"来形容这些困难，这些困难不仅对他，而且对他的家庭都是一种阻碍。他将自己的命运和感情与家人的命运联系在一起。在这种情况下，他的学习行为必定受到影响。

他将自己"没有毕业，也没有获得大学文凭"的原因归为"家庭的财务状况"，即他无法从家人那里获得对他多年学习的经济支持。因此，受访者的学习因其家庭物质条件不足而结束。在叙述中，他使用了"当然"一词，这意味着他认为家庭经济困难是导致他学业中断的原因。

3. 概要

该受访者的年龄较大，从他的叙述中我们可以看到他具有传统的学习习惯和观念。他的学习兴趣、爱好、习惯甚至观点在一定程度上是从父亲那里继承下来的，他的父亲是一名知识分子，这在当时的社会上是比较稀缺的，而他同时还保持良好的学习和阅读习惯。受访者对历史和其他文学学科的兴趣应当是受到了父亲的启蒙。从这个意义上讲，父亲没有刻意地教育子女或干扰子女的学习和生活，但他为子女树立了榜样。

根据叙述，被访者并不认为其家人干涉了其学习独立性、决策自由权或学习过程，受访者受到的日常家庭教育并不包含具体的知识传授或思想施加，而只是公民在社会上的行为准则等基本常识的灌输。受访者基于自己从家庭传承的学习思想，对于当今他人的学习行为进行了一定的评价。

4. 核心类别

（1）父母对子女的学习更多的是建议而非决定

从许多德国受访者的叙述中，我们可以发现一个共同的特征，即他们总是否认自己的学习受到家庭因素的影响。例如，认为在自己的学习过程中很少受到父母的命令或意见干扰，而认为自己在学习上做出的决定更多的是听从他们内心的想法；而父母只是根据子女的个人生活和学习经验提供建议，对孩子的学习成绩不会施加过多压力或寄予期望。因此，叙事者对自己学习的态度，包括学习的想法、计划、决心和观点等具有充分的自信并大多能够坚持和贯彻。

（2）子女往往会模仿家人的学习习惯

部分受访者的学习动机源于对父母或家人学习成就的崇拜，说明其家人的榜样力量影响了受访者从小的学习思想和习惯。这些受访者的学习认知是一代又一代的家族所形成的习惯，具有与其父辈相似的学习兴趣和关注点。这种模仿不是刻意的，而是在日常生活和学习的不经意间形成的。这种模仿不仅影响个人的学习习惯和兴趣，而且影响其职业选择。

（3）家庭经济状况影响着教育的物力支持

在德国，每位学习者接受教育时的直接物质保证来自家庭财务状况。然而，不同时代的情况也有所不同。第二次世界大战期间和战后一段时期的家庭状况对儿童的教育具有非常不利的影响，在这一时期进入学习阶段的大多数受访者认为其学业明显受制于其家庭经济状况。在这样的困难时期，受访者穆勒（Mueller）和曼恩（Mann）的叙述证明，家庭更关心生计问题而不是子女的教育。而对于当下的受访者来说，如布兰德（Brand）和蒂娜（Tina），他们并不担心教育资助问题，主要是由于父母或社会能够负担或者提供。德国各代人的学习情况大不相同，父母对孩子学习行为和愿望的态度受到家庭经济状况的很大影响，家庭情况也侧面反映了社会背景和现实情况。

（4）家庭教育背景和父母受教育水平具有显著影响

家庭教育的内容和形式对于每个受访者而言总是给其留下深刻的印象，因为他们可以清楚、详细地回忆起他们早年的家庭教育。受访者蒂娜（Tina）、布兰德（Brand）和穆勒（Mueller）证实，适当的家庭教育可以形成更好的学习习惯和面向未来的学习态度，而那些缺乏家庭教育的人，如曼恩（Mann），将在整个学习过程中受到影响，其学习过程会遇到更多的困难。

第一，父母对子女的学习更多是建议而非决定的支持性叙述内容。

蒂娜的叙述着重于她从小就形成的学习习惯，她在学习方面的选择和决定基本是不受限制的。

(1) 蒂娜："他们（父母）没有干预我的学习过程，也没有怪我。他们只是支持我继续学习。"

该叙述描述了父母对她学习和生活中遭遇的失败或犯错误后的态度。她在家庭中没有遭遇过父母对其决定的粗暴干涉，家庭教育总是以温柔、和平的方式进行的，父母的主要教育方式是"没有干预"和"支持"，这意味着她可以在父母的支持下做自己想做的事情。这是她叙述的一部分，表明她在生活中可以自由选择自己喜欢的学习内容并在如何接受教育上拥有自主权。

布兰德的父母，尤其是他的父亲，在兴趣或职业选择上未曾干涉过他，只是根据个人经验给了他一些建议。

(2) 布兰德："而且，我曾与父亲讨论过我的职业。父亲认为，如果我可以做出决定，那么他会尊重并同意这一决定，但他也告诉我，要成为一个政治人物，对于一个男人来说并不容易，在学习道路和成为一个成功的政治人物方面，我会遇到很多困难。"

受访者想与他的父亲讨论他自己的专业和职业，父亲没有给他直接的答复，只是建议他要注意的事项。"尊重并同意"这句话表明，他的父亲不想过多地干涉其儿子的决定。他希望儿子自己做这个重要的决定。根据建议，父亲分享了自己的职业经历，并希望帮助儿子做出明智的选择。

(3) 布兰德："因为我可以坚持自己的观点并向其他任何人宣告，并且可以与他人辩论以证明自己的观点，这本身就很有趣。我喜欢辩论和讨论。"

布兰德的爱好和特长在于辩论，这意味着他喜欢在别人面前表现自己，他了解自己的性格，并想充分利用自己的性格，因此他选择政治家职业。他说可以"坚持自己的观点"，这表明他更为关注自己的想法，希望能够自己做出决定并为之坚持。可以看到他是自己决定要从事的职业和专业的，父亲鼓励他做出决定，而不是强加干预。

由于家庭状况对曼恩的学习不利,因此她的学习受制于父母或家庭财务状况。但是她对自己的学习和职业选择也有自己的见解,因为她的父母在这上面并没有过多干涉她。

(4) 曼恩:"其实我如果能在学校待上一年半载,就可能高中毕业了。但是我们家的经济状况负担不起我的学费。如今,当学生无法负担此类费用或支出时,政府和社会会提供帮助……然后,如果我现在再选择一次,我当然愿意继续在高中学习。"

从叙述中,我们可以发现受访者愿意进一步学习,这意味着她对自己的学习内容很感兴趣。然而,她家庭的经济状况使她的学习愿望落空了。即使在这种情况下,受访者也不想放弃学习的机会,从而表明她坚定了自己的学习愿望。

最后,她同时对比了当代的教育环境和经济支持,认为社会因素在改善家庭状况方面发挥了作用。受访者认为可以"继续在高中学习"。受访者的学习过程始终随着她的家庭经济状况、时代和社会政策变化而变化。她的叙述主要围绕着她的家庭状况和父母对她学习的态度。由此可见,家庭因素在她学习过程中始终占据重要地位。

第二,子女往往会模仿家人的学习习惯。

从布兰德的叙述中,我们可以看到他非常崇拜他的父亲。因此,他的职业选择与父亲相同。

(1) 布兰德:"我进入大学,选择了政治学专业。实际上,我想在完成大学学习后成为一名政治家,所以我从小就有这个梦想,因为我父亲是一名政治家。他从事政治方面的工作大约20年了,从小我就发现他总是忙于政治事务。我真的觉得父亲很酷,非常棒,我非常欣赏他。"

他谈到了自己的主要选择,这极大地影响了他的大学生活甚至以后的生活。"实际上"一词表明,他强调其叙述的真实性,他有成为"政治家"的"梦想"。他从小就有这方面的志愿,并且长大之后继续为之而努力。他成为政治家的梦想受到了父亲的职业生涯的影响。他认为父亲"非常棒",对父亲很崇敬。他渴望获得与父亲相似的工作和地位。由此可知,受访者受到父亲的影响很大。

蒂娜的学习受到叔叔的建议和教育的影响,她对此深表敬意。

(2) 蒂娜:"我的学校生活受到社会环境的影响……我有两个叔叔,其中一个比我父亲接受了更多的教育,并且他更了解学习的重要性,我的其他家人对我的影响有时候比父母对我的还要深。"

当她谈到自己的"学校生活"时,提到了"两个叔叔",这表明她在学习过程中还受到其他家庭成员的影响。她在此处进行了比较,"叔叔……比我父亲接受了更多的教育",表明她非常关心周围人的教育背景。由此我们可以看出,她的学习过程受到家庭成员教育背景的影响。她认为叔叔接受了更多的教育是因为他比我的父母"更了解学习的重要性",我们可以看到她非常重视一个人的教育和文化水平,并对此表示钦佩。她叔叔的影响激发了她的学习兴趣,使她认识到了学习的重要性,并激发其终身学习的动力。

从这一部分来看,她在学习上所做的决定明显未受到家人的干涉。通过描述其家人的生活经历和思想,其更多是强调家人在建议和咨询方面给她的帮助。

曼恩的丈夫对她的学习计划和道路产生了很大的影响,并教会她如何更有效地学习。从她的叙述中,我们可以感觉到她很乐意接受丈夫的学习建议和帮助。

(3) 曼恩:"他(丈夫)还说,我不应该花整整5年的时间在学校学习专业知识,因为我需要对社会的常识更加了解。学习期间,我也积极参加社会活动。毕业后,我得到的不只是成绩,还有很多社交技能,这些也得到了教授的认可,我明白了自己必须提高能力,并且要多结合实际。"

她的丈夫更多地考虑了"社会"中的职业和生活,这意味着她的丈夫对未来的思考更多。相反,受访者更倾向于"在学校学习专业知识",这表明她对生活和学习并不那么具有规划性。从这个意义上讲,她丈夫则对受访者的未来有着更完整的规划。受访者在学期间对她丈夫的观点深信不疑。因此,这一时期的家庭因素,尤其是丈夫,是影响受访者生活和学习的主要因素，包括对其学习目的、形式和未来都产生了一定的导向性作用。

第三，家庭经济状况影响着教育的物力支持。

曼恩在第二次世界大战期间出生，她的学习过程受到家庭状况，尤其是经济状况的很大影响。

（1）曼恩："我是在第二次世界大战期间出生的，我父亲参加了战争，而母亲在家里照顾我们……但是在1944年，我们听说父亲在苏联失联了，然后，我的母亲不得不照顾我们全家。"

从叙述的一开始，她便就自身的家庭情况谈了很多，这说明其不利的家庭背景对她的童年时期有很大的影响。第二次世界大战期间，许多德国家庭失去亲人，这对儿童教育产生了巨大的负面影响。曼恩在幼年就失去了父亲，因此她的母亲必须承担抚养整个家庭的责任，由此可以看出其教育环境是较差的，只有生计需求得到满足后才能考虑教育问题。

蒂娜的家庭状况影响了她对家庭关系的看法，甚至家庭教育也是她选择的研究课题。她很早就独立安排生活和学习，因此家庭的经济状况并未对她的学习造成太大影响。

（2）蒂娜："我的博士论文研究的是教育对个人提升的方式，该研究正在进行家庭关系对个人的影响研究，同时也会研究不同地区的家庭类别。"

她的论文主题涉及"家庭关系"和"不同地区的家庭类别"，这表明她非常重视家庭关系。这也表明她希望在研究中更多地了解家庭关系，因此她的家庭在一定程度上对她的学习经历产生了较深刻的影响。

（3）蒂娜："当然，这门学科全都与家庭研究有关，我也对家庭关系研究感兴趣。"

她在这里的叙述表明她受到家庭的影响很大，这种感情已经反映在她的研究兴趣上。

此外，家庭成员的职业选择同样也影响了受访者布兰德的职业选择。

（4）布兰德："我从来没有想过要当老师，因为我家已经有好几个从事教师行业的了；而且，我觉得当老师对我来说有点无聊，对于日复一日的教学，相同的内容、相同的地点、相同的学生，那根本不是我的梦想。但是我真的感到，站在演讲台上，面对公众，并与别人辩论，会是我的梦想，这会更加令人兴奋。"

他强调家人中已经有很多从事教师职业的了，从中我们可以感觉到他并不认为这对他来说是正确的职业。他不能忍受成为一名老师的原因在于不想过"无聊"的日子，因为他感到"日复一日的教学"没有任何挑战。这也是他选择职业的一个重要标准。他提到自己想成为一名政治家，这意味着他可以与他人"辩论"，并最终说服他人，他显然更喜欢激动人心且富有挑战性的生活方式。他意识到自己的兴趣和志向所在，认为与此相关的职业才是自己追求的。

第四，家庭教育背景和父母受教育水平对子女有显著影响。

蒂娜强调了她父母的教育背景和阅读习惯，同时她认为自己深受影响。

（1）蒂娜："我的家人，对我来说，在我的整个学习过程中，我得到了典型教育背景的支持，因为我的父母小学毕业，如今相当于中学水平了，他们也有毕业文凭。"

她不是从经济或社会层面，而是从父母的教育背景层面来介绍自己的家庭背景的。她提到她的父母"小学毕业"，由此她想表明自己受到父母的积极影响，这也表明她关心家庭的教育背景。

她还将父母的学历解释为"如今相当于中学"和"毕业文凭"，以表明她以父母的教育背景。她非常清楚自己父母的教育背景，她认为受教育的背景可能会对孩子产生很大的影响。

曼恩在叙述中对家庭教育进行了比较，因为父母的教育水平较低，她还是向家人争取自己能够获得进入高中学习的资格。

（2）曼恩："每次当我想说的学习想法时，我的继父都会对此感到不耐烦，并且担心。我等待着，一直观察着他的表情。但是我不敢和他谈论这个话题。在那段时间里，我学习非常刻苦，而且只是希望自己的考试成绩越来越好，我才有机会入读高中。"

受访者想进入高中学习梦想的主要障碍是她的继父对学习的成见，在这里，她描述了自己对此事的紧张想法，如"等待"。由于她的家庭状况和自身在家庭中的地位，她"不敢"告诉继父关于上学的想法。通过详细的叙述和描述，我们可以看到家庭对她学习的影响是如此之大，以至于她要想继续求学就必须要征求继父的同意。这也说明了继父在家庭中具有决定性地位，而这也是德国的传统家庭情况，这种想法在很大程度上影响了受访者的学习机会和处境。

至于受访者本人，她想为自己的目标而奋斗。从这种叙述中，我们可以看到受访者对学习的梦想非常坚定。

布兰德母亲的爱好影响了他的学习过程。

（3）布兰德："我喜欢在业余时间弹钢琴和打网球。弹钢琴是因为妈妈非常喜欢钢琴。当她弹奏时，我感到非常幸福和自在，所以当我还在上小学时，就对弹钢琴很感兴趣，而且要作为一名政治家，我必须对乐器有所了解，必须知道一些流行的东西。"

他的爱好受母亲的影响很大。他"弹钢琴"的爱好也基于母亲弹奏时的"幸福和自在"感，因此这也是激励他学习钢琴的内在因素。他同时还表达了自己对弹钢琴的兴趣。另外，他学习钢琴演奏还有一个务实的理由，即"作为一名政治家……知道一些流行的东西"。这表明他想学习乐器，以期将来成为合格的政治家。

二、学校因素

1. 学校因素代表性传记案例及个人背景——以乔治的经历为例

乔治先生1953年出生于德国中部的一所小城市，他在一所传统的天主教会学校长大，那里的课程和规章制度非常严格，但老师很友善。在他童年时代的学校学习中，主要学习内容是绘画、讲故事、玩游戏、看书等。在中小学学习期间，政治环境对生活在社会中的个人产生了巨大影响。此后，在大学期间，他参加了学生社团，也组织了一些活动。

他于 1989 年开始从事教师工作，在工作期间，他积累了很多教学经验。经过多年的教书生涯，他进入了一家具有政治背景的基金会工作。在工作期间，他继续进行业务知识方面的学习，并被派往中美洲，这一工作就是 5 年多。他还在职业学校学习了更多有关教学的知识。

2. 乔治叙述的核心段落分析

（1）乔治："我发现一个事实，尽管大多数人相信个人可以自己学习，而学习的最重要因素是他本人，但我仍然相信，学习主要依赖或者取决于教学质量，如教师的教学能力，但不是学校的名望。当一个学生很聪明，但是没有老师可以帮助他有效地进行学习训练时，那么这个学生就不会成功。"

这是他参加正规学习后的理解和思考。他认为，"最重要因素"不是个人，而是主要"取决于教学质量"。换句话说，他非常重视"教师的教学能力"的作用。为了解释这个概念，他进行了比较，提出了自己对影响学习因素的一些思考。这种见解可能会受到他教学经历的影响，他甚至还提到一种极端的情况，即在没有老师"有效地进行学习训练"的情况下，即使是一个聪明的学生也"不会成功"。他认为老师可以在很大程度上影响学生的学习效率。尽管这种观点是单方面的，忽略了个人努力在学习过程中的作用，但他指出了学习过程中的关键因素。这也证实了他想成为老师的原因及他继续进修教育课程的学习动机。

他否认"学校的名望"在学生学习成绩中的作用，这意味着他只考虑了教师对学生学习成绩的影响。从这一部分中，我们可以发现他认为教师在每个人的学习中所起的作用较为重要，这表明他对自己从事教师职业有一种自豪感。

（2）乔治："每个人都应或多或少地学习政治专业知识，不是仅仅为了增加对政治思想或对政治的了解，而应该是对他们的思想的一种训练。我认为，对于需要在现实中过更好的生活的人，每个人都有必要学习一些此类专业知识。关于成人的学习和教育体系，我想如今这些学习系统似乎还不太理想，或者在德国的发展还不是很好。大学的教学，包括实践学习在内的课程，都还只能算是合格。这种学习的结果似乎并不理想，而且有些毕业生在社会上找不到好的工作。"

在陈述了"政治专业知识"的重要性之后，他建议人们应该将专业知识学习作为"思想的一种训练"方式。从这个意义上讲，他认为学习的主要目的不是要对政治问题有更清晰的了解，而是要训练自己的思维。从这一部分中，我们可以看出他不太在乎具体或实践知识的学习，更多地侧重于改进个人的思考方式。当他说为了"需要在现实中过更好的生活"时，他透露出学习是出于务实的目的，他学习的最终目的是提高生活水平。

他对德国教育环境的批评也涉及"教学"和"实践学习"，他的立场始终取决于学校的环境。这种情况意味着他受到了学校环境的影响。他用"不太理想"和"不是很好"来形容德国的"成人教育体系"，这表明他对教育状况不满意。这种不满意的原因是毕业生的就业率较低，如"有些毕业生……找不到好的工作"。他得出结论："这种学习的结果似乎并不理想。"我们可以看到，他非常关心每个学生的学习结果，学习活动的理想成果是"找到好的工作"。从这个意义上讲，他认为学习的最终目的是为了在现实中过得更好。

（3）乔治："对我们来说，学习是非常有趣的。例如，在我们的课堂上，我们可以画画，然后讲故事、编故事、玩游戏、看书、分享一些想法、学习很多知识等。因此，我想说那段时期的学习和生活非常令人难忘。"

以上是他对学校学习内容的描述，从这一部分中，我们可以看出他可以清楚地记住学校早期的生活，这给他留下了深刻的印象并产生了巨大的影响。他认为自己的学习内容"有趣"，并且叙述中的语气表明他非常喜欢这个阶段的学习经历。这些活动种类繁多，不仅包括阅读书籍和分享想法，还包括许多能提高解决问题和实践的能力的活动，如"画画""讲故事"。通过这些活动，学生可以学习如何与他人合作完成任务及如何与人有效沟通。从这个叙述中我们可以看到他对在学校学习感到满意，在此部分的结尾，他使用"非常令人难忘"来评估他那时的"学习和生活"，这证实了他可能会受到学校生活方式的巨大影响。

（4）乔治："在整个大学学习期间，有时我有机会实习，并且参加很多社交活动。因此，在那些年里，我积累了一定的实践经验。例如，我参加了为期一年的社会课程，并与许多其他学生在心理学专业和实践中进行了一些公益活动。那几年，我也参加了诸如地理实践等活动。除了实践活动和学习外，我还参加了许多政治活动，这些活动在我的学习期间也非常密集。"

此部分谈论他在大学中的活动，与上面的叙述不同，本节显示了他在大学中参与的"实践"，主要是"社交活动"。由此可见，他不仅在教科书中学习知识，而且在大学期间也进行了许多社会实践。他认为自己已经"积累了一定的实践经验"。其中，"与许多其他学生一起工作""一些公益活动""地理实践""许多政治活动"都与社会事务和交流技能相关。从他的叙述中我们可以发现，他没有提及自己参加此类活动的动机，但从他的语气来看，他在大学期间很满意并且愿意与他人一起进行此类活动。特别是，他提到自己"参加了许多政治活动"，这些活动属于政治教育。直到现在，他仍然非常关心自己周围的政治活动，并愿意在学习期间参加这类活动。这意味着大学的政治活动对他的生活产生了很大影响，并在他的生活中占据了重要地位。

3. 概要

受访者从小就拥有特殊的学习环境，因为他就读的学校具有宗教和政治背景，这也是早期西方国家许多学校的特点。这样的学校从小就影响着学生对周遭世界和社会的看法，因此他选择从事与政治相关的工作。从这个意义上讲，他早年的学习经历对他影响很深，并反映在他的工作和实践中。

在叙述中，他还强调了老师的重要性，因为学校的教学方法是"以活动为导向"的，他可以通过玩乐来学习，因此他评价自己的学习环境是"自由开放的"，这意味着他可以独立地完成学习并享受其中。这样的学习经历也在一定程度上促使他毕业后选择当老师。

在叙述的后半部分，他着眼于对比当今的学与教情况，并讨论了学生存在的学习问题。从这些句子中，我们可以看出他只是非常重视教师在每个学生学习过程中的作用。他认为，如果教师没有适当的教学和指导，个人将无法"获得成功"。从他对自学场景的评价中，我们可以看出他对这种学习方法并不满意，而是珍惜在教室与老师一起学习的时光。他相信自己在上学期间从老师那里获得了很多帮助，这是受到教师和学校环境影响的典型终身学习案例。

4. 核心类别

（1）教师在学习过程中的角色和功能

当许多受访者回忆起他们的在校时光时，他们对老师的帮助都表示了感激之情。而这些受访者普遍认为老师的帮助是个人学习成绩的决定性因素。此外，其工作和学习习惯及对世界的看法在他们的学习过程中受到了教师的极大影响。因此，他们的终身学习观念也受到了老师的很大影响。教学方法、对学生的态度、专业知识、提供的学习方面的咨询乃至老师的道德规范都是重要的影响因素，也是评估老师的表现的重要标准。没有一个德国受访者提及老师向他们施加过学习压力或过多强调课堂纪律。换句话说，学习的决定和动机总是掌握在学习者的手中，教师在学习过程中的功能和作用是作为帮助者和指导者，没有任何教师具有能够影响每个人的学习愿望、目的、过程或内容的权力。

（2）对学校制度和教育理念的思考

对于那些职业生涯与教育有关的受访者来说，他们对当前的德国教育系统有过很多思考。他们主要思考的是当前教育体系和学校管理的弊端和不足。年长的受访者更倾向于将自身所受过的早期教育与当下的教育进行比较，得出的结论是当前的教育系统和管理不如以前。因此，学习成绩、习惯和成就也就不如上一代，尤其是终身学习理念也逐渐淡化。这种对比教育系统的方式表明，受访的德国个体更具有批判精神，更容易找出学习过程中出现问题的原因。这种批评更多地针对教育环境。在叙述结尾时，每个受访者总会提出一些意见和建议，以改善教育体系。

（3）同学和朋友营造的环境氛围

影响几个受访者学习过程的重要因素之一是朋友和同学所营造的环境，这会影响个人的学习习惯、思想、依赖性、期望和成就。在学习过程中还存在同化现象，因为学习者聚集在一起学习，每个人都可能以某种方式影响其他人。

(4）学校的特征和成绩表现的潜在影响

学校的特征，如政治气息浓厚等，从受教育之初就直接影响个人的学习思想和习惯。学生在学习过程中的表现，如对分数或考试的重视，将影响其学习动机、学习习惯和对终身学习的看法。

第一，教师在学习过程中的角色和功能。

在整个学习过程中，受访者拉贝（Raabe）受老师的影响很大，这种影响是他成为老师的动力。在他看来，教师在学习过程中的作用非常重要。

（1）拉贝："我的意思是，在教学过程中，老师传递给学生的思维或想法比只传授知识更重要……因此，我认为教学理念对每个学生在学习期间的发展都很重要。"

他比较了学生向老师学习"思维"和"知识"的重要性，其结论是，前者"更重要"。从这个叙述中，我们可以看到，受访者专注于思想教育和教师的思维影响。他认为，学习的内容不应仅是知识，还应该是"思维"。他觉得在学校学习可以塑造自己的个性和思想。从这个意义上讲，学校教育和教师的影响是巨大的。

作为学校的老师，乌特曼（Uttmann）非常了解老师对于学生学习过程和日常工作的重要性。通过她的叙述，可以看到她不仅为自己的职业感到自豪，而且非常重视自己的工作。

（2）乌特曼："对我来说，我喜欢教学，而且我很喜欢在学校工作。我现在仍然是一名老师，尽管我现在只是在私人班上教德语，但我很高兴看到学生们可以从我这里学到更多东西。"

她的工作带来了幸福和满足感，她"喜欢教学……喜欢在学校工作"。她的职业目标是让学生"学到更多东西"。因此，我们可以在访谈中发现她喜欢教学。从德国受访者的访谈中，我们可以发现，根据自己的兴趣和爱好选择工作，无论工作是否平凡，都乐于完成工作并为之自豪，而并不过多地关注物质层面的问题。

在学习过程中，曼恩（Mann）得到了老师的极大帮助，她的老师不仅在努力争取学习机会时帮助了她，而且还帮助她树立了学习目标。

（3）曼恩："我的老师也问我，我长大后想做什么。我考虑了一下，然后说，我想成为幼儿园的老师，或者想在印度为穷人和残疾人工作，因为那时候我正在读一本描述印度情况的书。我认为我可以为那个国家的人民做更多的事情。"

受访者之所以想去印度工作是由于她那时正在"读一本描述印度情况的书"，从中我们可以看到，书中的学习经历对她的看法影响很大。她的老师的指导也是影响她的重要因素，因为她的老师要求曼恩在很小的时候就思考自己的未来。

从她的职业目标来看，我们可以看到受访者具有一种公益精神，即为了"穷人和残疾人"及"为那个国家的人民做更多的事情"。我们可以发现，她从小生活和学习的环境比较简陋，这使她更愿意产生共情，促使她形成在相同情况下帮助他人的想法，这也是她的生活环境对她未来职业目标的影响。她希望"成为幼儿园的老师"的愿望与许多其他女性相似，因为这是当时社会上许多女性的理想工作。这也意味着受访者喜欢在学校工作，并愿意成为教育工作者。由于她本人早年没有接受过高层次的教育，更加意识到其他人接受适当教育的重要性。从她对自己未来和梦想工作的叙述中，我们可以看到家庭和社会因素一直影响着她。

第二，对学校制度和教育理念的思考。

作为大学的教授，受访者潘克（Pank）对高等教育制度的弊端有很多评价。

（1）潘克："而且，我的那个时代，学习的另一个最明显的特征是如果一个人想完成他的硕士或博士学位，那么他会比如今花更长的时间来学习，这在当时看来不是什么问题，但是现在大家都在想着抓紧早点拿到学位。因此，我们那个时候总是有很多有趣的人，他们想多一些时间在学校学习，只是为了获得更多的知识，有更多的研究机会，比如我。"

他在这一部分进行了比较，以显示当今和早期教育的差异。从他的叙述中，我们可以发现他认可早前的教育制度，这使"想完成硕士或博士学位"的学生有机会"花更长的时间来学习"。因此，他有机会按自己的意愿在大学学习了 11 年，他将这视为学习中"最明显的特征"之一，这表明他非常重视这一特征。我们可以看到他渴望学习到自己感兴趣的知识，而不受时间上的限制。显然，他对当今的学制不太满意，因为这减少并限制了每个学生的学习时间。

在本部分的最后，他还以自己为例向那些想"多一些时间在学校学习"的"有趣的人"做出证明，对他们来说，学习的目的是纯粹的，以兴趣为导向的，而当今的学习目标则更具有功利性。

拉贝主要赞扬德国的教育体系和社会对教育的认识，这使学习者能够不受限制地自由学习。

(2) 拉贝："我建议，应该加大教师继续教育的力度。在这样的教师培训体系下，学生可以得到创造性、个体性、独立性的思想。在继续教育机构中接受培训……老师还应该学习如何在日常教学中更好地授课，这对他们来说也很重要。"

在此部分中，受访者仍然提到教师在学习活动中的重要性。他认为，每个学生的学习效率和成绩在很大程度上受教学质量和教师教学能力的影响。因此，他建议"应该加大教师继续教育的力度"。从叙述和讨论中，我们可以发现他相信个人的学习受到老师在课堂上的表现和素质的影响。

通过提高教学质量，教师可以使每个学生都有"得到创造性、个体性、独立性的思想"的机会。在受访者看来，对教师的"继续教育"至关重要。受访者非常关心每位老师的继续教育，这意味着他相信通过有效的教学，可以使学生获得更好的成绩。这是关于教师影响性的积极评论。

乌特曼对教育系统的想法基于她自己在学校的教学经验，因此她的评论多是关于学生在日常学习过程中的表现及遇到的问题。

(3) 乌特曼："特别是对于外国人来说，他们来德国时没有足够好的专业技能，知识储备也不足，德语学得也不好，而且他们的后代也无法很好地学习德语，我发现这样的情况很不好。"

她对"外国人"的学习状况的评论基于他们的基本学习技能，如阅读能力及对下一代的家庭教育。在她看来，学习应该建立在对语言的基本理解的基础上。当前的情况是，外国学生和工人在学习上与本地学习者存在相同的问题，他们在学习期间无法掌握语言的基本知识。从她的叙述中，我们可以看出，由于学习德语的困难，外国留学生的基础知识学习并不乐观。因此，对于这群人来说，继续教育和终身学习也是非常必要的。

第三，同学和朋友营造的环境氛围的支持性叙述内容。

被访者威廉（William）从小就有特殊的家庭情况，他较为突出的特点是想将自己的学习表现与周围的朋友或同事进行比较。

（1）威廉："我最好的朋友是彼得，我们是在大学里的一场足球比赛中相识的，我们都喜欢观看足球比赛和拍照，我们总是在一起玩和聊天。"

他和最好的朋友有着相同的爱好，这也许就是他与彼得相处融洽的原因。他们相识于"足球比赛"，这在德国青少年中是较为普遍的运动。从这一部分，我们还可以推断出许多德国青少年在足球比赛中交到了朋友。他们有着相同的爱好，如"观看足球比赛"和"拍照"。因此，他的朋友应该与他具有某些共同点。

（2）威廉："在我的工作期间，还有一些友善的同事对我很友好。"

在他这个新的"工作时期"，他描述了朋友的"友善"。他非常关心自己的朋友和周围的人对他的态度，他认为同事"很友好"，这意味着他对工作期间的朋友关系感到满意。

在拉贝上学期间，他学习非常积极，因为他的良好表现一直受到老师的称赞和同学的钦佩。因此，进一步激发了他的学习热情。

（3）拉贝："由于我对历史的了解，他们总是非常钦佩我。而且在这种情况下，我会觉得学习这样一个专业真的很值得，因为我可以从学习中获得自豪感。"

同学们对他的态度，让他一直很受"钦佩"。这使受访者对历史知识的学习产生了动力。在这种情况下，受访者可以从"学习这样一个专业"中找到意义和价值。因此，他的学习动机部分源于外界，包括周围的同学和老师对他的钦佩和肯定。

乌特曼叙述的学习环境与她自己的学习过程或经验无关，而是与她所教过的学生的情况和学习场景有关。

（4）乌特曼："我在一家职业学校工作期间，有很多年轻人在那里学习他们工作所需要的专业知识。在那儿，我教德语，我的大多数学生来自国外。"

以上是她对自己在"一家职业学校"工作的情况的描述，其中她提到"有很多年轻人"。她的生活与教育密切相关，学校生活一直对她产生了很大影响。作为母语使用者，她具有德语授课的经验，这项工作对她来说并不难。而这些学生"大多数来自国外"，这意味着她可以有更多通过她的学生们接触和了解国外情况的机会。此类外国学生的学习是为了"学习他们工作所需要的专业知识"，这意味着他们在"职业学校"的学习动机是为了将来工作的，学习内容仍然是语言等基础知识，因此我们可以看到外国学生所进行的学习主要是为工作做准备。

布兰德在学习期间主要生活在同学围绕的环境中，他的学习兴趣和职业选择受以下经历的影响。

（5）布兰德："我不得不说，我从来没有发现自己在政治上有任何天赋或才能，但是从那时起，我越来越喜欢在公共场合进行演讲，越来越关心公共事务。我真的感到自己很喜欢处理政治事务和问题，并且我总是看电视和听广播中的政治节目，逐渐对政治问题有了自己的想法，而且参加了大学的政治协会。我从很早就开始有政治家的梦想，因此当我取得博士学位后，就有信心去付诸行动。"

以上是他对政治产生兴趣的过程，用"从来没有发现"来表明他在朋友告诉之前没有意识到自己的才华。在听取了朋友的建议后，他开始关心公共事务。这表明他开始逐渐关注政治，并且越来越对政治感兴趣。最后，他说："当我取得博士学位后，就有信心去付诸行动。"在此过程中，他的所有举动意味着他正在不断学习。

第四，学校的特征和成绩表现的潜在影响的支持性叙述内容。

作为一名在学期间表现出色的学生，受访者拉贝将其原因归结为他的老师。

(1) 拉贝:"在学习期间,我的成绩总是非常好,因为我的老师们在教学方面非常擅长,他们都对我们的学习负责,而且所有的教学方法都有趣而生动。我可以在课堂上很好地学习,并且仅根据我的老师的授课内容就可以清楚地掌握所有知识。"

此部分表明,受访者将其成就归因于其学习期间老师的影响,他对老师给予了很多赞美,如他们"非常好""负责""都有趣而生动"。这些描述是关于他的老师们的个性和教学技巧的,这也是受访者描绘的理想教师形象。

在本段叙述的最后,受访者还提到他可以"根据老师的授课内容""很好地学习",这意味着他将有效的学习归功于教师成功的教学。受访者完全接受课堂教学模式,因此可以说受访者的学习在某种程度上取决于其课堂教学的有效性,并且受课堂教学质量的影响很大。

乌特曼经历的主要学习过程是她的学校组织的进阶教育和职业学习,这对她并没有明显的意义。

(2) 乌特曼:"我认为不能从这种短期培训中得到更多知识或者技巧。对于其他工作和职业,学习内容将大不相同,像管理人员、专业工人、工程师等,将有越来越多的机会获得培训和学习,因为他们的知识始终是不断更新的。但是对于学校的语言老师来说,他们所需要的知识总是一成不变的,而且多年来没有任何变化。"

在她看来,她认为参加诸如"短期培训"之类的职业教育对她没有用,因为教师的学习内容没有改变。她也将自己与"管理人员、专业工人、工程师"进行了比较。后者需要不断学习新知识。从这个意义上讲,进修和职业培训的效果和功能因职业而异。她认为,职业知识不变的人无须参加专业进修。

三、社会因素

1. 社会因素代表性传记案例及个人背景——以罗斯的经历为例

受访者罗斯(Roth)于1967年出生于德国的一个南部城市,是当地市医院的一名员工,也是该市大学医学院的博士研究生。高中毕业后,他入读了信息学专业，该专业包括广播电视技术、信息数据和办公软件等。

大学毕业后，他选择成为挪威博物馆的志愿讲解员。工作期间他学习了一年的英语，然后可以用英语为访客讲解。他在博物馆的主要任务是解释和展示不同艺术的历史和起源。志愿者工作结束后，他申请了在医疗机构中从事专业医疗服务工作。在工作期间，他开始感到自己缺乏专业的医学知识，因此他有了重新在学校读书的想法。根据家人的建议，他选择在同一城市的夜校学习。毕业后，他参加并通过了大学入学考试，以医学科学专业研究生的身份入读大学，并找了一份兼职护理助手的工作。

2. 罗斯叙述的核心段落分析

（1）罗斯："最重要的是，我去当义工，只是因为我喜欢，社会的公共福利当然应该受到公众的关注，因此我希望能对公众和社会有所帮助……我选择了在大学学习的专业，但是我们并不总是根据就业市场或企业的偏爱来选择专业。当然，我本可以根据就业市场选择自己要学习的专业，以便于毕业后得到一份好工作。我还是觉得自己的兴趣更重要，选择肯定还是要根据自己的爱好来的。"

他从事志愿工作只是因为他喜欢，因此他希望选择能够使他感到舒适和快乐的工作，无论薪水如何。他具有独特的工作视角，这与其他很多人不同。他将志愿者工作视为"公共福利"，应该由"公众"来共同完成，因此他从事志愿者工作的动机是从小就形成的社会道德。从这一方面我们可以感觉到，相比于自己的利益或工作，他更关心自己的社会义务。

同时他进行了比较，以表明选择专业的原因与其他许多人不相同。他没有根据"就业市场或企业的偏爱"来选择专业，而是根据自己的兴趣继续学习。

（2）罗斯："志愿人员在德国很受欢迎，从我们年轻时起就可以承担一定的志愿者工作，因为我们是从社会中招募来的，而我从14岁起就开始从事志愿者工作。因此，我当然愿意继续在我的国家从事志愿者工作，直到现在我还在继续做志愿者工作。"

他解释了成为志愿者的原因，"在德国很受欢迎"一词表明他受到社会大众思想的影响。他提到从14岁就开始从事志愿者工作，这意味着他从小就习惯从事志愿者工作，对他来说，这也是一种学习经历。最后一句话强调志愿者工作的位置，"当然愿意继续在我的国家"，这表明他将志愿者工作的地点限定在自己的国家。

（3）罗斯："第二次世界大战后建立了夜校，战争结束后人们回到了家，但是他们获得读书的机会很渺茫，因此政府帮助他们组织了夜校，因为在白天，大多数市民不得不上班，而他们学习的唯一机会是在晚上……而晚上上课的时间是从下午6点到晚上10点，从星期一至星期六，通常一周中的六天的晚上都要上课。当你想参加大学的入学考试时，必须证明自己具有科学和逻辑思维的能力，而这也是通过夜校获得证明的，这也是我参加夜校学习的原因，可以学到任何想要继续研究的东西。当你决定参加夜校学习时，其实也有一个缺点，因为周末没有太多的业余时间，每天晚上必须去夜校，而周末要休息。"

从这一部分中，我们可以感觉到他很善于并且喜欢向别人解释一些概念。他清楚地解释了关于夜校的细节，甚至包括夜校学习的时间和持续时间，这意味着他在夜校有着较为深刻的个人经历。起初，夜校的主要目的是弥补战时对知识的缺乏，但现在，它的目的是为工人在下班后继续接受教育提供机会。参加夜校的另一个原因是"参加大学的入学考试"，以实现大学进阶学习，更重要的是对"科学和逻辑思维"进行"证明"的能力。因此，在夜校学习不仅为了获取知识，还为了获得大学入学证明，这也是一种以实用为目的的学习。他说"周末没有太多的业余时间"，表明他有这种经验，他已经花费了大部分的业余时间来学习，这也表明他有较为强烈的学习决心。

（4）罗斯："总而言之，那是一次很棒的经历。而且，我还可以学习一些东西，如历史事件和故事。当然，我可以学到的东西比学生还多。我始终觉得这很有意义。我也有一个很好的机会来练习英语，现在我的英语非常好，那时候我会说英语，并且用英语讲故事，所以我在志愿工作期间已经讲英语很多年了。因此，我的英语水平达到了高级水平，那些年我的志愿者工作经验，可以看作一笔宝贵的财富。"

他觉得自己可以从这种志愿者经历中"学习一些东西",如"历史事件和故事"。这也意味着他把这份工作视为学习过程,也属于终身学习。他认为这种经历"很有意义",这表明他觉得在工作中学习对他很有用。"始终"一词意味着他很长一段时间以来一直在脑海中保持着这种观点,对他来说,边工作边学习是一个很好的状态。他还在众多游客面前树立了自己的威信。因此,他从这项工作中学到了很多。他不仅学习了更多的英语,还在这项工作中将自己培养成为更有能力的公众演讲者,这意味着他可以轻松自在地从事这项工作。

3. 概要

被访者决定在进入大学深造之前找份工作磨炼一番。他的学习相当理性,目标明确。出于个人需要和工作要求,他在社会上工作了许多年后再次开始学习。他没有过多提及自己的早期学习经历,而是专注于当今的学习,如在大学和夜校学习。他给出了具体的例子并分享了自己的感受,这意味着他对自己正在学习的知识及学习的最终目的非常清楚。这是一种极具激励性的学习形式,他的学习不是出于物质或务实的目的,而是出于他的兴趣和职业目标。

他提到自己的工作情况和工作地点的日常情况,这表明他非常珍惜这种工作经历。这些生动的描述向我们展示了他在生活和学习中的性格,如学习兴趣、爱好、公共福利和职业理想,而非金钱或其他物质问题。因此,他的学习和工作理念可以被认为是较为纯粹和理想化的。

职业是他学习的动力,如第一份志愿工作帮助他学习了英语,而他的职业使他意识到自己缺乏医学知识。因此,他的学习和工作是相辅相成的。从以上分析可以看出,他的学习受到很多社会因素的影响,如他的工作要求和职业理想。

4. 核心类别

(1) 工作要求和自我完善的需求

对于大多数德国受访者而言,重要的社交活动之一就是工作,而工作中的效率和提升需求使他们意识到自己缺乏专业知识,激励他们寻求职业学习来弥补这一不足。也有一些受访者选择继续学习,以提高他们在社会中生活的技能。相反，很少有受访者的学习动机是基于寻求金钱或社会地位的。一些人会担心毕业后找工作面临困难，学习是为了增加他们的就业机会，提高其工作效率。

(2) 注重社会效益和服务公益事业

许多受访者在学习和工作期间都有强烈的社会责任感，他们的学习目标之一是为了社会的进步。大多数德国受访者在社会上工作和生活时都具有这种服务意识。换句话说，学习和工作不仅是为了个人，也是为整个国家和社会。许多德国人在学习期间，社会服务也被视为一种学习，因此受到德国社会的高度重视和尊重。同时，各种学习者对社会因素的看法也不尽相同。这些因素对学习行为的影响体现在不同的方面。社会资本和文化资本等一般的社会环境和氛围，将深刻影响学习的思想和信念。

(3) 对社会问题的关注驱动学习责任感

每个德国受访者都有关心社会问题的共同特征，他们比较喜欢讨论此类问题并思考解决方案。这种关注主要与自己的生活经验或专业有关。因此，受访者想要谈论的主题是社会中不同的重要问题。当他们谈论此类问题时，他们会将这些问题与学习有意或无意地联系起来，因为每个问题都可能与他们的教育息息相关。他们认为，学习永远是解决社会问题的好方法，尽管德国社会高度发达，但仍然有许多社会环境问题需要批判和思考。

(4) 从社会经验和工作获得的实践认知

社交经验和工作也被视为一种学习形式，因为受访者可以从日常工作和实践中学习专业知识和实践知识。与社会上其他人的接触和交流也是一种学习，可以帮助个人过上更好的生活。在大学学到的知识可以在工作中得到应用。因此，当个人无法应对社会工作问题时，最便捷的方法就是寻求继续教育的支持。自第二次世界大战以来，德国的社会状况和学习环境良好，当今德国的青少年学习条件较好，无须过多担心终身学习的经济支持问题。

第一，工作要求和自我完善的需求的支持性叙述内容。

受访者福科（Fock）讲述了自己的日常工作，这似乎对他的学习动机和兴趣产生了很大影响。从他的叙述中，我们可以看到他之所以会继续学习是为了更好地胜任工作。

(1)福科："在每次进行工作报告之前，我必须查找有关该主题的材料和文件，以便我可以更流畅地完成工作。否则，如果不学习任何专业知识，就无法做好我的工作。您知道，作为新闻工作者，对知识和专业能力的要求越来越高。"

在此部分中，他着重描述了知识在工作中的用途，他在工作之前突击学到的信息和知识可以使他的工作"更流畅"。因此，我们可以看到他的学习主要集中在每次工作报告之前，而这种学习对于他的工作是暂时的。为了做好工作，他需要学习"专业知识"，这可以帮助他取得工作成就。在此，他强调了"新闻工作"的要求，即"对知识和专业能力的要求越来越高"，这意味着他的学习是以工作为导向的。为工作而学习是一种长期的学习行为，他必须坚持以提高自己的工作水平。

受访者阿尔福（Alf）也具有类似的工作和学习经历，并且二者之间有着密切的联系。

(2)阿尔福："我找到工作后，情况有所不同。我必须为家人工作。例如，为了赚钱。更重要的是，工作内容是我已经学习或者将来希望学习的有趣的内容。在这个阶段，我可以选择在不同学校学习不同的有趣的专业。因此，直到这段时间的学习都只是为了我的工作，这是我一直非常关注的。"

他的学习也有为了个人改善家庭状况，他必须"工作"，为家庭"赚钱"，但他认为更重要的是"有趣的专业"。因此，他的学习基于物质需求及他个人的兴趣。

他说自己有"选择"，这表明他可以根据自己的兴趣决定自己的专业。因此，他的学习行为具有自由意志。从他的叙述中，我们可以发现他学习的目的主要出于满足工作需求和养家糊口。他的学习受到了很多社会因素的影响。他的学习目标还与他对工作环境的不满有关，工作环境和情况也是影响他学习的因素。

至于被访者斯坦（Stein），他未来主要关注的是其专业的就业市场。因此，他的学习目标是毕业后获得理想的工作。

(3)斯坦："我将在考试后拿到律师证并抓紧找工作，工作始终是改变社会的方式,因此我认为终身学习研究的最明显的目的是要弄清主要的学习原因和动机……但是一般的学习原因和动机都是为了使生活条件更好,包括提升社会地位等。"

在此部分中,他强调渴望工作的原因是他想"改变社会",他认为这是通过工作而最终能够实现的。因此,他的专业学习和他毕业后的工作选择都受到社会因素和他的社会志向的影响。

他用"最明显"来描述研究时明确"主要学习原因和动机"的重要性。从上面的叙述中,我们可以看出他在整个学习过程中最关心学习动机。他认为,"学习的原因和动机"应该是为了"使生活条件更好"和"提升社会地位",这属于物质条件和社会因素。最后一句话表明,他对自己说的话有坚定的信念。因此,物质生活条件和社会地位始终是指导他一生学习活动的主要因素。

受访者彭克(Penck)的阅读和学习内容专注于专业知识,因此这种学习主要立足于他的兴趣。

(4) 彭克:"选择专业的另一个重要因素是将来我的工作需求。每当我对学习感到厌倦时,我都会考虑自己未来的工作需要。然后,我告诉自己,毕竟我必须完成研究或学习材料,否则以后工作会很难进行,所以这也是我的另一种学习动机。"

从这一部分我们可以看出,他的学习并不总是能够依他自己的兴趣而定。他坚持学习是因为"将来的工作需求",这也是影响他学习动机的社会因素。当他"对学习感到厌倦"时,他用"每当"来表明"未来的工作需要"始终是他学习的动力。我们也可以发现受访者有时对自己的学习有"厌倦"的感觉,尽管这个感受是他潜意识所表达的。他利用自我激励法来激发学习热情和兴趣,从这个意义上讲,他的学习动机主要是由外在的社会和工作影响转变为他自身的内在驱动,形成了自我推动型的学习习惯。

第二,注重社会效益和服务公益事业的支持性叙述内容。

从斯坦的叙述中,我们可以看出他想学习法律,以便以其专业的法律知识帮助他人并解决社会问题。因此,他的学习行为是面向社会公益型的。

(1) 斯坦："我现在正在学习的法律知识非常有意思，并且我有很多精力和兴趣来学习这个专业，我可以从这个专业里找到帮助我更好地了解整个社会的知识和经验。"

他觉得"法律"的学习内容于他而言"非常有意思"，并且他"有很多精力"可以学习，这表明他喜欢自己学习的所有内容。"精力"一词表明他有足够的学习动力，这源于他对知识的渴望，以更好地理解社会运行规律。因此，他对于法律专业的学习主要源于他想通过这方面的学习来树立正确的世界观。"更好地了解整个社会"表明，他仍然觉得自己在理解世界和社会方面缺乏专业知识，因此他的最终学习目标仍然是应对社会问题，他的学习仍然受到社会因素的影响。

(2) 斯坦："也许之后我不仅会关注律师的工作，还会关注一些其他事情，如政治、法律或社会活动等类似的事情。我的目标和方向是对人文类专业的学习和应用。"

从这一部分我们可以发现，他的梦想和抱负不仅限于法律领域，而且他对"政治"或"社会活动"也很感兴趣，这也属于社会服务和工作。他用"也许"来表达对未来的不确定性，这意味着他已经在规划着自己的下一个职业。最后，他总结出自己的工作领域为一般的"人文类专业"，这意味着他只想在人文领域从事工作或发展自己的职业。可以说，他的专业择业心态都是基于社会因素。

受访者阿尔福更关注社会环境及社会中人与人之间的关系。

(3) 阿尔福："在我的专业中，您知道，主要的学习和研究内容是历史事件，并且其中一些仅仅是人与人之间的关系，因此社会因素始终是最重要的要素，值得我们学习和研究。当然，我不认为它们只是根据社会因素而定，社会影响始终是我专业中最重要的因素。"

在这一部分中，他证明了"社会因素"在他的专业和学习中的重要性，强调其"始终是最重要的要素"。因此，他的专业基于社会因素可能会对他的学习成绩和内容产生很大的影响。社会因素与他的专业之间的主要关系是从他的"学习和研究内容"到"历史事件"，再到"人与人之间的关系",最后是"社会因素"之间进行不断的转化。

在上述叙述部分中,他始终强调社会因素在其专业学习过程中的重要性,这意味着在他看来,社会因素始终是他学习行为中的首要考虑因素。

福科的工作关系到社会利益,以至于他的学习也基于社会利益的因素。

> (4)福科:"对于社会因素和环境,这些都是很重要的,因为来自社会、政治、医学、社会、经济及文化新闻等方面的最新新闻和信息,是作为一名新闻工作者的我应该始终关心的社会内容。"

在此部分中,他强调自己的主要学习内容包括诸如"社会因素和环境"下的各项内容,这些内容都与社会知识息息相关,因此可以说他的学习与社会因素紧密相连,这可能对他的学习内容和兴趣产生很大影响。在此部分中,他还四次提到"社会",这意味着他在日常谈话和访谈中总会重点谈论社会问题。

在该部分的结尾,他再次强调了自己作为"新闻工作者"的定位,这项工作的性质要求他非常了解社会事务和相关的知识,以便他可以在适当的时候充分发挥这些知识的效用。

受访者罗尔夫(Rolf)对于受社会因素影响的学习行为有自己的见解,他根据社会影响力提出了自己的学习思想和观点。

> (5)罗尔夫:"我认为,在这个社会中,每个人都应该有一个明确而坚定的学习目标,而这个目标可能完全是为了提升自己的职位能力或技能,或者只是想将来变得更富有。"

他提到"学习目标"应"明确而坚定",但是后来,他列出的学习目标全部属于个人的社会需求。例如,"提升自己的职位能力或技能",或"将来变得更富有"。由此,我们还可以发现他在参加职业课程之前也有这种需求。在他看来,物质需求应该是每个人在找到工作后做出进一步学习决定的有效动机或目标。

第三,对社会问题的关注驱动学习责任感的支持性叙述内容。

作为一名教授,被访者阿尔福对社会问题有很多看法,这也是他的学习和研究重点。

（1）阿尔福："我会通过专业和历史知识解释一下当前社会所面临的现状和问题。例如，人类面临的自然危机，我可以用历史知识和事件来解释这些形成的原因。"

他主要研究的是当前的社会问题，并通过他所学的专业知识来构建与社会问题之间的关系。从这个意义上讲，他在日常工作中的主要任务是研究社会问题，然后用他的"专业"和"历史知识"解释当前的"现状和问题"。因此，他的研究基于社会"现状"，这也意味着社会问题是他学习和原始研究材料的源泉。因此，可以说他的研究受到社会问题的影响很大。

福科希望通过他的学习和知识来改变现状并解决社会问题。

（2）福科："学习中我们可以非常清楚地知道处理此类问题的原则和方法。我也写了几本书，而且每一本书都是用我从报纸、电视节目、访谈中所学或积累的知识写的。"

对他来说，知识和学习的主要用途是"清楚地知道处理此类问题的原则和方法"。因此，他的学习也针对社会问题和自己的生活，这种学习有明确的目的，即面向社会的现状。他还谈到自己所收集的书，这些书是他的知识来源，也是他研究学习的主要资料，包括"报纸、电视节目、访谈"。因此，他的学习内容来源主要是社交材料，这意味着社交因素已经影响了他的学习内容和方法。

罗尔夫在学习过程中对社会热点问题，包括性别歧视等发表了很多评论，这意味着他在学习过程中主要关注社会矛盾，这对他的学习思想产生了很大的影响。

（3）罗尔夫："对于当今的大多数学生来说，他们更关心考试成绩，对社会实践的关注很少。例如，越来越多的学生宁愿待在自己的房间里，而不愿为他人做一些实际的志愿工作。"

他将谈论的重心转移到学生的学习上，认为其缺乏"社会实践"性。他认为，学生进行的学习活动应与"社会实践"和"为他人做一些实际的志愿工作"结合起来，缺乏此类社交活动和志愿工作的原因是，学生"更关心考试成绩"。因此，在他的认知中，他非常关心每个人从小就开始的社交生活，这也反映了他对社会因素和社会活动的教育功能的重视。"为他人"一词表明他关注社会利益，并希望为社会福利做出贡献，这也反映了他的社会道德和社会服务精神。

作为主要关注社会问题的人，被访者斯坦对社会事务和新闻也很感兴趣。

(4) 斯坦："对于律师而言，我的工作单位可以灵活得多。例如，公司、政府和其他重要部门，或者政党的法律顾问。因此，律师的工作范围不论现在还是将来，都会更广泛。"

他介绍了将来律师的工作地点，这意味着他已经为"灵活"的工作环境做好了准备。从这一部分可以看出，他不太在意自己的工作地点，但所有地点都与社会部门有关。他还列出了律师的许多工作，而且每项工作在社会上似乎都很重要，如在"公司"或"政府"部门工作。"广泛"一词表明从事法学专业的优势所在，即可以改变工作地点并获得广泛的发展机会，因此这也为法律从业者提供了"广泛"和"灵活"的工作环境和机会。

第四，从社会经验和工作获得的实践认知的支持性叙述内容。

罗尔夫的叙述说明了德国的社会支持体系，尤其是对个人的经济支持，以使他们的教育得到充分的资助。另外，在他看来，知识应该来自日常的工作和实践过程。

(1) 罗尔夫："在德国，继续教育有明显的优势，因为学生可以直接在学校获得继续教育，而不必担心资金问题，国家将承担职业学校和企业运营的部分费用和支出，而企业也将承担一部分培训费用。这样一来，处于专业工作岗位的工人就几乎不用为接受职业学校的培训付出很多。"

德国继续教育的"明显的优势"在于，每个人都可以在职业学校或继续教育学校中学习且"不必担心资金问题"。这反映了政府、公司、企业和个人对继续教育的支持。换句话说，整个社会都大力支持人们继续学习，并为社会中的每个人营造了学习氛围。因此，对于每个想提高自己的专业知识或能力的人来说，学习活动都变得容易得多，这是德国继续教育繁荣的经济基础。

受访者提到处于专业工作岗位的工人在职业学校接受培训的费用很少，这意味着尽管工人必须为这种学习过程付费，但费用负担很少。因此，社会教育体系提倡每个社会个体进一步学习专业知识。

旅行经历给阿尔福留下了深刻的印象，改变了他的学习方向和兴趣。他对当今青年的学习状况也有一些看法。

(2) 阿尔福："您知道，当今有很多基金会，可以为许多外国人，无论您是德国人还是非德国人，提供奖学金。这些新的奖学金制度很多是在战后随着德国不断发展而建立的。"

他对教育的经济支持情况进行了比较，显示了他所处的时代与当今这一代之间在获取教育经费方面的差异。他想表达的是经济困难对他这一代人的影响，因此我们可以看到他非常关心学习的物质基础。在这一部分中，他还希望展示出针对外国人的良好的社会学习环境，从发展的角度来看，当今的教育资助状况明显比他所处的时期要好得多。

阿尔福在工作和实践中的学习经验非常丰富，而斯坦的学习也受到他的实践经验的影响。由于他尚未毕业，他的学习活动是在大学而不是在社会实践中进行的。

(3) 斯坦："他们（父母）建议我能在学校学习期间走上社会找一些工作来做，他们认为这些工作可以提高我的学习效率和知识运用能力。"

在社会上"找一些工作来做"的建议表明，他的父母非常关心子女的社会和实践经验，找工作来做的目的是提高"学习效率和知识运用能力"，这意味着他的父母认为社会实践工作将有助于一个人的学习能力拓展。因此，我们可以发现，上一代对青年人的社会经验和实践过程的思考更多，社会因素在上一代人的认识中起着更为重要的作用。

(4) 斯坦："对我来说，我总是有很好的机会，而且，这是我学习此类专业的前提，社会可以确保我的学习权利，可以根据我的想法自由地决定我的学习兴趣和方向。"

他在这里提到社会"可以确保"他的"学习权利","总是有很好的机会"表明他在自己的学历和专业选择上享有自由。最后一句"根据我的想法"表示他可以学习自己感兴趣的任何专业,并且不受其他因素的阻碍。这反映了社会功能对每个人的学习和教育的作用,保护和确保每个人的学习权。他的学习受到社会因素的影响,可以根据他的想法实现自我兴趣和追求。

作为大学的教授,彭克则表现得较为专注于自身的学术,而并没有过多地与社会产生关联的想法和兴趣。

(5)彭克:"在现实中我没有与很多人就我的专业进行过深入的交流,我更喜欢独立地开展自己的研究。因此,我一直觉得没有办法到公司这种固定的职位上任职,我更希望在研究室做自己的研究。"

在大学学习期间,他不太在意自己的未来工作,这与目前学生在大学学习的想法形成了鲜明的对比。在大学学习期间,他的主要任务是进行"自己的研究"。因此,他只注意自己的学习过程而不会过多地被身边的事务分心。

由于他不太在意自己的工作,或者"现实中没有与很多人"进行过交流,因此他对于"公司这种固定的职位"并不是很感兴趣。然而,对于当今的社会而言,这种纯粹的学习目标已经较为罕见,更多的研究表明大多数在大学学习的学生并没有过多地关注自身所学习的专业,而是始终关注毕业后的工作机会等现实问题。因此,可以说,大学学习总是与现实情况相关,现实中的社会因素总是影响着每个学生在大学学习期间的效果和成就。

(6)彭克:"在这些活动中,借助互联网,我仍然可以与许多其他人进行交流。通过这些交流,我可以向他们展示我的观点和想法,我认为这是当今我的主要学习形式和风格。我现在不需要其他学习形式。"

除了自己阅读新闻和学习信息外,他还可以与他人交流"观点和想法"。从这一部分，我们可以看到他的学习方法和形式不仅限于传统风格，而且还依他的需要和兴趣。与他人就其专业知识进行的交流也可以看作一种社会活动，这意味着诸如人们的意见和观念之类的社会因素总是会影响他的观点。因此，这种学习形式可能在很大程度上受到与他人交流所传达的社会观点和思想的影响。在叙述的结尾，他说他不需要"其他学习形式"，这意味着他希望自己的学习形式简单，对自己的学习形式和学习内容已经很满意。

四、个人因素

1. 个人因素代表性传记案例及个人背景——以克里斯蒂安的经历为例

克里斯蒂安（Christian）于1984年出生于德国南部的一个大型城市，他的父母是当地工厂的普通工人。他在中学毕业后完成了毕业考试，然后进入大学，就读过程中他努力学习了相关的课程，与同学一起进行一些社会实践活动。获得学士学位后，他在另一所大学开始了硕士学习，后来攻读博士学位。

他在初中学习期间较为刻苦，成绩很突出。此后，他参加了初中毕业考试，之后他进入了文理中学就读高中。在此期间，他对政治和社会知识产生了浓厚的兴趣，他选择在大学期间就读政治学专业，他每天从报纸和书籍中阅读政治新闻和信息。

2. 克里斯蒂安叙述的核心段落分析

（1）克里斯蒂安："当然，我业余时间也会按照自己的爱好和兴趣来安排。当我有足够的空闲时间时，我想和政治问题上与我有同样兴趣的朋友们喝酒聊天。然后，看电影、上网也是我的爱好，但是上网的主要内容是浏览我很感兴趣的政治主题的网站，我对此感兴趣并充满好奇心，我会花费大量时间阅读有关此类主题的报纸或书籍，我想直接了解报纸和书籍中的政治问题及信息。他们（父母）从不告诉我要学习或不要学习，所以我的学习过程和经验都与父母的影响无关。我可以自由、独立地做出学习决定。"

第六章 中德终身学习活动的动机和影响因素

从这一部分，我们可以看出他也有很多休闲时间来做自己感兴趣的事。在业余时间，他喜欢"与朋友们喝酒""看电影""上网""阅读""报纸""书籍"，这些都是室内活动，适度围绕"政治问题"。他的兴趣也与他的专业有关，获取有关"政治问题及信息"的主要途径是报纸和书籍及互联网。从这个叙述中，我们可以看出他在学习过程中仍然偏爱传统媒体和材料，而对于现代化工具的使用并不是很热衷。同时，他用"好奇心"来描述他的学习动机。

受访者"可以自由、独立地做出学习决定"的原因是他的父母"从不"干预他的"学习过程"。因此，受访者可以享受"独立"的学习过程和经验。从这一部分叙述中，我们还可以发现德国父母对子女学习的影响也很大，但是这些影响对他们的孩子来说是一种松散的管理模式。在这种生活环境下，德国儿童在学习决策方面拥有充分的个人意志。

（2）克里斯蒂安："当我可以学到新东西并弄清楚一些东西时，这对我来说是一段愉快的时光，而且，我的乐趣常常来自学习有趣的事物并用所学到的知识解决难题。我不得不说，影响我的学习行为的最重要因素是我自己的兴趣。这意味着，当我对自己的专业感兴趣时，觉得自己可以在自己的专业上做得很好，那就是最好的情况。当我在学习过程中没有乐趣时，我会觉得很难再学习了。对于非正式学习，如阅读报纸或杂志及上网浏览相关材料。当然，我会坚持这种学习行为，而且这些行为都不是出于我的职业，大多数是出于我自己的爱好和兴趣。是的，我认为个人兴趣是学习期间最重要的因素。"

当他可以"学到新东西并弄清楚一些东西"时，他用获得"愉快的时光"来形容自己的心情，他渴求知识，而学习到的知识是基于未知的事物，他的学习动机是他对"有趣的"学习内容的好奇心和兴趣。他还对"用所学到的知识解决难题"感兴趣，这意味着他很喜欢在现实中运用自己的知识来解决所面临的问题。他的学习动机部分也是来源于社会的实际情况。

这是他第二次强调"学习行为"是基于他自身的感受，以此暗示自身的兴趣是他学习的"最重要因素"。这段叙述中他同时描述了自身的专业，这意味着他学习的前提是他对"专业感兴趣"。他用"最好的情况"来解释自己理想的学习形式,即强调自己的兴趣应该是前提,而学习的内容应随兴趣而变。在本部分叙述的最后,他还强调了在学习过程中"愉快"的重要性,如果他感到不愉快,那么他会认为学习对他来说"很难"。因此,可以说他的学习通常受个人思想和感情的影响。

这是他第二次提到"非正式学习",这表明他计划毕业找到工作后继续学习。"非正式学习"的内容主要涵盖他在日常生活中的兴趣爱好,因此他决定"坚持这种学习行为"。从这方面,我们可以发现他未来的学习将与他的个人爱好和兴趣息息相关,他的学习内容多是与他的专业有关,如政治新闻和问题。叙述结束时,他承认"个人兴趣是学习期间最重要的因素",这意味着他的学习行为和活动主要受爱好和兴趣等个人因素的影响。

(3) 克里斯蒂安:"在那儿学习的那几年,我对自己的学习内容很感兴趣。我学习很努力,成绩在班上总是很不错的。希望进入文理中学学习的人很多,想入学就必须适应如此紧凑的学习和生活节奏……对我而言,现在最重要的是我要寻找在政府部门工作的良好机会和职位,并且以我的知识和学习经验为社会服务。"

受访者首先从讲述自己感兴趣的"学习内容",这意味着他在学习时非常在意自己的感受。"努力"一词表示他学习时的积极程度。从前两句的叙述中我们可以看出受访者对自身的学习很关注,他可以获得"不错"的分数。在此部分中,我们发现他喜欢在谈论自己的学习经历时用形容词"很"来表达自己的强烈情感。

本部分的第二段叙述的是他对于进入中学后学习任务的思考,这项学习任务被认为是艰巨的,因为他认为在学习时应该承受"紧凑的学习和生活节奏",应该培养专注力和耐力。从这一部分中,我们可以看到受访者在学习过程中有自己的理解和经验。

他用"最重要的"事情来形容他寻求在"政府部门"就职的机会,从中我们可以发现他对毕业后的工作职位很在意,他对自己的未来有清晰的了解,他可以根据自己的计划和想法来安排自己的生活。他认为工作目标是"为社会服务",因此他在找到工作之前就已经有了自己的工作思路,这种工作思想和愿望表明他具有良好的社会道德感。他认为自己的"知识和学习经验"应该服务于社会。从这个方面,我们可以看出他已经有了自己的工作和学习目标。他的学习主要受他的个性和思想的影响。

(4) 克里斯蒂安:"在学校里最重要的事情就是学习自己爱好的东西,并努力学好它们……对于一份工作,我认为毕业后会很快找到一份工作,因为当我真的努力学习专业时,我在学习中肯定会表现完美,工作也不用发愁。"

他认为学习期间的主要任务是学习自己感兴趣的内容,因此可以说他的学习主要围绕着个人的兴趣和需求。这意味着他学习的目的是在自己的学科上取得良好的成绩和表现。"很快"和"肯定"这两个词表明他对未来的工作充满信心。

他不太在意自己将来的求职,而只在乎自己的学习成绩和表现,这是一种个人学习意识的表现,不受社会影响。获得"完美"表现的方法是紧贴自己的专业,这表明他有积极进取的学习目标。他不容易受到外在的影响,而学习对于他的生活的重要性已经在自身的认知中形成清晰轮廓。

3. 概要

在整个叙述中,提到最多的词是"兴趣",这是受访者学习活动的主要动机。他多次提到学习爱好、乐趣和行为是基于自己的兴趣。如果他在学习过程中未能产生任何兴趣或好奇心,那么他宁愿放弃这种学习。因此,我们可以说他是一个典型的学习动机纯粹的学生,他会根据自己的兴趣进行学习,他在生活中对学习和其他事情的所有决定都将基于个人的兴趣。

他还谈到了父母和同伴对他的学习和生活的影响,但这些外部影响只是一些建议,而无法对他的学习过程产生决定性作用。受访者也不太关心自己的未来工作。在整个学习过程中,他不想受到外界因素的影响,而只专注于纯粹的学习体验。

在他的叙述中,我们还可以看到他对于自己学习和生活的反思,这意味着他想研究自己的学习和生活过程,以从中获得启发。他的学习由个人的兴趣和好奇心而定,这也是许多德国学习者普遍存在的特征。

4. 核心类别

（1）自信促使个人形成独立自主的学习决定

德国受访者在学习过程中的一个共同特征是，几乎没有父母的干扰或影响他们学习决定的外部因素。因此，个人必须对自己的学习表现负责，并对自己的学习方法、目标、意义和重点有自己的看法。之所以如此是由于学习者很有自信，而这种自信心是从小开始建立起来的。当德国学习者谈论他们的学习经历和计划时，他们总是能从自己的兴趣和考虑出发，而不关注其他因素或他人的观点。因此，这种学习过程体现的是充分且完全的自主性。

（2）个人兴趣是主要的学习动机

几乎所有受访者的学习动机都没有来自社会或家庭的压力，显得较为纯粹。不同的受访者具有不同的学习兴趣和动机，这些兴趣是驱使他们在日常生活、学校或家中学习的动力，他们根据自己的学习兴趣，对学习内容有自己的想法。因此，他们对自己的专业知识具有独立的见解，这是他们学术思想的源泉。

（3）知识导向与务实导向相结合

大多数德国受访者愿意在上学期间和课后学习更多的知识，这不仅是出于个人利益，而且也是出于满足未来职业和社会需求的目的。对知识的渴望是基于个人对自身情况和学习成绩的理解，而不受外界干扰。德国受访者总是有强烈的学习意愿，尤其是当他们考虑以积极和非功利主义的观点进行终身学习时。

（4）对未来职业和学习行为有明确规划

在谈论未来的工作或学习计划时，许多受访者总能列出自己的具体计划。其中一些计划是从童年开始制定的，一直持续到成年。这说明他们在进入社会后会有明确的目标。因此，学习和职业规划是由学习者自己制定的，在他们的生活中从来不用担心来自社会或父母的压力。当德国受访者不太确定自己的生活中有什么问题时，他们不会向父母寻求解决方案，而父母也不会主动帮助他们；他们会求助于专业人士或经验丰富的人，如专业的咨询机构或者教师等，这表明他们对独立于父母而自我解决问题的途径驾轻就熟。

第一，自信促使个人形成独立自主的学习决定的支持性叙述内容。

汉娜（Hanna）的父母不仅在学习方面，而且在生活方面都尊重她的选择。

（1）汉娜："我现在和父母住在一起，但我必须在没有父母帮助的情况下自己照顾自己……因此，我养成了独立的习惯，自己做所有的事情，不会等待别人的帮助。"

在日常生活中，她可以"照顾自己"，这表明她可以独立照顾自己，也反映了她的家庭教育鼓励独立，因此她"养成了独立的习惯"。这也是一个学习过程，可以教她"不会等待别人的帮助"。德国人的家庭教育内容强调子女在幼年期间就逐渐培养自己的独立行为和意识，因此在成年之后能够自己解决生活和学习中的大部分问题，而父母在思想引导方面的任务则主要是辅助和提供咨询。

（2）汉娜："我也改变了他们（父母）传授给我的学习方法，因为其中一些不适合我。我记不住时间了。几乎在我上中学时，他们就不再过多关注我的学习，因为我自己可以很好地学习。"

关于学习方法，她并不想要模仿父母，她将自己的方法调整为"适合"她的，对她来说，这是一个学习过程，因为她不得不利用外界的帮助和经验，来对父母传授的经验和方式进行改造。这也表明她的行动是基于自己的需要和想法的，并且拒绝了她认为不"适合"的帮助。此外，在后续的叙述中，汉娜还提到父母对她的学习过程持较为放松甚至任其自然发展的态度，这意味着，父母根据她的学习行为和成就对受访者的能力非常有信心，这也反映了家庭教育使子女们有足够的自由空间发展自己的兴趣，而不受太多的限制。

同许多其他受访者一样，约瑟夫（Josepha）在学习上也能独立做出决策。

（3）约瑟夫："我的学习决定当然不受父母或其他任何人的影响，这些全都是我自己选择的。实际上，父母永远不会影响我对学习方式甚至未来工作的选择或决定，他们只是向我提供了一些建议和信息，但他们从不谈论我的选择或关于专业或职业的决定。"

在这一部分中,她谈到了家庭对其决策的影响。她认为父母"从不谈论我的选择或关于专业或职业的决定",而只是"提供了一些建议和信息",这意味着父母对她的决定几乎没有影响。使用"当然"一词表明,她完全有理由认为她的决定应由"我自己决定",而"父母永远不会影响"孩子的选择。

受访者乔拉恩特(Jolanthe)显然是自主学习模式的代表。

(4)乔拉恩特:"在整个学习期间,在我上大学的过程中,我会说,我的家人或社会没有对我的学习施加任何压力。"

她否认家人或社会"施加任何压力",这意味着她认为自己的所有学习都不受家庭和社会权威的约束。从这一部分,我们可以认为她的学习过程始终不受父母和社会压力的影响。一般而言,大多数德国受访者总有这样的清晰表达和认识,即他们在学习和生活方面不受社会和家庭的影响。

乔丹(Jordan)父母对他的学习过程不做任何干预,他的学习过程取决于自己的想法和决定。

(5)乔丹:"在数学上,我想说这可能是一种才能……我觉得我可以在金融和经济学领域做得很好。"

他将自己在数学上的表现评估为"才能",这表明他对自己的数学很自豪,从这一部分,我们可以看出他的职业生涯是建立在发现他的才华的基础上的。他发现自己才华时的感受是基于他的主观认识,这可以看作影响他学习和职业选择的个人因素。在此部分中,我们还可以发现他很自信,强调自己可以"做得很好"。

(6)乔丹:"我的父母不干预我对专业或职业的选择,他们也支持我学习经济学专业的决定和在银行工作的梦想。"

他提到了父母对自己职业选择的态度。从这一部分我们可以发现,他的独立性是在他的家庭教育背景下形成的。他的父母不干预他的选择,并支持他的决定和梦想,表明他的父母让他自由选择并独立完成自己的梦想，而不会给他施压。同时，他的父母积极支持和鼓励他的计划。从他的叙述中也可以发现，他的父母在日常生活中也没有干预他的私人事务。因此，这再次证实了他可以按照自己的意愿做出决定，而无须考虑其他外部因素。

（7）乔丹："他们的职业是农民，他们教育我要为自己的兴趣而工作。他们还告诉我，正如他们相信的那样，我将来会成为一名优秀的经济学家。"

他提到父母的职业为"农民"，以表明父母的职业在他的学习和职业发展过程中的影响微弱。他们唯一能给出的建议是"为自己的兴趣而工作"。在这种情况下，受访者会根据自己的兴趣或才能形成自己的行事风格。换句话说，他的父母对他的学习和生活经历的影响非常有限。最后他说，他的父母相信他可以"成为一名优秀的经济学家"，这鼓励受访者坚持自己的梦想，要为自己的计划而努力，这也是开明的家庭教育的表现形式。

由于特殊的家庭结构，受访者克雷伊斯（Kreis）从小就做出了学习决定和选择。她的学习完全是由自己决定的，未受到任何外界干涉。

（8）克雷伊斯："由于我很了解自己的性格，我会选择更多符合自己思想观念的专业，这就是我选择哲学专业的原因。"

这一段叙述是关于她选择专业的标准，她非常了解自己的"性格"，由此她做出了选择，选择哲学专业的原因是她可以拥有"更多符合自己思想观念"的想法，这与上面的叙述一致，表明她只想学习能让她进行独立思考的知识。

第二，个人兴趣是主要的学习动机的支持性叙述内容。

从叙述中可以看出，克雷伊斯有着自己的学习习惯和严谨的行事风格，因此她可以选择自己喜欢的学习内容并坚持学习。

（1）克雷伊斯："在我学习期间，我的父母，尤其我的母亲不能过多地关注我的学习，因为她必须一直工作……对于我来说，我总是愿意学我感兴趣的东西。当我对某件事感兴趣时，我会学习这些东西，然后专注于这些事情。因此，我将把大部分时间花在做这些我非常喜欢的事情上，在做这些事情时，我会心无旁骛，而不能做其他事情。"

这部分叙述了她的父母对她学习的影响甚微，因为她的母亲忙于工作，无法了解受访者的学习情况，她的学习基本是自己独立完成的。这就是为什么她在学习上所做的决定总是基于她的内在需求。

在自由的学习环境下，她可以"学习这些"她感兴趣的东西。她的学习习惯是从小就形成的，她可以不受限制地学习任何她想学习的东西。在本节的最后，她强调了自己对有趣的学习内容的偏爱，表述为花费"大部分时间"在做和"心无旁骛，而不能做其他事情"。通过这种叙述，我们发现她可以真正专注于自己感兴趣的学习领域。

受访者汉娜对她的兴趣和爱好及从学习过程中获得的乐趣做了很多描述。

(2) 汉娜："我在阅读上花费了很多时间。在这个学习过程中，我总是感到很愉快，因为我有这样的学习习惯。"

这段叙述强调了她的阅读乐趣及"学习习惯"。在该部分中，她强调了"愉快"，这表明她对学习有一种非常深刻的感觉。她对学校的学习没有过多提及，但她几乎把学习等同于阅读，因为在她的叙述中，反复强调了她对于阅读的偏好。因此可以说，她的学习行为经常独立发生，而她偏爱的学习形式是阅读。她用"学习习惯"来表明学习是她一生中不可或缺的内容。

从叙述的内容中，我们可以看到约瑟夫对语言知识和地理科学非常感兴趣。她的学习动机是基于她的兴趣和爱好的。

(3) 约瑟夫："由于我真的很喜欢学习语言，所以我在业余时间学习中文。实际上，中文是我学习过的最困难的语言。实际上，对我来说，一开始我就觉得学习中文是我学习的所有外语中最费力的。由于我对中国文化真的很感兴趣，并且我有去中国旅行的梦想，因此我坚持学习汉语，并告诉自己，我能学得很好。我的老师也鼓励我，他同样认为我有学习汉语的才能。"

学习中文源于她"对中国文化真的很感兴趣",并且她有"去中国旅行的梦想",这些都属于她的兴趣和喜好。她学习中文是"最费力的",但是支持她学习的动力是她的兴趣和"去中国旅行"的梦想,而并不受家庭或社会的外部因素影响。

(4)约瑟夫:"我的中文语言伙伴说我可以在中国正常生活,与中国人正常交流,而没有任何语言障碍了。起初,我学习汉语只是因为我喜欢学习语言,但是很长一段时间我都没有使用过这种语言,而且,我总是觉得自己已经把它们都忘记了,现在虽然我记得的中文单词有限,但我还是可以写一篇中文文章的。"

这是她第一次通过转述他人的评价来描述自己的学习活动,本部分还涉及对她的学习结果的评估。她想达到的目标是与讲母语的人"正常交流",但是她在这里没有提及任何有关认证或考试的信息。她学习中文不是因为物质或社会原因,而是因为她喜欢学习语言。她使用"起初"和"现在"的比较来表明她已经"忘记了"很多学过的内容,这表明她对无法继续学习中文而感到遗憾。因此,她想表达的是学习不应中断,而应持之以恒。

(5)约瑟夫:"我对地理研究和学习也非常感兴趣。当我很小的时候,我很清楚地记得各个国家和地区在地图上的位置,而且我的地理老师总是称赞我是一个能将地理研究做得很好的才华横溢的姑娘。"

此部分说明了她对地理的兴趣来源。她凭借自己的才能记住"各个国家和地区在地图上的位置",也由于受到老师的称赞,她有了更为明确的学习动力。因此,她学习地理知识的兴趣源自个人兴趣、自信和外在激励。她"很清楚"地提到了自己对国家和地区位置的记忆,以表明她对地理学习和自己的表现充满信心。"总是称赞我"表明她多次受到老师的认可,这使她对学习有了更大的信心。

乔拉恩特受过的家庭教育使她能根据自己的兴趣和想法来决定自己的学习内容。

(6)乔拉恩特:"我的学习全部基于自己的兴趣。并且对一些我想知道的知识抱有强烈的好奇心,但我也受到家庭教育的影响。当我对某件事或知识感兴趣时,我会告诉自己要积极地通过自己学习把这些内容掌握住。"

在本部分中,她将自己的学习描述为"全部基于自己的兴趣"。"全部"一词表明,她的学习是一种绝对的自我激励行为,而不受其他的外在因素的影响。这表明她的学习是相当独立自主的,而这也基本是德国受访者中普遍存在的现象。

受访者决策中的想法形成的原因是"受到家庭教育的影响",这使她得以独立。因此,受访者可以从小就在学习上做出自己的决定,而无须父母或家人的帮助,这是典型的德国家庭教育风格。我们可以发现,德国的家庭教育的目标在于训练子女的独立性。

当乔丹可以学习有趣的内容或玩自己喜欢的游戏时,他就可以表现得很好;而他对于不感兴趣的知识内容的学习则表现得相当不好。

(7) 乔丹:"从童年开始,我就感到尽管我在许多科目上的表现都不太好,但是我在数学上可以做得很好,而且我总是感到自己对数学问题很感兴趣。"

受访者从自己的生活经历、兴趣和才能展开叙述。在此段叙述中,他两次使用"感到",这意味着他非常在意自己的个体感受。换句话说,个人因素是他学习过程和生活经历的主要因素。

第三,知识导向与务实导向相结合的支持性叙述内容。

约瑟夫的学习过程伴随着较为正规化的知识学习,这些学习内容都是根据她的意愿和兴趣而定的。

(1) 约瑟夫:"我有机会去法国旅行,在那之前,我可以感觉到我的法语还算不错,而且我可以流利地与法国人交流而没有任何困难。因此,我对自己的法语学习更有信心。"

她谈到了自己的法语学习,这表明她对此感兴趣,该部分叙述主要展示了她建立法语学习"信心"的过程。对她而言,口语练习比独立阅读更有用。当她有机会"流利地与法国人交流"时,她会感到"没有任何困难""更有信心"。这表明，通过与母语人士交谈的实践经验，她对日常的语言学习树立了更为充足的信心。

（2）约瑟夫："在课堂上，我不是最活跃的，但我可以完全理解课堂的内容。每次课后，我都可以与来自法国的伙伴一起练习法语，然后我可以快速提高我的法语水平。"

在这里，她再次使用自我评估方法来显示她学习上存在的不足，即"不是最活跃的"，但她在课堂上努力学习并抽出时间积极训练，包括每次课后，"与来自法国的伙伴一起练习法语"。"每次"一词意味着她有学习的毅力，这也表明她找到了一种适合自己的快速学习方法。她的叙述基本都围绕着自己的生活和经历，因为大多数句子以第一人称"我"作为开头。

（3）约瑟夫："我会一直学习，并且可能会在我的一生中保持学习，因为我喜欢学习，并且当我有时间学习时，我将全心投入学习，而不会分心……但有一个问题是，我没有太多的时间去学习，所以，您看我的书包里总有一本书（从她的书包里拿出一本书），您知道，这是一部法国小说，我计划在火车上阅读它。"

之所以要在"一生中保持学习"，是因为她"喜欢学习"，尤其是"不会分心"，这意味着她将以更高的效率学习自己感兴趣的内容，第一句话即表明她决定终身学习。她也提到"没有太多的时间"，她决定利用每一分钟来学习，包括"在火车上阅读"。这表明她养成了毕生学习的习惯。她在这里的表现，包括从包里拿出书的行为，表明她对节省时间的学习习惯感到习以为常，并觉得是理所应当的。

（4）约瑟夫："我并不总是能轻松地理解这本书的内容，因此我必须一直使用字典。在这个学习过程中，最重要的是我可以学到很多新单词，而且我能在阅读过程中学到作者的思想，尽管阅读过程会更长且更难。"

她用"必须"来表达自己对读一本很难理解的书的感觉，但她会继续读书，因为她可以"学到很多新单词"，而且她阅读的目的是学习"作者的思想"。这表明她的阅读不是出于社交或物质目的，只是源于自己的兴趣。

（5）汉娜："我大部分时间都花在学习上，当然在假期还是会休息的，但在学期中，我宁愿在图书馆学习而不是出门玩耍或出游。同时我也参加了社会和学校组织。这会花一点时间，但是不会太多。我有自己的日程安排，除了学习之外，不会在其他事情上浪费很多时间。"

本部分描述她专注于学习，尽管她在日常生活中没有提及自己的学习形式，但是我们可以认为她将大部分时间花在阅读和学习上，因为她总是"在图书馆"。她说"大部分时间都花在学习上"，这表明她的生活很简单，只需要学习。与其他包括"出门玩耍或出游"等在内的社交或学校活动相比，她宁愿独自"学习"，这意味着她在日常生活中会将自己的时间更多地放在自己认为重要的学习上，而不想在其他事情上花费很多时间，她认为这是对时间的"浪费"。

被访者乔拉恩特有与他人交流的兴趣，尤其是与外国人或陌生人交流，她专注于语言学习，以便拥有更多的沟通技巧。

（6）乔拉恩特："实际上，我的外语学习并不总是专注于语言本身，而是更多地与外国人交流，如面部表情、语音、语调及肢体语言等，因为我发现这是比语言本身有趣得多的内容。"

在此部分中，她谈到了沟通技巧，如"面部表情、语音、语调及肢体语言"。她认为将这些内容加以锻炼是与他人进行沟通的实用技巧。因此，她学习语言不是为了获得纯粹的语言技巧，而是"与外国人交流"的技能。我们可以看到她具有明确的学习动机，而她所有的学习就是为了实现这一目标。在学习过程中，她自己的决心和认识比任何其他因素都更为重要。

乔丹在学校学习后逐渐确立了明确的职业目标，因此他的学习兴趣正是基于此。

（7）乔丹："我感到在学习中表现出色的原因是，我确切知道高中需要和想要的东西是什么，而我只是在那里学我感兴趣的科目。"

在他高中阶段取得出色表现的原因是他了解自己的需求和兴趣所在，这表明他不仅在学习中有具体的目的，而且对自己的才能和兴趣有清晰的认识。他的学习效率极高,他用"确切知道"来表达自己对学习目标和学校可以做的事情所具有的强烈自信及情感。

(8)乔丹:"我毕业工作之后,还在继续教育类型的学校就读,下班后在课堂上学到了更多关于金融和经济学的知识……这段时间的学习对我来说是一段刻苦的时光……我真正在为自己的金融专业学习而努力,因为我坚信自己可以完成课程并成为银行职员。"

在叙述中,他通常使用"我"来开头,以表达他的观点或看法,这意味着他关于学习的想法大多以自我为中心,并不断强调自己的感受。他用"刻苦"形容他在继续教育期间的学习,原因是他需要在下班之后还学习"更多关于金融和经济学的知识"。这意味着他希望能在繁忙的工作之余学好金融知识。他的学习动机则是"完成课程并成为银行职员",表明他对自己的职业生涯有较明确的规划。

克雷伊斯选择专业的动机很纯粹,这始终指引着她的生活和学习。

(9)克雷伊斯:"实际上,我喜欢挑战,而且我喜欢克服生活中的每一个困难。我喜欢渐渐地让自己的生活变得越来越好的这种感觉,这也许是我的学习动机。"

以上是关于她性格的叙述。她"喜欢挑战",从中养成了克服"每一个困难"的习惯。这是由于她从小就缺乏父母的关注和照顾,家庭教育的缺失使她养成了自立自强的性格。她只选择自己感兴趣的学习内容的习惯就是基于这种性格因素,她"克服生活中的每一个困难"是她从学习经验中获得的坚定的想法,因此她会对生活中所必需的各种专业知识感兴趣。她在该领域的学习动机是克服"困难",以使自己的生活"越来越好"。这是个人的学习目标,对其自身的发展具有相应的促进作用。

布兰德在选择自己感兴趣的专业时也会考虑他的未来职业。

(10)布兰德:"之所以选择中文专业,是因为我的大多数德国同学和同事都会对发展中国家的情况感兴趣,而中国的发展速度令人惊讶,因此您不能忽略这个国家的发展及中欧之间的关系……因此,现在我想对该国进行专业研究,将来有可能为德国的外交政策做更多的事情；而且我相信这些关于中国的知识将来对我的专业研究也会很有用。"

在本部分中，他提到了选择中文专业作为其研究领域的原因，其中包含许多专业的想法和思考。他通过分析，使大家相信他选择了最合适的专业发展路径。研究中欧关系的最终原因是将来"会很有用"，并"为德国的外交政策做更多的事情"，所以他只是想让他的研究对社会有用。他并不关心物质目标，而是强调此专业的知识在其职业发展过程中的作用和前景，因此其专业学习兴趣基本是和其职业发展紧密相连的。

第四，对未来职业和学习行为有明确规划的支持性叙述内容。

乔拉恩特对未来的规划基于她的旅行经历和所就读的专业。

（1）乔拉恩特："在大学期间，我觉得学习太忙了。这对我来说似乎很困难，因为我总是想在短期内完成许多任务。这意味着，我会在一段时间内安排很多事情。但是这样的学习其实不是我的必修课的内容，而是源于我自己的兴趣和我个人的愿望，因此有些只是选修课的项目。"

尽管她觉得自己的"学习太忙了"，但她自己制定了学习时间表，这意味着她想在大学期间尽快完成学习并尽量多学到知识。她选择这种学习方式的依据是她自己的兴趣和性格，而不是外部因素。总体而言，她喜欢这样的学习模式，尽管有时她会觉得自己的日程安排很紧凑。

她选择的课程不是基于大学所做出的安排，而是基于她的兴趣，因为她选择了一些"选修课"的科目。这表明她对在大学进行自主学习感到满意，她的理想学习形式和风格主要是独立学习，而不受外界因素的干扰。

（2）乔拉恩特："我不敢说这是我的学习目的，但我认为学习的目的和动机会随着我的经验和思想而改变，如在旅行期间，我一次又一次地改变了学习的想法。每次我都感到自己正在成长，学习变得更加明确和有意义。"

从她的话中我们可以发现，她对"学习目的"和"动机"有自己的见解，由于她的旅行和语言学习经历，她认为自己的学习想法"一次又一次地改变了"。在她看来，学习动机应始终处于变化且不断改进的过程中。

被访者在旅行中将自己的生活经历与学习思想和情感联系起来，以便得出学习动机的变化规律。因此，她的学习经历显得较为灵活和实用。

受访者克雷伊斯会根据自己的学习经验和对专业的理解来谈论她对未来的规划，并希望通过她的专业知识帮助更多的人。

（3）克雷伊斯："对于我的未来，我喜欢学习现在的专业，但是我没怎么考虑过未来或我的职业方向。如果按照我现在的专业继续学习下去的话，我可能会想成为一名哲学领域的教授。我认为这个职业不是很有用，因为我只能花很少的心思，用有限的知识来帮助少数人，这样就会被限制在一个很小的范围内。如果研究工作做得很好的话，作为教授很可能会很容易出名。"

本部分是关于她对未来毕业后的工作的看法。从她的叙述中，我们可以发现她不太在乎自己的工作，因为当前对她来说最重要的是她的学习经历和感受。由上文可知，她对专业的评价不是很高；相反，她说该专业"不是很有用"，因为它仅"在一个很小的范围内"帮助到有限的人，而不会影响社会上的许多人。由此可见，她对自己的专业有客观的评价。她也会考虑成为"哲学领域的教授"，表明她对自己的职业有一定的设想。她对这项工作的理解基于她对专业的清晰认识，因此她依靠自己的思想和观念来判断自身的职业发展前景，而不受外界因素的影响。

乔丹从中学起就对未来制定了规划，他希望在自己的一生中能积极为了这一目标而努力。

（4）乔丹："当我入读高中时，我做出了一个决定，就是将来成为银行的职员。"

从进入高中开始，他就用"做出了一个决定"来表明自己有这样的职业计划。然而，并非所有受访者都能像该受访者一样，在此学习阶段就做出清晰的职业规划。甚至大学毕业后，许多受访者才对自己的职业有一定的了解。因此，受访者可以被看作一个有能力安排自己生活的人。他的愿望是将来"成为银行的职员"，这与他在高中时的学习经历相呼应，并且是他对童年时代的愿望的进一步拓展。

对于未来的工作，受访者汉娜有一个清晰合理的计划。

(5) 汉娜:"对于我的职业,我不想选择与父母职业相关的,因为对我来说,我总是觉得他们的职业很无聊。"

这部分叙述详细说明了她的独立性。从"不想"一词中,我们可以感受到她渴望不受他人干预的强烈情感,她之所以没有选择父母的职业作为自己今后的职业方向,是因为她认为"他们的职业很无聊"。因此,她对自己的未来职业有着清晰的认识,她想自己选择职业来发展。从这一部分叙述中,我们还可以发现她在专业和未来的选择上完全不受父母的影响。"无聊"一词表明她选择专业的标准是基于她的兴趣。由此看来,她有一个评估职业的明确标准。

(6) 汉娜:"我决定选择这所大学的金融专业,而且对我而言,选择该专业的原因是,我认为我在与金钱相关的专业上能做得很好。确实,在我的童年时期,我对数学和计数特别感兴趣,所以我能想到的理想专业是金融。"

她之所以选择"金融"专业,是因为她认为自己"在与金钱有关的专业上能做得很好","对数学和计数"有特别的兴趣。对她来说,与货币相关的专业可以激发她的兴趣,这就是她选择金融专业的主要原因。她选择金融专业的依据是她自己的才华和兴趣,而不考虑其他因素。

(7) 汉娜:"我喜欢自习,喜欢在安静的环境中独立阅读。大学毕业后,我觉得在教室里学习不够充实,所以选择通过计算机和互联网来学习。"

以上是她关于学习形式和内容的叙述。她更喜欢在不受干扰的情况下独自进行学习和阅读,这种学习形式总会受各个因素的影响。最后一句话显示她的学习工具是"计算机和互联网",这意味着她想使用新的学习手段和资源。

(8) 汉娜:"我认为没有必要在固定的时间和地点学习,但学习可能会非常灵活,当我想学习时,可以在任何地方阅读或学习……我想我会坚持生活中的学习习惯,每天我都想读一会书。因此,在我的日常生活中,我将始终不间断地学习。是的,学习已经是我生活的一部分了。"

她讨论了自己对学习时间和地点的看法，从中我们可以看出她的理想学习形式应该是无限制的，自由的。她养成了随时随地阅读的学习习惯。她得出"学习是生活的一部分"的结论，体现出她已经将学习当成日常应当做的事情。她的主要学习形式就是阅读。

尽管约瑟夫并没有过多谈论自己对未来的计划，但她根据自己的学习情况对自己的未来进行了规划。

（9）约瑟夫："我可以学习对将来的工作更有用的语言。毕竟，当我学习一门外语时，我便可以与他人无障碍地交流，并且我可以更多地了解其他国家的风土人情和有趣的事物。我非常喜欢法语，并且我对法语很感兴趣，所以我想在大学的第一年学习法语。"

学习语言是为了"将来的工作"，但是这并不意味着这是她学习的主要或唯一原因。她认为语言也是"与他人无障碍交流"的工具，这不仅是她的兴趣，也是她工作的前提。她提到"更多地了解其他国家的风土人情和有趣的事物"，这意味着她想根据自己的语言技能掌握更多的当地知识，语言学习对她的生活和未来的职业更有意义。从最后一句话，我们可以看出她对学习法语有着非常强烈的意愿。

第三节　中德终身学习活动的影响因素比较

如果仅从以上对中德叙事内容的分析来看，两国在终身学习问题上的区别仍不够明显。因此，有必要在相对模糊的情况下，使用坐标轴的分析手段，以清楚地识别终身学习的影响因素。

一、个人与社会因素的两极化分布

根据叙述内容可知，每个受访者都谈到学习的动机和影响因素。从叙述内容中我们还发现，学习动机主要包括"个人的兴趣和爱好"和"功利"两个方面；至于影响因素，则有四个核心类别，包括个人、家庭、社会和学校中的教师及同伴。这四个因素根据叙述的侧重点不同而有所不同。例如，德国受访者多认为他们在学习中依赖个人的决策力，而我国受访者则认为其他影响因素在学习过程中更为重要。此外，我们可以将个人影响划分为内部驱动力，将其他三个因素划分为外部驱动力。不同的驱动力会给受访者的学习行为带来不同的影响甚至压力。

但是，这并不意味着不同的影响因素没有任何联系或相似之处。在研究中，还可以从不同类别中找到各种影响因素相互叠加的某些特征。例如，我们可以发现决策中的个人性格和本能思维不仅取决于个人因素，还取决于社会因素，这些因素由于外部压力而激发了个人的叛逆精神。在这种情况下，外在影响可以改变个人的性格、学习态度甚至对生活的观念，最终的行为便可以显示出个人的独特性。

我们可以将"个人"和"社会"设置为坐标轴的 x 坐标的两极，"个人"指标包括基于个人本能的动机和影响因素。根据威廉姆斯（Williams）对内在动机因素的解释，内在动机可以包括参与热情、好奇心、挑战和社交互动等。[1] 内在动机的特点是"富含热情和自我驱动力，富有挑战性，使人在学习中感到愉悦"。[2] "社会"指标通常是指外部动机因素，包括"满足他人的期望、完成他要求做的事情、认可、竞争"。[3] 个体在外部动机因素的驱动下往往会迫使自己专注于学术研究，感到被外在压力驱使着参与学习活动，并且总是希望付出最小的努力来获得最大的成就。

二、权威型与自主型的两极化分布

此外，研究中还必须考虑外部环境对个人学习过程和表现的具体影响。我们发现，个人学习过程中的某些因素非常重要，因此可能会比其他因素发挥更大的作用。这可以分为两种类型，即"权威型"和"自主型"。

"权威型"包括从具有一定权力的主体所下发的命令或者要求。对于

---

[1] WILLIAMS K C, WILLIAMS C C. Five key ingredients for improving student motivation[J]. Research in higher education journal, 2011：1-23.

[2] AFZAL H, ALI I, KHAN M A, HAMID K. A study of university students' motivation and its relationship with rheir academic performance[J]. International journal of business and management, 2010(4)：80.

[3] WILLIAMS K C, WILLIAMS C C. Five key ingredients for improving student motivation[J]. Research in higher education journal, 2011：1-23.

学习者而言，其所受到的权威型要求基本来自教师、父母等长辈及社会背景下的各层级的宏观政策等。根据鲍姆林德（Baumrind）对此的阐释，我们可以发现"权威型"对执行力的要求很高。[1] 一些受访者提到他们在父母的施压下学习他们不感兴趣的东西。例如，中国受访者彭谈到他在求学和工作期间均受到来自父母的压力。外部环境的影响对个人的学习乃至生活态度具有不可估量的作用，因为"青少年的适应能力随父母的影响而变化，包括权威型或专制型特征等"。[2] 由此，我们不能忽视个人学习行为背后的原因，如影响个人学习态度和规划的正面或负面观点等。但是，权威型的并不能断定就是消极的，因为"青少年可以从权威型的教育中受益"。[3] 有研究表明，"在权威型家庭教育中成长的孩子在能力、成就、社会发展、自我认知和心理健康方面，都比在放任不管或缺乏管教的家庭中的孩子的表现要更好"。[4] 此外，在课业成绩方面，经受权威型家庭教育的子女通常要表现得更为突出，其平均成绩也相对较高。因此，我们不能简单地假设这样的权威型因素会造成负面影响，在与终身学习有关的研究中，可以更为深入地分析其特征。

在这项研究中，我们可以将来自外部环境的所有压力和强制力归纳为权威型因素。与社会影响因素本身相比，权威型因素不仅影响个人学习，还影响着个人学习观念、态度、目标、动机、活动等。

根据通常的解释，"自主"是指自我制定自身行动计划及规则，它是在道德、政治和生物伦理哲学中发现的一个概念。[5] "自主"也意味着理性个体做出合情且不受强迫的决策的能力。在道德和政治哲学中，自主经常

---

[1] BAUMRIND D. Current patterns of parental authority[J]. Developmental psychology monographs, 1971(4):1-102.

[2] STEINBERG L, LAMBORN S D, DARLING N, et al. Over-time changes in adjustment and competence among adolescents from authoritative, authoritarian, indulgent, and neglectful families[J]. Child development, 1994, 65(3): 754-770.

[3] STEINBERG L, LAMBORN S D, DARLING N, et al. Over-time changes in adjustment and competence among adolescents from authoritative, authoritarian, indulgent, and neglectful families[J]. Child development, 1994, 65(3):754-770.

[4] MACCOBY E, MARTIN J. Socialization in the context of the family: Parent-child interaction [M]//E M HETHERINGTON MUSSEN P H. Handbook of child psychology: Vol. 4, Socialization, personality, and social development. New York: Wiley, 1983:1-101.

[5] BASTABLE S. E-study guide for: essentials of patient education[J]. Cram101, 2012:10-23.

被用作确定一个人行为的道德责任的基础。① 从这些概念中，我们可以发现，人们在日常生活中对生活和学习的态度是自由的，且不受强迫或束缚。因此，自主学习活动主要由个人的思想、知识、经验和见解所主导，而这些思想、知识、经验和见解均属于内在本能。自主学习形式与专制形式是相互对立的。

在研究中，许多叙述者表示他们的学习过程受到个体认识的影响，这意味着他们的学习态度和行为是独立的，很少或几乎没有受到其他人的影响。我们可以使用外在控制动机和自主自控动机的相对概念对这些学习思想进行分类。其中，外在控制动机是由外部因素诱发的，而自主自控动机却来自个人的思考和感受。由于自主动机与创造性相关，因此它对于个人成功和社会发展至关重要。自主动机与内在思想和观点有关，它的"特征在于能够自主选择并以自我行事方式进行"。外在控制动机受到外部压力的影响，这些压力迫使人们以特定的方式行事。因此，"行为者将其活动视为自身与外部影响之间的因果关系"。②

我们不能仅仅根据外在和内在影响来区分自主动机和受控动机。根据加涅（Gagne）和德契（Deci）的定义，"内在动机是内在的自主性，因为行为者将与执行的任务有关的因果关系视为内部的；而外部动机则需要在活动和一些可感知的后果之间发挥工具作用。③ 然而，"外部动机可以位于自主型和受控型之间的连续性上，这取决于感知到的因果关系"。④ 因此，动机不能可以简单地分为外在和内在动机，还可以划分为"自主型"和"权威型"动机。

自主型和权威型动机不能简单以利或者弊来评判，因为每种动机对不同的人有不同的影响。研究表明，"对自主动机低的人进行客观而精确的激励，将会对其行为和成就产生一定的促进效果，而对于自主动机高的人

---

① AKRIVOPOULOU C. Protecting the genetic self from biometric threats: autonomy, identity, and genetic privacy: autonomy, identity, and genetic privacy[J]. IGI global, 2015:129.
② GAGNE M, DECI E L. Self determination theory and work motivation[J]. Journal of organizational behavior, 2005(26): 331-362.
③ GAGNE M, DECI E L. Self determination theory and work motivation[J]. Journal of organizational behavior, 2005(26): 331-362.
④ KUNZ J. Objectivity and subjectivity in performance evaluation and autonomous motivation: An exploratory study[J]. Management accounting research, 2015(27): 27-46.

而言，情况则恰恰相反"。[1]。此外，"当个体自主动机水平低的时候，其对某个特定任务则不会关注，而仅仅强调对任务的完成程度，而具有较高的自主动机水平的人实际上更在乎任务的具体内容，其更为强调对任务的确切特征的把控"。[2] 因此，如果有自主学习的动机，则学习者会以更高的效率或驱动力来进行相应的学习活动。

在研究中，我们可以在纵向的 y 坐标上设置"自主"和"权威"动机，以解释和描述外在和内在因素在不同方面所表现出的更深层次的原因。

三、双维度因素之间的联系与区别

在由"个人与社会"及"自主型与权威型"所构成的双维度坐标中可以发现，与横向 x 坐标轴上的个人或社会影响因素不同，纵向 y 坐标轴上的自主和强制动机表明叙述者对他们的学习行为和过程的更深刻而本质的思考。个人或社会影响因素只能描述可能影响每个人学习过程和行为的客观因素，但它们并不直接影响个人的学习和生活过程。在纵向的 y 坐标轴上，我们可以从外部和内在因素中找到影响学习绩效和行为的更深层次动机，这些因素对叙述者的学习行为具有重要的影响。然而，这并不意味着我们可以忽略客观因素。因此，我们需要充分考虑外部和内在因素及其对学习表现、思想和行为的直接和间接影响。

四、"理想类型"的构建和表征设定

从实证角度来看，我们无法确定每个人或每个群体的普遍类型属性，每个人都有自己的个性化特征，尽管其中一些人具有相同的社会生活和学习背景，但区别仍然较为明显。因此，本研究考虑用"理想类型"来描述具有典型或极端表现及不同类别的一般类型和特征。

---

[1] KUNZ J. Objectivity and subjectivity in performance evaluation and autonomous motivation: An exploratory study[J]. Management accounting research, 2015(27): 27-46.

[2] DECI E L, RYAN R M. The what and why of goal pursuits: human needs and the self-determination of behavior[J]. Psychological inquiry. Inq, 2000(11):227-268.

"理想类型"结构是韦伯对现代社会学的最重要贡献之一，是作为一种客观看待现实的方法论工具，对于社会科学的研究具有理论预测性和知识架构性。"理想类型与价值无关，它作为研究工具的功能是用于分类和比较。"① 正如韦伯所说："理想的典型概念将提高我们研究所需的归因能力，它不是对现实的描述，而是旨在为这种描述提供明确的表达方式。"② 因此，可以充分使用理想类型这一工具，来描述和证明影响受访者学习动机的不同因素类型。我们没有设置具体示例作为标准范例，但我们在一般研究领域中将这些示例和案例作为一个整体进行了研究，并根据每种叙述的不同特征，在学习过程中的每种经验的支持下，通过将 x 和 y 轴标记为抽象概念来提取抽象类型信息。"理想类型不是纯粹的概念，而是通过对具体问题的实证分析而创建、修改和强化的。"③ 因此，理想类型不是用来描述实证研究结果或结论的具体场景，而是用来描述抽象概念并解释每个模型的类型，作为一种由影响因素的不同特征构成的"测量工具"。图 1 可以清楚地说明每种类型的关系和特征。

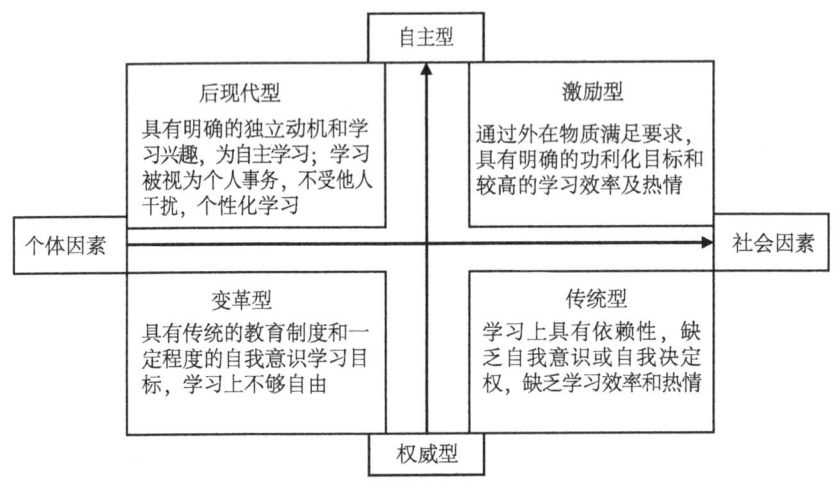

图 1　理想类型

① PRIYADARSHINI S Weber's 'Ideal types': definition, meaning, purpose and use[EB/OL]. [2020-03-01]. http://www.yourarticlelibrary.com/sociology/.
② WEBER M. Die "Objektivität" sozialwissenschaftlicher und sozialpolitischer Erkenntnis[M]// Gesammelte Aufsätze zur Wissenschaftslehre. 4. Aufl. J. Winckelmann. Tübingen, 1973:146-214.
③ PRIYADARSHINI S. Weber's "ideal types": definition, meaning, purpose and use [EB/OL]. [2019-01-19]. http://www.yourarticlelibrary.com/sociology/.

通过对叙述中每种学习方式和关键词出现频率的总结和概括，可以得出各种类型的特征。

1. 后现代型

在这种类型中，学习动机基于个人的需求和意愿，而不依赖于任何外部影响。这种类型也可能会导致终身学习出现个人主义的情况，因此这种类型也被标记为"后工业化"或"反思性现代性"。经济全球化和现代知识的传播对社会和专业学习的个体策略提出了越来越高的要求①，人力资本在社会背景下具有独立类型的现实功能而受到高度重视，增加了个人的灵活性。因此，学习决定和选择被赋予了充分的自由度。学习的功能和效果具有一定的非即时性，尤其是终身学习的成效具有相当的滞后性，使得相应的学习成果在社会中显现不出其应有的效果，因而具有这种学习态度的社会，显然倾向于采用"新自由主义"的学习方案②，以支持个人化学习行为。

2. 激励型

这种类型也表明"社会功利主义"是整个终身学习过程中较为重要的影响因素之一。然而，来自外在的诱惑和压力使学习动机具有内生性的特征。换句话说，受内在因素影响的内在要求和学习意愿一直在促进个人的学习进度和成效。在这种类型中，可利用的个人资源被称为"人力资本"，社会要求和压力在个人学习过程中获得整合。

3. 变革型

这种类型具有学习目标的自我意识。由于传统的、压抑性的社会和教育制度，变革型会限制学习自由，家庭、学校、教师、社会和同龄人在个人的学习过程中仍然扮演着重要甚至举足轻重的角色。这种类型的人在学习过程中表现出矛盾的特征，其学习动力来自外在因素和内在因素。在许多叙述者的青春期阶段，这种类型扮演着重要的角色，他们在学习或生活

---

① ALHEIT P. While the music lastes: grounded theory[J]. Methodology, 2013:32-39.
② ALHEIT P. "Between cultures": reflections on the possibility to compare different educational mentalities[R]. Lecture at Porto Alegre, 2013:1-6.

的其他方面缺少相应的独立能力。这种类型通常存在于学习过程中的较短时间内,因为这种矛盾的状态不会长期存在,而是逐渐演变为"后现代型"或"传统型"。此类型的转变过程可以被视为向现代型的一种转变,这种类型一般可以在加速发展的社会中找到相应的形态,如在东南亚或巴西等发展中国家。①

4. 传统型

该类型主要特征是在学习上具有依赖性,无须自我意识或自主决策即可完成学习行为。这种类型很少表现出学习高效或对学习内容充满热情的特征,其学习影响因素主要来自家庭、学校、教师、社会和同龄人,因此个人的学习动机具有务实性。个人的学习决策及一生中的决定都受到外在因素的影响,人们一生中对学习和其他事物的观点受到压制,主要依靠外部因素,因此学习动机取决于外部环境。这种类型与阿亥特所强调的"社会限制性的凝聚力"类型非常相似②,都强调社会通过对个人学习行为的制约来促进个人的发展,从而形成整个社会的学习凝聚效应。

五、中德终身学习思想认知的类型

本书将每个叙述内容视为一个单元,其中包含不同的学习动机和影响因素,之后根据不同的类型特征,在图表上标示出来,并根据 x 和 y 坐标标记与学习动机和叙述影响因素有关的主要特征,然后将不同的点状以曲线的形式连接起来,最后创建出类型聚类图。③ 根据中德受访者的叙述内容,可以得出以下的类型聚类图。

---

① ALHEIT P. "Between cultures": reflections on the possibility to compare different educational mentalities[R]. Lecture at Porto Alegre, 2013:1-6.
② ALHEIT P. "Between cultures": reflections on the possibility to compare different educational mentalities[R]. Lecture at Porto Alegre, 2013:1-6.
③ ALHEIT P. While the music lastes: grounded theory[J]. Methodology, 2013: 32-39.

1. 中国受访者终身学习思想认知的聚类图

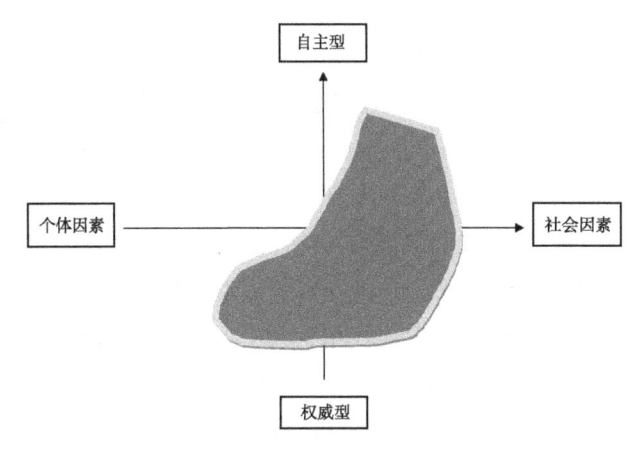

图 2　中国受访者终身学习思想认知的聚类图

2. 德国受访者终身学习思想认知的聚类图

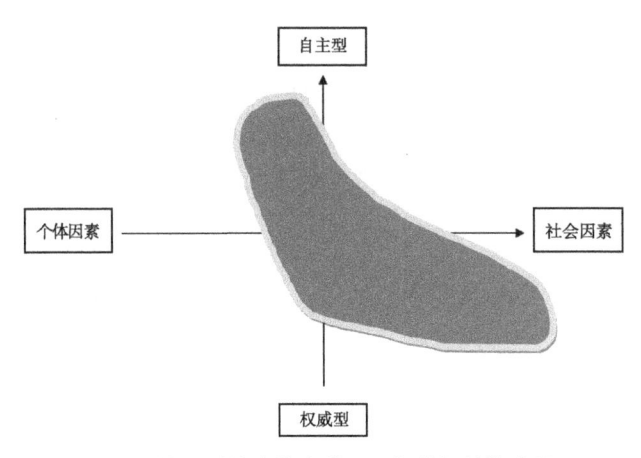

图 3　德国受访者终身学习思想认知的聚类图

从理论上讲，我国受访者在权威型影响下有不同的表现形式，研究中的样本主要表现为对父母的权威型教育方式有着较为集中的叙述，甚至有的叙述者指出尽管对父母言听计从，但从内心不赞同这种权威型的教育方式。而德国受访者在这方面则存在很大差异。我们还可以从以上的类型图中找到证据，即与德国受访者相比，中国受访者比德国受访者受到更为明显的权威型教育影响，而德国受访者将终身学习习惯建立在主观认识的基础上，同时也会受到外部因素的影响，如社会和国家的发展前景等。

我们可以看到，两国受访者在学习条件、观念和情感方面差异很大。中国受访者在学习过程中更加关注社会影响，并且更倾向于受到外部因素的影响。因此，学习模式具有一定的外部影响性和依赖性，其终身学习影响因素和动机的总体特征接近"传统型"，同时也与"激励型"和"变革型"略有交叉。而德国受访者的学习情况正好相反，其学习过程更加独立，能够自主决策，并且缺乏追求金钱、名望和社会地位等外部因素。德国的影响因素和动机属于"后现代型"。这意味着人力资本在社会中已得到足够的重视，而不受外部环境的影响。尽管学习过程较为自由，但终身学习活动也并未完全不受社会需求的影响。这种类型也趋向于"新自由主义"风格，这反映了终身学习领域的个人主义化，即不受个人终身学习行为的限制，并且学习特征扩展到社会的各个方面。

六、总结

在研究终身学习的影响因素和动机的方法和模型中，本文用到的方法较为实用。通过比较典型叙述内容，我们发现个体影响因素及终身学习动机方面的微妙区别。此外，还需要对具体的材料进行更系统的研究，以进行完整的分析。

第七章 中德终身学习活动影响因素的形成原因及背景分析

根据以上章节的叙述内容和具体的分析，很明显可以发现，中德受访者的终身学习条件存在许多差异。基于先前讨论的宏观、中观和微观因素，包括每个国家的历史、经济、法律、制度、教育实践和文化等因素，本文将针对具体的叙述内容和个人终身学习状况及每个国家的宏观层面建立三个角度的分析。通过这种方式，可以对终身学习的影响因素，如个人、家庭、社会、学校中的同伴和老师等背景因素进行调查，并将其与真实生动的生活联系起来。以下分析将更深入地研究个体终身学习效果、选择、决定和条件的影响因素。

第一节 家庭影响因素的形成原因和背景分析

一、我国家庭影响因素的形成原因和背景分析

1. 学习决定由父母直接影响

这反映了中国传统家庭对学习行为的影响，这也是中国传统教育文化在普通个体学习中发挥作用的结果。从古至今，家庭都是中国人日常生活中最重要的部分。父母、家人对于子女的学习和生活具有天然的关心和关注，而对个人的学习建议和指令则成为一种日常行为。当这种形

式的建议和指令成为权威化的影响并干扰了个人的日常学习和生活，如影响子女的学习选择和态度时，我们可以看到普通人的学习权已被这种权威所干涉。在受访的个体中，部分受访者谈及学习选择，认为自己在学习方面的选择是由家人或社会中的其他人做出的。从这个意义上说，传统的家庭关系已经超出了其应有的范围，影响并干预了下一代的学习权利。在许多保守的家庭中，学习上的选择是受父母甚至其他亲属影响而不是学习者自己做出的。当前，仍然存在着这样一种家庭教育形式，即命令子女服从长辈的建议和指令，而长辈在家庭中始终扮演着无可争议的权威角色。

保守的教育文化限制了个人与学习有关的创造性思维，部分受访者终身学习思想受到这种保守的家庭教育的极大限制。在我国，主要的教育文化起源于家庭，家庭培养是每个中国人童年时期的主要学习形式。在这种情况下，学习已成为家庭日常生活的一部分，个人的学习也已经不是个人的事情，而是整个家庭共享和讨论的问题。从这个意义上说，当前许多个体的学习不是由个人独立决定的，而是由整个家庭来共同协商的。此外，无论子女的年龄或者学习兴趣，家庭的父母或亲戚都更希望通过自身的经历或者经验为子女做出决定，或者给出指导性的建议或命令。在这种情况下，终身学习形式并不能够被所有家庭成员所接受，而如果整个家庭对终身学习持消极甚至负面的看法，则个体参与终身学习就会面临很多困难，首要的就是家庭的固有观念所形成的学习障碍，这也是很多受访者在谈到终身学习时其学习热情或主动性下降的重要原因。

2. 父母的经济和教育背景

这个因素主要受历史、教育、组织和经济形势的影响。首先，以往学习经费的主要来源一直是家庭，包括父母的收入等，因此父母和家庭成员在子女学习上主要是负担其学习费用。毫无疑问，家庭成员提供的这种经济支持对个人学习来说具有有效性或合理性，而当子女从家庭获得这种经济支持时，受教育的权利和权威也会从个人自身转移到主要供资主体，由此其学习行为和思想就必然会受到父母的影响。经过一代又一代的发展，其学习思想已经形成了较为固定的模式。因此，在当前的终身学习态度中，上一辈的观点和影响总是如影随形。

其次，中国的教育机构对于大多数学习者在离开学校后追求终身学习和继续学习的财务状况并不是很关注。换句话说，这种学习行为没有得到社会或教育组织经济方面的广泛支持。部分终身教育组织和机构的主要目的是获得学习者支付的学习费用，因此负担不起学费的学习者在政府规定的义务教育后将不会有继续学习或终身学习的机会。在这样的教育环境下，学习动机和热情无法提升。

目前正式的全职工作能够被社会肯定并获得适当的薪水，其他工作形式，如兼职或个体经营等，所得到的关注则较为有限。因此，在个人获得社会正式工作之前对个人学习的经济支持主要来自父母，而对于在做兼职工作的同时期待获得学习机会的人来说，其能够从外部获得经济支持的可能性则较小。从这个意义上讲，对于成人获取工作之后所期望进行的学习行为，应当提供充分的经济支持，以保障其学习机会及在社会中获得相对独立的学习资格。

3. 竞争压力使学习机会减少

部分受访者表示，生活中应该用于终身学习上的时间比较少，这种情况是由历史、经济和教育文化造成的。一般来说，很多人更愿意花时间在可以迅速获得回报的事情上。此外，学习行为并不能为学习者带来直接的社会或经济利益，其影响具有滞后性。在学校进行正规学习后，受访者从事终身学习的热情不高。此外，自古以来，每个工作的成年人都有养家糊口的责任，从学校毕业后，其首要任务已经从学习转移到了物质资源的获取上。从这个意义上讲，在工作期间，其对学习以扩充知识并没有多强烈的意愿。

当前社会的激烈竞争及经济状况，也使得部分个体更愿意放弃在工作期间的学习机会，而花费时间来获取物质回报。只有得到足够的财政支持和社会保障，个人在日常工作中为物质资料而奋斗的目标才会逐渐减弱，才愿意通过终身学习和其他学习形式来提升个人素质和能力。

在当前的家庭教育文化中，并不强调学习的知识获取或自我完善的功能，而是强调学习的物质和现实功能，如生活水平或社会地位的提高。因此，主要的学习动机也基于此类理念，并将学习的成效进行最大化的扩展。因此，部分受访者强调其将时间花在工作上，由此可以给个人带来更多实实在在的结果和成就。

4. 父母对快速成功的期望

中国家庭教育的重点之一是通过培养孩子在学校和社会上学习的良好表现以使其成才,对孩子的未来前景寄予厚望,体现在望子成龙的家庭教育目的观上。在这种传统思想影响下,个人的学习行为不是独立由自己决定的事情;相反,父母和其他家庭成员愿意更加主动且积极地参加到子女的学习活动中,希望通过自身的能力来帮助他们实现既定的学习和生活目标。这样就导致学习活动的主动性的产生不是基于学习者的自由意志,而是基于父母或家人的期望。

许多家庭期待子女能快速成功,这已经成为一种教育文化,因此持续很长时间却没有明确结果的学习行为有时被认为是无用的。在这种学习观下,家长对学习的选择始终侧重于孩子学习行为的直接成就。从这个意义上讲,传统型的家庭父母不热衷于终身学习,因为长期的学习不能带来明确的结果。此外,对儿童的教育始终是家庭日常生活中的一件重要事务,对子女的教育选择需要谨慎对待,甚至需要有一定的远见,以促进子女的未来发展。部分受访者的父母相信孩子们在自己的早年不能做出理性、长远的教育选择,因此他们更愿意替自己的孩子做出决定。

二、德国家庭影响因素的形成原因和背景分析

1. 家庭成员对孩子学习的态度

受访的德国家庭中的父母很少干预子女的学习行为或过程;相反,家庭成员有时会根据自己的个人生活和学习经验提供建议,而对孩子的学习成绩不会施加压力或寄予期望。父母和家人对孩子学习的态度是建立在德国的历史状况和整体教育文化的基础上的。

在德国,当孩子达到一定年龄时,父母认为孩子应该与社会接触[①],

---

① ELLIOTT B. Biography, family history and the analysis of social changes, in time, family and community: perspectives on family and community history[M]. Shanghai Peoples' press, 1999: 44-50.

而不要依赖父母。孩子们有自己的房间,大多数父母都非常尊重孩子的生活方式和个人隐私。一般来说,未经孩子的允许,父母不得翻查孩子的私人物品,出于对个人权利的尊重,每位德国父母都鼓励子女独立。此外,家庭原则还包括每个人都应该尊重和保护自己或他人的权利。

德国儿童按照其个人权益生活,大多数德国学习者否认他们的学习行为受到家庭因素的影响,不会在学习过程中得到父母的命令或意见,因此其个人的学习决定和选择更多地取决于他们自己的思想和观念。换句话说,叙述者对学习的态度总是具有自信,可以充分表达个人的想法、计划、决心和观点。在德国,学校参加活动和相关专业学习的事务被视为个人事务,不应受到父母的干预,家人强调注重为孩子的学习创造有利条件,而又不给孩子带来很大压力。他们也非常关注孩子的成绩,但没有过分强调对其成绩的期望。

德国受访者强调,其父母不会将自己的愿望置于子女的成长之上,而是以理性的态度对待子女的教育。德国父母更加注重在情感上鼓励孩子,并注重营造温暖友爱的家庭氛围。当孩子的行为不良或成绩不佳时,父母一般会非常用心地寻找原因,并积极思考解决问题的对策,而不会给子女施加过多的压力。父母不会要求子女获得最好的成绩或表现,而是会专注于训练子女自觉和主动学习的态度与习惯。

2. 儿童模仿家人的学习习惯

这种模仿行为通常基于国家的教育文化和历史。在整个历史上,德国人民经受了很多战争的苦难。例如,在德法战争以及第一次世界大战和第二次世界大战期间,每次战争之后,国家就需要重建。[1] 在这些重建时期,德国人将他们的艰辛经历及先进的知识和技能传授给了下一代。从德国的教育文化中,我们可以看出,大多数德国人在他们的童年时期就已经培养出严格、谨慎和独立的品质。其首先注重为孩子提供良好的环境,并从自己做起,为孩子树立榜样,强调家庭教育涉及生活的各个方面。因此,这种学习的模仿不是有意识发生的,而是在日常生活和学习中潜移默化形成

---

[1] KITCHEN M. A history of modern Germany: 1800 to the present[M]. John Wiley & Sons, 2011: 15-23.

的。这种模仿不仅影响学习习惯和兴趣,而且影响个人今后的工作和职业选择。我们可以看到这种模仿发生在部分受访者的日常生活中,因为每个德国孩子都从父母身上不知不觉地学习了生活技能和知识,孩子们可以选择向父母和亲戚学习或自己独立行事。

3. 家庭状况影响着教育的经济支持

当谈论学习机会时,对于德国受访者而言,很少有人对日常生活中的经济支持表示担忧,因此其经济来源基本能支撑其继续或进行终身学习。[1] 此外,还有一些通过兼职工作赚钱的渠道,而这主要得益于德国的社会和教育文化。在德国,家庭中的独立教育也反映在财务支配中,当子女出生后,父母会给子女设立一个银行账户,以使其将来能够学会理智地管理自己的财务。第二次世界大战期间和之后的家庭状况对儿童的学习过程较为不利,叙述者穆勒和曼恩证明,孩子们没有得到足够的教育,因为他们的父母每天不得不为了生计奔波。但在当下,学习者不再担心其物质或经济来源,如叙述者布兰德和蒂娜。因此,各代人的学习情况大不相同,父母对孩子学习行为的态度受家庭经济状况的影响很大。家庭状况也反映了社会情况[2],家庭中的儿童从小就养成了相对独立的习惯,大多数孩子在中学时期就已经有自力更生的赚钱能力。高中毕业或达到一定年龄后,孩子们将离开家,选择自己喜欢的生活方式。[3]

德国人特别注重对孩子良好素质的培养。例如,照顾动物是许多接受"爱心教育"的德国孩子的第一课,许多家庭要求儿童照顾动物,并在此过程中学会照顾自己。

---

[1] ROLOFF J, DORBITZ J. Familienbildung in Deutschland Anfang der 90er Jahre: Demographische Trends, individuelle Einstellungen und sozio-ökonomische Bedingungen. Ergebnisse des deutschen Family and Fertility Survey (Vol. 30) [M]. Springer-Verlag, 2013: 21-26.

[2] MACCOBY E, MARTIN J. Socialization in the context of the family: Parent-child interaction [M]//HETHERINGTON E M, MUSSEN P H. Handbook of child psychology: Vol. 4, Socialization, personality, and social development. New York: Wiley, 1983: 1-101.

[3] ROLOFF J, DORBITZ J. Familienbildung in Deutschland Anfang der 90er Jahre: Demographische Trends, individuelle Einstellungen und sozio-ökonomische Bedingungen. Ergebnisse des deutschen Family and Fertility Survey (Vol. 30) [M]. Springer-Verlag, 2013: 21-26.

4. 家庭教育背景和父母受教育水平

从叙述中可以看出，很多德国的家庭成员都受过良好的教育，因此后代的学习习惯和认知也受到父母和亲戚的影响，可以在学习期间通过父辈人的学习经验获得更为灵活且适合自身的学习方式，这种情况主要基于德国的历史和教育文化。在整个德国历史上，我们发现，教育习惯和认知的代际相传一直是社会较为关注的主题，即使在战时也确保了很多人的受教育权利和机会。[①] 对于每位叙述者来说，家庭教育的内容总是令人印象深刻，因为叙述者可以很清楚并详细地记得他们早年的家庭教育。

德国的教育文化表明，知识一直是受社会尊重的。在德国社会，知识渊博者，如教授或学者的社会地位很高。大多数德国人更喜欢根据自己的兴趣，追随知识渊博的人进行专业化和独立化的学习。由此使得这种教育文化，成为现代德国人终身学习思想中的一个传统因素。对知识的尊重，使得个人的学习更具备纯粹性。

三、中德家庭影响因素的形成原因和背景比较

1. 父母对子女学习的影响或态度的差异

与德国父母和家人对儿童学习的态度（包括允许孩子自由选择），我们可以看到部分中国受访者的父母在很大程度上直接参与子女的学习和生活。造成这种情况的主要原因是不同的教育文化、社会的传统和组成形式及父母与子女之间的关系特征等。中国强调并重视家庭关系，因此在日常生活中，家庭单位在社会生活中起着最重要的作用，家庭中的每个成员都较为重视家长的意见。正是这种传统的家庭文化，使得家长在家庭中的地位较为突出。在这种情况下，中国家庭的父母也会直接干涉子女的教育问题。此外，孩子在成年之前很少被视为独立的个体，父母和亲戚总是对孩子的未来感到担忧，并根据他们的自身经验，给孩子

---

① KÖLLER O, BAUMERT J. Parental Influence on Students' Educational Choices in the United States and Germany: Different Ramifications-Same Effect? [J]. Journal of vocational behavior, 2002 (60): 178-198.

提供相应的建议，以帮助他们顺利成长。例如，受访者彭的母亲说："他要在学校好好学习，只有学习才能改变命运，如果不努力学习，成年之后的生活肯定很糟糕。"

相比之下，德国的教育文化和法律则鼓励个人独立学习和生活。因此，在德国历史上，我们可以看到德国人往往善于独立学习和生活，而不受父母的干扰。一旦他们进入成年阶段，其学习和生活就属于他们自己的事务，父母不会考虑再资助他们的学业或者事业。此外，德国的法律保护儿童的受教育权，这些可以通过受访者穆勒关于他的家庭教育的叙述得到证实："我的父母，他们没有干涉我的事务，而只是让我以自己的意愿做事。"从这个意义上讲，德国的学习活动和选择属于学习者本人的事，而不受外界干扰。其终身学习过程也很独立。目前德国的终身学习活动显得较为自由。然而，这种学习形式也会具有一定的盲目性，有些受访者也提到其学习的过程中缺乏一定的指导，而显得较为无助，常常在学习阶段会碰壁。因此，在其学习过程也需要长辈的适时指导，从而使其在学习上有所收获。

2. 父母对子女学习成绩的期望差异

根据父母态度的差异，我们可以发现中国父母总是对学习取得成功抱有很大的期望，这是父母所强调的学习应具有的主要动力。但是，德国父母更希望自身的表现成为孩子的榜样，使得孩子愿意模仿父母和家庭成员的学习习惯，甚至走上相同或者类似的职业道路。德国受访者蒂娜的叙述内容就说明了这一点："就我的职业生涯规划和选择而言，我受到父母的影响，父母认为我做老师会很好，甚至对一个女人来说也很出色。"中德父母之间存在这种差异的原因主要是历史和经济状况及教育文化的差异。在中国，传统的教育文化和家庭文化强调孩子应当在学业成绩上表现得更为出色，并遵从父母的建议，父母的期望一般是个人学习选择和行为的影响性因素。另外，个人的学习行为和选择是家庭共同决定的事情，中国父母对自己子女的未来一直抱有很高的期望。由此使得学生的学习行为在追求知识之外还抱有一定的务实和成就性目标。叙述者池对此表示："我不想当研究生，因为需要更早地进入社会赚钱来养家糊口。"相比之下，德国父母视后代的学习行为为个人事务，德国学生的学习行为受到父母的间接和潜移默化的影响。叙述者布兰德表示:"我可以感觉到父母的影响,对我来说是很明显的,我可以感觉到父亲为我树立了榜样。"

此外,两国经济状况的差异也是终身学习现状的一项重要影响因素。在德国的日常生活中追求财富并不是特别必要,而中国家庭更关注其社会保障和与生活水平相关的经济状况等问题。受访者彭的叙述证明了这一点。他解释说,大学毕业后,"我可以通过大学学到的东西来赚更多的钱"。从这个意义上讲,对于学习目的的不同认识和期望,也极大地影响了子女的学习状态、形式和内容。而对于德国受访者而言,在其学习过程中,也并非完全摒除社会性,而是强调社会需求和个人兴趣的统一,同时部分受访者也强调其对于物质需要的重视,包括其学习过程和结果也是功利化导向的。因此,对于不同受访者而言,其学习目的的不同导致了相应的学习习惯和积极性的差异。

3. 儿童学习的物质保障和家庭环境的差异

中德两国的经济状况具有差异,两国的各个家庭情况也大不相同。德国的学习经济支持基础明显比中国高,尤其是对于终身学习,其本身也会被视为一种额外的学习行为,对其进行经济投入也被认为是在正规教育之外的非必须事项。在强大的经济支持下,德国学生可以不必担心物质问题而学习;而对于许多中国的受访者而言,其日常的生活中往往会将追求更好的生活作为工作和学习的目标。其中受访者池的叙述可以证实这一点:"我只是想赚钱向母亲行孝,因为那时我的家人还不是很富裕。"由此可见,学习的目的已经成为其实现物质目标的工具。

此外,两国的传统教育文化也很重要。中国传统文化注意强调家庭,个人的学习生活总是与家人息息相关。因此,学习更多的是一个集体化的事务。受访者龚说:"我必须与很多人打交道,并与各种各样的人聊天。"而德国人在选择学习和进修时并不十分在意家庭状况,学习的决策更多基于自己的意愿或需求,而且德国人在成年后,基本是自行负担自身的教育支出。因此,对于集体化的社交性学习并不热衷,反而更强调独立的学习行为。在完成相应的小组探讨之后,其更多的是独立进行资料整理和收集,并对相应的材料独自进行思考和分析。从研究中我们可以发现,许多德国受访者表示，他们的学习动机只是基于自己的需求，而没有考虑其他因素。这也是两国之间差异所导致的结果。

4. 父母受教育程度的差异

当我们讨论个人的学习行为和成就时，两国父母的教育背景也是一个关键差异性因素。从研究中我们可以看到，当父母受到更好的教育并获得较高的工作报酬时，他们就会对孩子的学习行为施加适当的影响。但是，当父母早年不能接受良好的教育或在工作期间收入不高时，他们则会在学习上过多在干涉孩子，并且可能在孩子的学习和职业选择上更具功利性。

两国父母的受教育背景不同的原因是两国的历史、教育甚至经济背景不同。中国的部分受访者提到由于历史原因，其父母无法获得充分的受教育机会，其教育水平普遍较低。相比之下，即使在战争年代，德国人也能不受干扰地接受充分的教育。[①] 例如，在第二次世界大战期间，德国人仍然需要在学校中接受教育。战后，德国的重建工作能够快速开展，得益于教育在社会构建过程中所发挥的正向作用。

当父母受到更多积极的教育时，孩子们就会从父母那里接受更为适当的家庭教育。德国受访者蒂娜的叙述体现了这个理念："从小，我就养成了读书的习惯，这是受到父母的影响，他们总是喜欢读书。"两国父母的教育背景不同的另一个原因是经济因素，这决定了每个社会中个体受教育的可能性。根据经济基础决定上层建筑的原则，经济状况始终是社会普通民众受教育机会的决定性因素。因此，许多无法在年轻时享有充分经济资源的家庭，就无法保障其子女获得良好的教育资源，而当他们长大成为父母后，则希望自己的孩子获得更多的学习成就，以弥补自己在学习方面的遗憾，这就促使家长对于子女的学习寄予更高期望，施加更大的压力，使得子女的学习受到父母的影响。

---

① BMBF. National Strategy for Literacy and Basic Education of Adults[EB/OL]. [2020-03-10]. http://www.bmbf.de/en/426.php.

第二节 学校影响因素的形成原因和背景分析

一、我国学校影响因素的形成原因和背景分析

1. 师生在学校教育中的影响

教师在个体学习过程中起着主导作用，这是由教师的职业特点、教与学的组织关系和教育文化决定的。知识大部分以讲授的形式传播，这意味着教学行为是整个学习过程中的重要部分，学生可以从老师讲授的知识中进行学习。个体的学习行为与教师的教学行为、方法和态度有着密切的关系，教师被视为学生学习知识的主要来源，这也是中国终身学习思想与课堂教学和教师角色有关的原因。

在教与学的组织关系方面，我们可以看到，教师在学生学习中的作用是必不可少的。叙述者易表示："我三年级有一位新的班主任，他对我产生了特别深远的影响。"学校的老师不仅会影响知识的获取，而且会影响个人的学习习惯、态度、目标、思想，甚至将来的人生计划。在大多数中国学生学习期间，学校是他们生活和活动的主要场所，甚至比家庭更为重要。因此，在这种情况下，学生与老师的关系在其学习过程中起着重要的作用。一些叙述者认为他们的终身学习思想和学习动机受到学习期间学习经历的影响，其中主要是受到他们老师的影响。叙述者晨受到老师的很大影响："那个时候，一个非常好的老师影响了我很多……告诉我在我年轻的时候就做我想做的一切，而不要等到以后追悔莫及。"在这种教与学的关系和组织环境下，学生在早期的学习行为很大程度上受到教师的态度和技能的影响。

传统的教育文化要求学习者的学习行为服从教师的指令，因此在早期的学习中，教师的角色和地位始终是无可争议的。从这个意义上讲，学生的学习思想总是从属于教师的认识，而教师一般作为主导角色在课堂上进行引导，考核形式主要集中在考试上，这由受访者若的叙述可以说明："像这样的课真的很无聊，老师教的所有内容都是关于考试的。"普通个体

的终身学习思想也受到这种教育文化的影响，个人学习态度和期望也会受到教师教学思想和方法的限制。

2. 参加学校活动对心态的影响

参加学校活动和承担班级服务工作是每个中国学生学习中必然会经历的过程，这种班级活动的参与受到中国整体教育文化和学习实践的影响。从传统的中国教育文化中，我们可以发现参加学校集体活动的历史悠久。在学习期间，班级同学之间的交往是学生最重要的交往关系之一。因此，学校生活在以后的终身学习和持续学习中始终起着重要的作用。由于每个学生在学习期间大部分时间都在与同学一起上课，因此同学和老师总是会影响学生在学校和生活中其他方面的思想。在班级中组织学生活动并担当一定学生职务的个人往往具有一定的个体组织能力和经验，这些班级角色不仅为班级中的其他学生服务，而且丰富了个体的社交经验。

如今，班级中的学生数量与日俱增，教师在上课时对于班级的管理也是一项繁重的任务。因此，在学校中，由学生协助教师管理班级的情况显得较为普遍。学校是大多数学生与陌生人建立联系和交流的首要场所，学生通过与同学和老师的互动来学习理解社会，并逐渐处理好彼此之间的关系。班级中的学校活动和职责可以促进学生的个人成长，提高其组织和管理能力。由此，教学实践不仅意味着教师与学生之间的双向影响，而且意味着学生与学生之间产生了双向影响。因此，学习经历不仅需要学习科学知识和内容，还需要社会和其他形式的培训。从这个意义上讲，中国学生在完成学校学习生涯后已经具有相当的社会化程度，也具有一定的社交能力甚至组织管理能力。当其进入社会时，他们对社会事务和生活问题的想法会更加成熟，这些经验将有助于其形成持续学习和终身学习的观念，因为这种学习过程不仅需要个人在学习期间积累学术或科学知识，而且要积累社会和工作经验。

3. 成绩提升带来的学习压力

根据中国的历史文化、教学实践和教育组织的运作，我们可以发现造成现代教育体系学业压力的根本原因。在历史上，对于成绩较突出的学习者有较充分的认可，其工作前景也较为光明，而那些成绩不理想的学习者则被认为前途黯淡。根据这样的评估标准，学习的主要任务是在学习期间获得较高的课业成绩，这是至今都在遵循的学习评价体系和理念。在这样的学习评价体系下，中国学习者从小就会将一部分学习动机视为获得高分。在受访者舒的叙述中指出："有时候我感到压力很大，因为他们只是问我，关于我的成绩和在学校的表现。"对于学生在学校的表现，受访者强调试图超越同学的过程会给自身的学习活动带来很大压力，同时害怕老师和父母对学习成绩和表现感到失望，导致的结果则是学习行为变得更加功利化。叙述者若坦率地说："我在课堂上学习的主要任务其实就是为了得到高分。"学生在成长过程中，学习规划主要基于务实的目标。因此，在学习成果不明显的情况下，愿意进行终身学习的意愿明显会减弱。学习者在期末和升学考试中获得的分数越高，进入更好的学校或大学就越有希望。在这样的评价标准下，普通人学习的主要目的就是获得更好的成绩和进入更好的学校。

学生在学校进行的日常学习活动始终受到周围老师和同学的影响。叙述者易对此进行了描述。他觉得："我在同班同学中很受欢迎，但是老师对我不怎么看重。"由于班上的学生越来越多，并且在学习期间的评价标准主要是分数，教师评估学生的主要手段也是考试成绩。学生不仅关心自己的分数，还喜欢与他人进行比较，如受访者陈在学习期间就非常关注他的同学的学业表现。他说："考试之前，有很多同学从早到晚都在复习。"从老师到父母，他们都把在学校的高分和良好的表现作为优秀学生的标准，甚至这种信念成为学生学习的指导思想。由此，为了获得更好的成绩，学生之间的竞争非常激烈。在此过程中，关于学习的想法也产生了一定的转变。

4. 大学和专业选择对高等教育阶段的影响

之所以受访者都较为重视大学阶段的学习经历，是因为学生在此期间将变得更加成熟，并且他们的世界观、价值观和人生观也可能会发生变化。在中国，大学在整个教育体系中发挥着重要作用，高等教育一直被视为每个学习者的最后教育阶段，因此从大学获得的学习成就似乎比任何其他学习阶段都重要。大学学习和生活是个体一生形成社会观念、理想、学习思想、计划和目标的关键时期。从这个意义上讲，大学学习经验和体会总是在影响学习者的各方面思维，不仅影响学习习惯，而且影响大学毕业后个人学习的意义、意愿、动机和思想。大学四年中，如果学生缺乏对大量的空闲时间的管理，而将宝贵的大学时光浪费在游戏等活动中，则不利于培养和形成积极的学习态度和终身学习的习惯。这就需要社会和高校更多地关注闲暇教育的功能和作用。大学毕业后，相比纯粹的专业学术知识，大多数学生更多地掌握了与人相处的方式和本领，同时理解了人际关系、社会事务在生活中的重要性。由此，非正式的学习生活显得更为重要且有效，学生在日常生活中学到的东西远远超出课堂书本知识。

5. 对学校学习效率的个人判断和理解

通过观察教学实践活动，我们发现教学过程一般是双向影响的，不仅存在教师到学生的知识转移，还存在学生对教学过程的反思和认识。经过多年的学校学习，学生对学校和社会学习活动、效率和意义有了不同的看法，毕业后的个体对学习也形成了各种各样的认识。对学校学习效率的判断和理解始终基于对教师的评价和对学校教学的态度等方面。对于学生而言，在校期间，班级是学生学习的主要场所，而与老师的接触是这一时期的主要表现。因此，学生喜欢评估老师，这对不同的学生有着不同的含义。在这样的评估过程中，将会产生关于教师的态度和习惯所引导的个体对于未来学习的想法。从受访者的叙述中，我们还可以发现，对于教师来说，在终身学习态度、思想和习惯方面，为学生树立榜样非常重要。

在中国学习者的传统认知中，大多数人喜欢在学习一段时间后立即评估和衡量学习的效果或成就。但是，在这样的评价体系中，终身学习的成果具有一定的滞后性和隐蔽性，其成果一般不能被评价和挖掘。如果没有直接获得学习结果或成就，学习者会对终身和继续教育产生很多负面评价。许多人毕业后就放弃了学习的机会，并对学习失去了兴趣，因为他们认为学校的学习内容已经过时，在学校学习了很长时间后感到与社会脱节，由此使得学习动机和热情下降。相比之下，当一个人发现学习对于工作或在社会中获得晋升具备有效性时，将在其一生中坚持学习。我们可以看到，用务实的观点和思维来评估和判断学校学习的效率是一种历史惯习。

二、德国学校影响因素的形成原因和背景分析

1. 教师在学习过程中的角色和功能

在德国，虽然教师对学生的影响是间接的，不会强迫他们遵守或服从教学指令，但我们仍然可以从访谈中发现教师扮演着重要的角色。例如，受访者乔治指出："是的，我在学校学习期间，我发现学校和教师对每一个学生的发展的影响是相当大的。"当许多叙述者回忆起他们学习过程的时候，他们中有些人会表达自己对老师的感激之情，甚至视教师为个人学习成绩的决定性因素。此外，个人的工作和学习习惯及对世界的看法，也都被老师影响着。因此，他们终身学习的观念也受教师的教学观念影响，这种影响主要是由德国的法律体系和教学实践导致的。

从普遍的社会认识和评价中可以发现，在德国，导师们的作用主要体现在学校的学习活动中。因此，在日常教学活动中，教师专注于教学活动和内容，而不干涉学生的个人决定。在学校，教师只是学生的引导者。从所有的叙述中都可以看到，在学校的多年学习中，教师们对他们有或多或少的影响；然而，当谈论到学习决策过程时，受访者一致认为他们很少受到老师的干扰或者影响。受访者汉娜认为学习的决定因素是她自己的想法："在我的学习和生活经历中，影响我的决定和选择的最重要因素是我自己。"从这个层面而言，教师的角色被定位为学生在日常学习中的助手，而不会直接给学生提意见或者为学生做决定，因为这可能会扰乱学生的正常思路。

在日常教学实践中，我们可以看到，教师授课的主要学习内容不仅包括纯学术的知识或技能，也包括思维方式和解决问题的方法。因此，每个学生不仅可以学习知识，还可以学习到更实际、更有用的技能及方法等。作为一名教师，受访者拉贝认为："我的老师不仅仅教了我很多知识，还有学习习惯、兴趣爱好，培养了我的个性等。"教学方法、对学生和专业知识的态度、在日常生活中对待学生的方式，甚至教师的道德等，都是评估教师绩效的重要标准。然而，没有一个德国的受访者谈到他们在学校里受到来自教师的压力。换句话说，学习决定和动机总是在学习者自己手

中,这可以通过受访者拉贝提到她"决心在长大之后在学校当老师"的未来规划得到佐证。

2. 对学校制度和教育理念的思考

我们可以看到,习惯性地批判学校制度和教育理念有其社会和历史根源。德国历史告诉我们,叛逆精神在德国很普遍。因此,生活在这样环境中的个体更独立,在富有挑战性的职业上更能激发出兴趣。在这种背景下,学校的学习活动并不总是服从老师,而是尊重学习者自己的想法。此外,学习者对自己在学校学习的有效性也会有自己的判断。例如,受访者彭克表达了自己对大学的看法:"在一所大学,教授的工作总是很紧张的,因为首先他要面临生活和教学两难的压力;其次,作为一个教授,他现在要面对越来越多的学生。"

年长的叙述者往往会评论他们所处时代的教育体制,并且和现如今的教育体制进行对比,从而得出年轻一代的学习习惯不如上一代,尤其是终身学习的观念和信仰已经缺失,得出的结论是目前的教育系统不如以前好。受访者彭克对此表示关切。"现在越来越少的学生对学习内容产生兴趣,并且不愿选择文科类的专业。"他认为德国学生应该在学习过程中逐渐形成批判精神,批评的重点是提出有针对性的建议。因此,在每一段叙述结束后,总会有一些人提出一些建议来改进教育体系以适应个人发展的需要。

这些思想反映了德国人的批判精神,这种精神造就了德国历史上许多哲学家。基于独立思想,德国人对自己的终身学习行为有自己的判断力,认为学习行为是私人的,应当不受任何干扰。受访者拉贝证实:"许多德国孩子们能从幼儿园开始就得到个性化发展。"这意味着德国从很早就开始为学生提供个性化教育。[1]

我们可以看到,由于大多数德国大学是公立的,德国的教育体系,特别是高等教育体系,与其他国家有所不同。换句话说,政府和社会已经为大学提供了足够的财政支持,包括教员和研究人员的薪水、学校的建设和

---

[1] SCHULZ D, L J, DU HJ. Authority: the constant vitality teacher-student relationship-the authoritative interpretation of the debate on teacher education in Germany[J]. Journal of Shanghai business school, 2009(3): 32-41.

维护、日常管理费用、学生补贴、图书馆资源等。但是，除了影响高等教育总体发展趋势的教育法律和政策外，政府很少在大学的内部治理上施加影响。例如，大学的校长和其他高级管理人员的选举、任命或罢免等都须由教授自己选举，而不受政府的干预。校长和教授无须事先征得上级批准即可进行教学和研究，教授治校也是德国高校的特征之一。

3. 同学和朋友营造的环境氛围

从叙述者口中我们可以知道，很多人在校期间都受到过自己的同学或朋友的影响。通过威廉的经历可以看出："在那段时间，我得到了很多同学和朋友的支持。"在学校，由同学和朋友构成的气氛始终是贯穿在学习实践和整个德国教育文化中的。

在德国，大学的教学模式总是建立在集体活动和讨论上的。换句话说，学习行为是通过充分的讨论获得的群体和组织智慧的集体活动，而非个人活动。我们可以发现，对于大多数德国学生来说，家庭作业不仅侧重于个别的内容，还注重分组学习，因此德国教师分配的家庭作业是由学生一起完成的。从这种方式来看，学习活动总是意味着在一起的学习过程中，每个学生都可能会受到彼此的影响。从这个意义上说，个人选择和思考在日常学习期间会不知不觉受到同学和朋友的影响。

整个教育文化表明，学习期间，对大多数德国学生产生影响的主要是他们的同学。在一个学习小组中的学生的思想、兴趣爱好，甚至是学习习惯都有共同点。例如，威廉发现他的朋友"和我有相同的爱好，因为我们都热爱足球游戏和拍照，因而，我们总是聚在一起玩和聊天"。终身学习和继续学习的兴趣可以从一个人转移到另一个人[1]，最终共享彼此的学习动机和目的。受访者布兰德给出了另一个例子，他的专业选择受到他最好的朋友对他的评价的影响："我的朋友们都可以感到我喜欢政治事务，每当有政治或集体议题，我一直积极参与，并热情组织和讨论。"因此，教育文化和环境可以说是相当重要的，对个人的学习态度有显著的影响。

---

[1] KÖLLER O, BAUMERT J. Parental influence on students' educational Choices in the United States and Germany: different ramifications- same effect? [J]. Journal of vocational behavior, 2002(60): 178-198.

4. 学校的特点和成绩表现

学校种类繁多，每所学校的特点也各不相同，如宗教或政治类学校将直接影响学生对宗教和政治的看法。学生对学校的组织管理的看法有所不同①，这种多样性的原因和背景存在于教学实践、教育组织机构的建立和运作中。

在德国 400 多所高等教育机构中，我们可以发现其层次是清晰的。大学的水平和类型已经稳定，大学之间几乎没有合并或升级。从这个意义上讲，每所大学都可以坚持其教育理念并保持其特色。当偶尔有相同水平的大学合并时，每个教育机构和组织都可以保留原始的学校特色并实现学科之间的整合。德国教育机构和组织的学制和管理体系相当稳定，在这些组织中的学习行为也很稳定。从叙述中可以看出，很多人关注学校和大学的类型和特点，其稳定的学校类型和特征在德国学校的个人学习过程中也起着重要作用。

三、中德学校影响因素的形成原因和背景比较

1. 教师在学生学习过程中的角色和功能差异

两国学习者对教师在学习过程中的角色和职能的认知差异主要是基于学习教学实践和传统教育文化。

在中国的教育文化中，教师被视为一个较为神圣的职业，教师在课堂中的地位是很难挑战的，学生都应服从教师发出的学习指令。通过这种方式，学生只需遵守老师和学校的规定。相比之下，德国的教育文化赋予了学生极大的自由，其自身在学习上拥有决定权。因此，在日常学习中，很少有老师给学生提出建议。从这个意义上讲，教师在学习期间所起的作用较为微弱，许多受访者甚至没有提及教师对他们的学习过程或终身学习选择的影响。由此使得部分德国受访者对于学校和教师的认识也较为片面，

---

① BRINDLEY JE, WALTI C, ZAWACKI-RICHTER O. Learner support in open, distance and online learning environments[M]. Oldenburg: Bibliotheks- und Informationssystem der Universität Oldenburg, 2004: 39-50.

认为在学习过程中只能依靠自己，而无须关注其他社会成员对其学习提出的建议。

造成这种差异的另一个因素是教与学的实践。在德国，学习过程中强调自主学习和思考，训练学生的自我学习和独立思考能力。因此，叙述者乔治希望成为老师的愿望是基于他的信念，即"学校的环境比其他任何地方都更加自由和自主，因此我可以和学生分享并交流自己的想法"。许多德国学生已经形成了自己的学习习惯，他们很喜欢自己解决问题的方式。相反，对中国学习者进行培训，要求其上课时甚至课后遵循老师的指导，则主要是为了提升其学习的效率，因为教师认为年幼的学生很难在学习上做出科学和合理的决定，而需要听取他人的建议和指导。从这个意义上讲，学习教学实践在形成学生的学习习惯和观念中发挥了重要作用，学生的终身学习思想也受这种学习过程的影响。

2. 对学校制度和教育理念的态度差异

两国对学校制度和教育理念的态度差异是由历史和经济形势及教育文化的不同而导致的。从历史情况看，我们发现德国人始终具有批判精神，具有反权威的传统。因此，从一般教育状况来看，学生对学校和教学的态度更具有审慎性。研究中的德国受访者对其个人学习环境和学校的评论明显较少，而对德国的一般教育情况的评论甚至批评则明显较多。例如，受访者乌特曼说："我还发现，当今学校的教育体系还不如以前。"而中国学生对学校的评论则表达了他们对学校和教育组织在生活，尤其是毕业后在社会上的职业中所发挥的作用和功能的看法。造成这种情况的原因是经济的发展和学校功能的转化。由于中国的经济在不断发展，学校的教育条件和教学质量需要与社会的经济发展相匹配，因此基础设施、师资培训、内容和教育方法在广大学生的认识中也需要不断提升。受访者会对学校的教育制度和硬件条件形成自身的认识。

此外，每个国家的教育文化差异很大。德国的教育思想在学习过程中得到了加强，其学生总是对普遍的教育条件提出自己的看法和批评，这不仅限于学校的范围，甚至对所有地区的教育状况及整个国家的总体教育形态和理念都有一定的自我认识，如叙述者彭克发现，在教育体系中，存在着"一种功利性学习的实用价值观，很多人认为学习只是一种面向工作的事情。当然，这种观点总是不利于国家和科学的发展"。相比之下，大多数中国受访者则强调对于规则的遵守，而对教育机构和组织则强调其有一定的科学性和合理性。若的访谈内容则可以说明这一思想。她提到"学校的教育系统起码很完善，我也知道在学校学习应该干什么，不用担心自己的学习会误入歧途，所以这种学习会比较有效率"。此外，由于学校被认为是可以传授个人知识以提升个人未来竞争力的地方，因此学校的务实效力比教育理念或其他建设更为重要。学校对学生的务实效果只有在学生进入社会并利用其学位或知识资源后才能进行评估。换句话说，这种评估具有滞后性。这就是为什么中国学生在毕业后很长一段时间内都不谈论自己对母校和教育机构的感受的原因。

3. 学习氛围和要求的差异

中国受访者对他们的学习氛围和在学校的表现发表了更多的评论，这意味着中国学生在学习期间更加关注他们的学习条件。但是，这种关注的基础是争取更高的分数、在学校取得更好的成绩及与同班同学进行比较的压力，换句话说，许多中国学生强调其在学习中获得更好的成绩和表现，从而满足相应的学习要求，并营造出了竞争的学习氛围。叙事者舒分享了自己改变学习状况的方式："由于我在课堂上的成绩很差，所以我选择参加了艺考，这对我的学业成绩要求不高，但是对我的艺术专业成绩有要求。"这种差异主要是由学校制度、教育文化和教学实践形成的。

在德国的教育文化中，学与教的目标是个人自我素质的提高，在个人学习过程中的相互竞争压力比较少。受访者拉贝指出："我可以真正体现自己的性格和爱好，而且，自己的学习兴趣永远不会受到束缚。"德国的教育资源由政府在每个地区平均分配，每个人获取教学资源的机会都是均等的。因此，学业表现主要体现为其所具有的独立的学习兴趣和良好的学习习惯。而我国的受访者则比较倾向于讲述多样化的学习经历，这意味着人们获得学习资源和机会的途径有所不同，不同地区之间差异巨大。从基本的学习经验来看，我们发现不同地区和群体的终身学习态度受到了很大的影响，学习动机和目标也是由过去的学习经历引起的。

4. 参与学校活动的表现差异

每个国家的学生在学校活动和表现的类型上都大不相同，受访的中国学生中很多有承担学校和班级职务的经历，并且从这些经历中，他们可以使自己获得对社会更多的了解，他们认为学校可以被视为社会的缩影。但是，对于德国学生而言，参加学校活动总是伴随着学习行为和内容。换句话说，学校的活动总是旨在增强课本之外的实践经验，德国受访者讨论学校活动时总会涉及社交活动。例如，受访者乌特曼说："对于不同的工作，相应的学习时间和内容将大不相同，管理人员、专业工人将有越来越多的机会来获得培训。"她强调对于工作中的个体而言，其学习行为是随着工作经历的丰富而呈上升趋势，而工作经历本身就是一种培训性学习过程。学习可以与实践经验相结合，这种差异基于教育文化和教学实践。

通过学习行为，我们可以看到，德国学生从小就被教导要独立学习，而老师只是作为引导者，对学生的行为没有直接影响，因此学习实践总是由学生自己完成。但是，对于中国学生来说，他们一般是在老师和学校的指导下，更为理性和全面地完成学习内容。此外，普通教师的主要任务是在课堂中传授教科书知识。在这种学习环境下，中国学生的学习行为往往表现为注重对教科书中内容的学习和掌握。对于在学校的学习活动而言，中国学生的活动具有一定的规律性，也有一定的规范化条令进行指引，从而更具有条理化和科学性；而德国的学生在学校进行相应的活动过程中，则显得更为独立，对于活动的设计和开展主要依据学生自身对于事务的认知和理解，因此在活动进行过程中则显得较为自由和随性。

从教育文化中，我们可以发现，德国学生喜欢选择参加公益活动和志愿组织，以便为社会提供更多的服务，这种做法是以自我激励为导向的。大多数德国受访者在做出选择之前，始终将个人的思想和观点作为首要考虑因素。这可以从乔丹的叙述中得到证实："我的学习动机部分取决于我自己的兴趣和能力。"此外，在他们的学习过程中，学校或教育部门对他们的成绩或表现不会施加太大的压力。然而，对于大多数中国学生而言，学习表现一般通过考试成绩来进行评估。因此，学习被赋予了较为务实的目标和动机。在这种情况下，社会福利活动所能占据的时间则较少，而更多的时间被用于课堂学习和课后对书本知识的复习及理解上。当前中国的许多学校已经加强对学生参与社会服务和志愿项目的支持和关注力度，同时对于学生的社会服务时长也有一定的建议甚至要求。对于学生而言，其学习的过程不仅伴随着课本知识的学习，同时也需要更多地参与社会，形成个人对于社会事务的更为全面的认知和理解，以便于他们在完成学校课业之后，能尽快融入社会，为社会做贡献。

第三节　社会影响因素的形成原因和背景分析

一、我国社会影响因素的形成原因和背景分析

1. 社会规则和氛围对个人学习机会的影响

社会规则和政策将会极大地影响个人的终身学习习惯和态度，同时也受到教育组织、教育文化及整个教育体系的影响。从我国的教育管理体制可以看出，教育部门和机构制定的相关政策会对个人的学习动机、方法、思想和过程产生一定的影响。除了教育政策外，其他社会规则、法律和政策也会对每个人的学习过程产生影响。同时，社会的教育机构和组织也会受到相关政策和法规的影响，以间接的形式影响到学习者个体，对其学习行为和终身学习的思维产生相应的影响。

2. 通过个人社会经验来促进学习

社会条件对学习的影响主要来自教育组织和机构的现状，而影响终身学习思想和经验的个人社会经历则主要来自教育文化。我国教育机构和组织分布广泛，然而，发达地区拥有的教育组织和学校资源更为优质。因此，不同地区的教育资源分配不均衡，使得不同区域人员对终身学习的开展有不同的见解。同时，每个人的学习和日常生活都会受到当地物质条件的影响，如教育资源、经济条件、社会教育程度及对教育的总体看法等。这些影响可以看作外部因素对内在教育认识所形成的作用力，对每个人在教育问题上的内在想法产生影响。

从中国教育文化中，我们可以找到关于普通个体终身学习思想受到影响的许多线索。学习目标和宗旨始终聚焦于正规教材的学习内容。社会一般的认识在于，继续学习和终身学习是非正式的学习形式，而未能给予充分的重视。在这样的教育文化下，相应的学习者更为强调对于物质目标的

追求，而不是强调通过终身学习进行精神层面的提升。这种思维方式使得学习者的学习经历比较相似，都强调学校学习，而忽视社会化的非正规和非正式的学习。

3. 个人的社会工作对学习的影响

个人学习行为主要受现代社会经济状况和教育文化的影响。如今，在部分企业，仍然缺乏足够的经济支持来提供普通工人所需的职业和继续教育，同时对于终身教育的认识则停留在将其看作提升自我能力的一种途径。因此，相较于学习，对于大多数参与工作的成年人，其更多考虑的是要在工作上不断投入，而工作期间却没有太多的闲暇时间进行学习。

从中国传统社会关系来看，社会中个人的主要任务是通过工作收入来养家糊口，工作是生活和事业的重点，不能因为其他事项有任何的分心。毕业后工作会占用大部分人的日常生活时间，因此终身学习的研究也应集中在个人学习对工作的影响上，强调学习对于工作的正面影响及对于个人的精神层面的提升和习惯养成，从而从终身教育与职业发展相结合的角度，提升个人对终身学习的重视及对终身学习必要性的认识。

因此，对于社会工作人员来说，其即便参与相关工作中的学习活动，也始终是为了提高工作所需的专业知识和技能，下班后，很少能有继续就理想化的目标参与更多非专业学习的行为。在这种思想认识和观念下，学习，尤其是非正式学习或终身学习的行为仍然需要广泛宣传，以使社会对其更加关注。

4. 对学习在社会生活中的功能和作用的反思

中国人对教育社会性的强调，受其历史、民族、经济和教育文化的影响。学习的功利性和社会价值成为植根于大多数人心中的学习目标。从这个意义上讲，尽管中国人的生活水平有了很大的提高，但对于学习的目标仍然具有一定的功利性和价值性色彩。

大多数学习者从学校完成学业后，希望能够争取到稳定的工作岗位，所体现的教育文化则表现出务实的特征，即旨在从学习中获得更多物质成果。普遍的学习目标是通过学习确保在将来过上更好的生活。

二、德国社会影响因素的形成原因和背景分析

1. 工作要求和自我完善

德国受访者学习上获得的经济支持使其能够顺利完成学业。在这种情况下，工作和自我提升的需求会产生非功利化的学习动机。这受到德国的经济状况、教学实践及整个德国的教育文化的影响。

由于强劲的经济发展态势，德国目前能够承担普通人继续学习的财务支出。即使对于某些教育形式提供的经济支持有限，个人也总有很多机会申请到奖学金或通过兼职工作以赚取学费。从这个意义上讲，整个国家的经济对于终身和持续学习机会的发展及个人参与这种学习活动具有一定支撑作用。对于中国的受访者而言，其学习活动不仅被看作出于兴趣或爱好的日常事务行为，而且会被视为一种投资和消费支出。这种学习行为具有一定的实用性，它不仅给个人带来一定的发展机遇，同时也具有更多社会价值。由此可知，经济背景始终是终身学习和持续学习机会获取的前提条件。

从德国的教学实践来看，在学习期间很少有社会事务或工作压力对学习者的学习行为产生影响，学习者只需要考虑自己的兴趣和纯粹知识化的学习内容，而不用过多考虑社会现实。[1] 教师也主要承担教学任务，以在知识和实践方面对学生进行培养，这与诸如求职等社会事务没有太大关系。在学习期间，学生可以自由地选择和参与学习活动。毕业后，毕业生必须立即开始考虑找工作和赚钱。这样，尽管早期的学习非常轻松，但学生必须考虑好毕业后自己的发展方向及如何应对社会压力。

德国的整个教育文化表明，学习者个人看待知识和文化教育比物质需求更为重要，对于大多数德国受访者来说，重要的社交活动之一就是工作[2]，这使他们意识到自己缺乏专业知识，并激发他们去学习专业知识，

---

[1] KÖLLER O, BAUMERT J. Parental influence on students' educational choices in the United States and Germany: different ramifications- same effect? [J]. Journal of vocational behavior, 2002(60): 178-198.

[2] SCHULZ D, LI J, DU HJ. Authority: the constant vitality teacher-student relationship: the authoritative interpretation of the debate on teacher education in Germany[J]. Journal of Shanghai business school, 2009(3): 32-41.

以弥补这一不足。受访者的学习动机基于寻求经济回报或社会地位，而部分会担心毕业后的就业市场发展。大部分认为学习知识主要是为了提升工作效率，每个人的学习行为都不会受到太大的社会压力。学校是独立的组织，不依赖社会影响或支持。因此，学校对个别学生的学习行为或生活没有太多的干扰或影响，学生的主要任务就是学习知识。

2. 注重服务社会

德国人总是习惯于考虑社会福利并愿意为社会服务[1]，这是基于德国的历史因素。在德国历史上，服从性、纪律性和为国家奉献是德国人思想的集中体现。在魏玛共和国时期，追求共和和平等是社会的核心价值观；第二次世界大战后，艰苦工作和重建家园是德国人的主要任务；现在的德国，追求自由和强调个性是大多数德国人最重要的原则。从这个意义上讲，德国人的核心价值观是通过为社会服务体现个人价值。因此，当德国受访者谈论他们的学习行为和思想中的影响因素时，总是强调自身对于社会利益的关注。这可以从受访者罗斯的经验和选择中反映出来，他指出："我为社会提供志愿服务，公共福利应该始终受到公众和所有公民的关注，因此我希望我能为公众和社会做点贡献。"这种学习动机是个人自发形成的。

3. 关注社会问题

这种关注基于德国的法律制度和教育文化。德国联邦宪法通过以下方式保护公民的权利。首先，每个人都有权以语言、文字和绘画的方式自由表达和传播其思想，并有权无障碍接受知识；新闻和广播报道的自由应得到保护。德国宪法不仅保护言论自由，而且保护思想自由，鼓励个人参加社会活动和事务。每个德国受访者都非常关注社会问题。这些问题主要与他们自己的经验或专业有关。当他们谈论此类问题时，会有意或无意地将其与教育问题联系起来，因为每个问题在他们的脑海中都可能与学习有关。学习永远是他们心中解决社会问题的好方法。因此，德国有讨论和关

---

[1] KÖLLER O, BAUMERT J. Parental influence on students' educational choices in the United States and Germany: different ramifications- same effect？[J]. Journal of vocational behavior, 2002(60)：178-198.

注社会事务的传统,这也是社会中的一种个人学习认知。

从德国的社会文化中,我们可以看到,勤奋、敬业、服从是德国人在日常生活中最明显的特征,这不仅体现在学习上,更表现在他们的生活态度上。忠于国家和社会是作为一个合格公民的最重要标准。在日常工作中,服从、尊重权威,并强调组织纪律是德国社会的精神和品质。大多数德国受访者在他们的工作和社会生活中都有这样的意识。换句话说,学习和工作不仅是为了个人本身,更是为了整个国家。例如,受访者斯坦的选择主要是基于他的信念:"我通过学习所获得的知识以及今后利用知识进行的工作,也涉及个人的每一项权利,可以处理大量的事务和社会问题,可以在日常生活中帮助人们。"[1] 这样的社会服务也被视为一种学习和实践过程。因此,这种类型的学习和工作经历极受德国人的重视及社会的尊重。同时,学习者以不同的方式观察,受学习行为、社会等因素的影响[2],不同的方面都有各自的表现,其中社会和文化资本将深刻影响学习思想和信念。

4. 社会经验和工作实践经验

从社会中获得学习、实践经验和就业机会是基于德国教与学的实践和整个教育文化。从教与学的实践中,我们可以看到,童年时期,学习方法总是基于个体的想法和自由,这反映在教师对学生的极少干扰上。因此,从童年开始,德国人已经学会了自己独立学习和生活。在大学时期,教师指定的作业总是与学生个人需要的活动和社会实践有关。社会实践和就业机会也被视为学习的另一种形式,个人可以从日常工作中获得专业知识和实践知识。在学校学过的知识也有可能成为工作中必备的技能,当个人无法处理社会或工作中的问题时,最好的办法是通过学习来解决。与他人的关系和交流也是一种学习,这可以帮助个人过上更好的生活。从很小的时候,德国人已经练就利用社会资源来处理他们日常

---

[1] AHK. The brief introduction of German educational system[R/OL]. [2018-10-11]. http://china.ahk.de/cn/marketinfo-germany/about-germany/germ an-education/introduction-of-german-academic-system/.

[2] ALHEIT P. On a contradictory way to the "learning society": a critical approach[J]. Studies in the education of adults, 1999, 31(1): 69.

生活的能力。当他们需要借助外部力量来促进学习时，其首先考虑的不是依靠父母或亲戚，而是通过自己在社会中争取到相应的资源。从这个意义上说，与社会接触并因此从社会实践和工作中学习的习惯起源于童年。

一般的德国文化让德国人意识到学习实用的技能和知识是有用的，也是得到社会尊重的。从应用技术院校毕业的学生是相当成功的，其部分优秀者的收入甚至超过从综合性大学毕业的学生。德国的社会条件和学习环境也相当稳定，自第二次世界大战以后没有大的波动。因此，个人的学习条件也相当一致，有固定的教育和学习政策和制度。学习和教育的社会资源丰富，每个人的学习条件如今都非常便利，终身学习所需要的经济来源充沛。因此，在这种情况下，学习内容不仅限于在教室里学到的科学知识，还要注重在社会实践活动中得来的技能。由此，越来越多的德国学生关心社会中的应用知识和技能，并在毕业后能找到一份好工作。从这个意义上讲，终身学习更多地是指社会上的学习活动，而不是在课堂上学习纯粹的理论知识。

三、中德社会影响因素的形成原因和背景比较

1. 工作对于学习的不同影响

根据访谈内容，我们发现德国叙述者的学习动机很少来自工作需求和自我促进需求。相比之下，许多中国叙述者对自己的未来有更多的规划和思考，尤其强调对于未来生活水平的提升，其学习始终受到工作技能要求的影响，而形成这种情况的原因是历史、经济和教育状况的差异。

回顾德国的历史，我们发现近几十年来德国的社会规章制度不断健全，其生活和学习情况也相对稳定，社会的学习和工作目标与代代相传的整体社会道德相互匹配并互相适应。如前所述，大多数受访者强调在日常生活中不需要更多的物质保障，而其学习行为只与自己的思想和要求有关，如提高自己的能力和认识水平等。此外，德国的经济状况也确保其民众在追求其学习兴趣的同时无须担心经济压力。而我国自近代以来，经历了较为频繁的社会变革，由此使得普通群众代代相传的习俗发生了很大的

变化。中华人民共和国成立后，对于广大民众而言，其学习环境已经得到了充分的优化，也有了相应的资金保障。然而，通过受访者的叙述也可以发现，当代青年一代感受到的工作和生活压力也较为明显，因此其学习行为往往具有务实性，学习的主要目的已经从单纯的提高个人能力，变为增加个人发展机会并提升社会适应能力。

2. 基于社会环境的学习功能差异

中德两国人民对社会环境的看法不同。中国受访者更为关注与社会热点相关的各项社会事务，从宏观和公共治理的角度来审视社会的发展过程；相比之下，德国受访者则更关心公共利益及国际事务。造成这种差异的原因是每个国家的历史情况和教育文化不同。在德国，遵守纪律和为国家服务的精神代代相传。从这个意义上讲，这是德国人在日常学习和生活中关心社会和政治事务的传统。对于许多中国人来说，日常生活中是通过自身的能力以促进社会的发展，主要的关注点是日常生活中的物质条件和整体环境。基于这种背景，中国大多数受访者确定务实的学习目标，从而通过自身的努力完成自身能力的提升，最终实现为社会发展做出贡献的目标，在这种情况下学习会因为社会环境影响而产生很多压力。

从访谈内容中可以看出，许多受访的中国人对自己的前途很重视，他们在社会上辛勤工作。学习被视为实现个人生活目标的重要工具。同时，我们可以看到许多德国叙述者表达了他们对社会事务的关注。

3. 对于社会规则的态度

中德受访者对社会规则有不同的态度，这些规则的影响也在他们的日常学习活动中发挥了作用。中国强调对于完善的社会规则的执行，传统习惯和认知对于学习者的日常学习行为具有约束力；德国受访者则强调学习行为应当不受管理条例的影响而成为一种独立的行为。这种差异化认知源于国家的历史和文化教育的不同。

对于学习而言，长辈形成相应的学习思想和认知之后，后辈会受到其巨大的影响，形成自身的学习认识。受访者彭指出："在我的学习过程中，我母亲要求我一定要努力学习，否则将来没有出息。"一旦青年形成了对学习的看法和见解，以后就几乎没有机会改变。德国从法律上保护个人的受教育权，以确保其参与改善社会事务的行动不受任何限制，因此在学习过程中，德国受访者的思想和认识都较为自主，形成了较为独立的思考。从教育文化的角度来看，认真工作与生活态度是德国最重要的教育目标。在日常工作中，整个德国社会都非常重视服从、尊重权威及强调组织纪律，这种精神极大地促进了社会问题的解决。

4. 学习理念与行为表现

基于不同的条件和个人社会经验，中德受访者的学习行为差异较大。德国的受访者都表示对实践经验感兴趣及通过社会实践来丰富学习经验。而对于许多中国的受访者来说，学习的选择和爱好则主要基于其课堂知识及对自身未来发展所预计的情境。[①]

德国的教师一般根据学习者自己的思想和自由的风格制定出教学方法，而很少干预学生的学习选择。与此相反，中国的教学管理则更多强调统一规划，在组织和机构的持续学习也按照教育结构和教师的要求及规定。二者均有其一定的合理性和必然性，对于学生的全面发展都有相应的作用和价值。在德国，学校和政府一直倡导学生在学习期间参加实践活动，而且公司也需要学生在进入社会之前获得实践能力。通过这种方式，学校的学习和实践融为一体。

此外，德国文化中重视对人的实践技能的培养，同时其教育资源是很丰富的。而许多中国受访者提到其学习是比较系统化的，需要根据书本内容及学期规划进行合理安排，涉及理论和实践技能，尤其重视对于理论的学习。此外，学习表现可以通过学校或教育机构提供的考试来评估，评估结果会影响学生的日常学习表现，终身学习的理念也会受到影响。

自20世纪70年代以来，德国的出生率一直在下降[②]，导致人口老龄化。人口专家预测，到2050年，德国总人口将从目前的8200万下降到

---

① KÖLLER O, BAUMERT J. Parental influence on students' educational choices in the United States and Germany: different ramifications- same effect? [J]. Journal of vocational behavior, 2002(60): 178-198.

② Statistisches Bundesamt. Bevölkerung auf Grundlage des Zensus 2011[R/OL]. [2018-09-07]. https://www.destatis.de.

7080万左右①。超过一半的人口年龄超过50岁，年轻人口数量将比如今少得多。这样的人口结构将导致家庭劳动力资源严重短缺，其结果是年轻的劳动力资源被认为具有充分的人力价值，所以德国的每个年轻人都应该接受专业培训，不仅要掌握完成自己的工作所需的技能，而且要根据不同的工作领域要求进行相应的专业提升和拓展。换句话说，未来社会中的每个人都应该承担比如今更为专业化的工作。只有这样，才能维持甚至提升德国的总体工业水平、经济和生活水平。

此外，德国社会面临的另一个严峻事实是，当今有130万未通过任何专业考试的青年。这意味着在工业化和信息化时代他们缺乏一定的劳动技能来从事相应的工作。因此，需要通过教育将人口转化为宝贵的劳动力资源。同样从20世纪70年代开始，德国开始扩大外国移民入境，以缓解国内劳动力的短缺，目前移民占德国总人口的18%，这些移民人口补充了德国的劳动力资源。但是，其消极的方面是导致了族裔群体之间的各种社会冲突，移民人口低于全国人口的平均教育水平，移民群体相对缺乏受教育的机会，教育资源也分配不均。根据德国官方统计，大约50%的移民工人从未参加过相关的继续教育或职业培训。这种情况不仅使他们自身的就业渠道变窄，而且不利于德国社会的稳定。从这个意义上讲，终身学习对每个德国人，包括移民来说都是紧迫、有意义和有实用功能的，通过终身学习可以不断提高劳动者和工人的素质。

第四节 个体影响因素的形成原因和背景分析

一、我国个体影响因素的形成原因和背景分析

1. 对于家庭和社会背景的个人感受和观点

此核心类别主要基于中国不同时代的经济和历史现实。我们发现许多

---

① Wirtschafts- und Handelsabteilung des Generalkonsulats der Volksrepublik China in München. Germany announced the 2011 census of population [R/OL]. [2018-09-13]. http://munich.mofcom.gov.cn/article/jmxw/201306/20130600153315.shtml

老年受访者的童年，尤其是在第二次世界大战期间及战后一段时期的生活很贫穷，没有足够的生活物资。在这样的生活条件下，首先要考虑的不是学习，而是如何解决温饱问题。许多受访者强调自己赚钱就是为了改善他们早年的生活条件。不同家庭和社会群体的经济水平也存在差异。因此，不同群体和家庭的人们对生活条件会有不同的看法，并与他人进行比较，叙述者童年时期的关键问题基本都与家庭经济状况有关。

从历史的角度来看，自改革开放以来，中国家庭的经济状况得到了极大的改善。当今的青年受访者的学习观点与战争时期的老年人大不相同。现在的青年人更加务实，而对于生活的压力也有自身的看法。因此，社会风气和态度及对物质条件的看法一直影响着个人的学习目的和动机。

2. 个人的品格

从历史的角度来看，个性总是随着时间而发展的。在远古时代，中国人在学习或成人学习上思想是保守的。然而，在当代，这种思想观念已经得到改变，认为学习可以拓宽成人的就业渠道，提高其生活水平。因此，随着历史的变迁，对学习行为和动机的思考也发生了变化。虽然外向型与内向型受访者的学习目标和风格会有很大的不同，但个人的学习思想和观念也有很多相似之处。这些思想观念是建立在个人的社会和生活经验的基础上的，并且也与历史的变化保持一致。从这个意义上讲，普通中国人的学习行为和思想在代际间较为普遍趋同，同一代人的学习思想观念并没有根本的区别。

个人的思想、观念和学习习惯也受到教育文化的影响。中国的教育文化受到传统文化和经济结构的影响，个人的学习行为较为传统，因此对终身学习的认识和了解还有待发掘。

3. 生活压力

随着中国改革开放政策的实施，中国普通百姓的生活水平和物质条件逐年提高。但是，随着国家的发展和进步，人们对物质的需求也有所提高。在当今社会，与上一代相比，越来越多的人试图获得更好的生活条件，因此学习行为总是受到这些压力的影响。

经济形势和发展趋势使得个人期望通过学习来提升个人能力水平，为自己生活提供更多的保障。从这个意义上讲，经济状况被部分受访者视为最重要的因素，它激发着普通百姓通过学习来增强能力和扩展知识。由此使得学习不仅仅是出于个人的兴趣爱好或追求学术上的提升，同样也是为了获得更好的生活条件。

4. 个人的爱好及其形成过程

该核心类别与教育文化、经济和历史条件有关。从中国的教育文化中，我们可以发现个体主要继承着老一辈的学习爱好和习惯，并逐步形成了自己的学习文化。由于历史条件的影响，每一代人都有各自特定的学习习惯。中国人的学习习惯中有部分核心内容始终在进行代际相传，包括勤奋、上进等特质。从这些特征中我们可以看到，与终身学习和成人学习等非正式教育相比，受访的个体更为强调在学校进行的正规学习，对于正规学习的认识和重视始终要高于在职业中或日常生活中进行的各项学习活动。

5. 对于未来学习的想法和计划

我们可以看到叙述者在结束谈话时总会谈到自己对未来的学习计划，这些计划是随教育文化和经济状况而定的。教育文化影响了个人的学习思想。因此，学习思想和行为也是一种整合，会受到周围的观点和选择的影响。普通民众对终身学习的态度和看法有很多相似之处，如将未来的学习视为更好的物质生活的一种推动力等。当学习动机和目标形成集体意识时，个人在学习思想上就得到了统一和规范。经济状况和对未来的思虑影响了终身学习计划和思想，更为在意教育所能带来的成就。从这个意义上讲，未来的学习计划，如个人对工作、家庭、学习和社会状况的想法，很多也是基于个体对经济的期望。

二、德国个体影响因素的形成原因和背景分析

1. 自信促使个人在学习上自己做决定

这一类别受到四个因素的影响，包括历史、教与学的实践、经济背景

和教育文化。从历史背景来看,我们可以看到德国叙述者中有些经历了第二次世界大战,有些经历了战后的重建。因此,基于这样的生活经验,他们已经形成了一种学习习惯①,即依靠自己做决定,而不是依靠权威,其普遍认为自我的价值比整体的状况发展更为重要。从这个意义上讲,德国人的学习行为具有独立性和为自己负责的特点。

从教学实践中可以看出,学校或教育机构的正式和非正式教学都强调了学生在教学活动中的地位。在德国学校中,教师是以指导者和顾问的角色进行教学的,其主要工作不会影响学生的学习过程,教师尊重学生的主动性,以训练他们的自我决断能力和独立性。由于这种教学风格,大多数德国学生已经形成了这样的学习风格和性格特征,并在其学习过程中不断强化。

德国学生不必在学习过程中考虑自己的经济能力,收入不佳者能够通过减少学费或获得奖学金的形式得到社会或企业的经济支持。由于社会允许学生在上学期间做兼职,因此学生能够半工半读,顺利完成学业。

德国社会注重培养个体的独立性,个人从小就被要求靠自己来完成相应的简单任务。与老师、同学的接触中,学生不需要学习太多书本知识,而要注重在生活中积累经验。从五年级开始,每个人都可以决定自己未来的求学道路,包括进入职业学校学习或者从事学术研究工作。从这个意义上讲,其学生可以更早地对自身的学习发展路径做出选择。

在德国,学习期间的很多时间都花在了实践活动上,因此每个德国学生都有很强的动手和实践能力。随着自身实践水平的提升,大多数德国人更愿意自己处理事务,而不是向他人求助。在这种情况下,学习活动已成为个人事务。德国受访者在学习过程中具有这一共同特征,而很少受其父母或外界因素的干扰。当德国学习者谈论他们的学习经历和计划时,他们总是从自己的兴趣和想法出发,而不关注其他因素或观点。

2. 个人兴趣是主要的学习动机

这一观念主要源于德国的历史、学习实践、经济状况和整体教育文

---

① SCHULZ D, LI J, DU HJ. Authority: the constant vitality teacher-student relationship: the authoritative interpretation of the debate on teacher education in Germany[J]. Journal of Shanghai business school, 2009(3): 32-41.

化。从德国的历史可知，德国人的学习动机的形成主要受自我认知和观念的影响，这使得每个人都有自己选择学习的权利。德国的教育历史和传统体现出其学生在学习期间很少有义务性的事务，因此学生可以利用自己的闲暇时间发展自己的兴趣和爱好。因此，德国青年培养了在学习上的独立性，这样既能保持学习兴趣，又更容易在某方面取得成功。

德国学校的日常教学形式和方法也培养了学生独立学习的兴趣。老师不强迫学生学习，而是借助创造性的方法和实用工具帮助学生明确自身的学习喜好。因此，从童年开始，大多数德国学生都经过专业化的学习培训，培养了他们的学习兴趣。他们对自己要学习的内容也有了更明确的认识。在访谈中，我们发现很少有受访者在学习期间不喜欢课堂教学形式。由此可知教师的教学手段和形式对学生未来学习思想培养的重要性。

3. 知识导向与务实导向相结合

大多数德国人表现出对知识的渴望，这主要归功于德国的教育文化、教育历史和学习教学实践。查看德国的历史可知，德国涌现出了许多学者、艺术家和政治家，他们都是在德国的传统教育体系中长大的。在德国教育体系培养人才的背后，知识和传统文化受到德国人的高度重视。大多数德国受访者都希望在上学期间和毕业之后学到更多的知识，这不仅是出于个人利益、职业和社会需求，同时也是出于自身对于知识的渴求。其对知识的这种渴望是基于对生活处境的理解，而不会受到外界的或干扰。

德国的教学实践培养了个人独立思考的能力，很少有老师帮助学生解决学习问题，而是要求学生自己独立解决遇到的各种问题。由此使得学生在学习中保持积极主动性，而不必依赖他人的帮助。这种独立性和对知识的渴望使得德国人自发地接受了终身学习。德国教育的主要目标之一是鼓励越来越多的人从事科学研究工作。要实现这一目标，首先得确保教学和学术自由。在德国，教学自由被认为是充满热情、系统地、独立地探索真理的价值，而不论其现实中的应用价值如何。这种教学自由也意味着教师拥有选择教学内容的自由；学术自由则意味着学生应从死记硬背的学习模式中跳脱出来，选择自己希望学习的内容及进行学习的形式。这样的学习和教学环境可以培养个人对知识的渴望,并且可以培养终身学习的思想和习惯,并将其传承下去。

4. 未来职业和学习行为的具体计划

德国的整体文化鼓励学生在没有他人支持的情况下拥有独立的思想和学习计划。这种独立性帮助德国人更自由、愉悦地计划和安排自己的事务,包括学习计划、终身学习计划和未来职业路径等。德国社会和文化强调每个公民都是独立的个体,因此学习者选择职业的权利只属于学习者自身。在他们的生活中,很少受到父母或外界的干扰。未来职业和学习行为的具体安排是德国学习者独立性的反映,他们希望根据自己的自由意志来决定自己的命运和未来。在这种情况下,终身学习可以体现学生的真正需求,因此更加有效。

三、中德个体影响因素的形成原因和背景比较

1. 学习决策根源的差异

从采访内容中我们可以发现,德国叙述者几乎不受外在因素的影响,而是根据自己的兴趣、爱好或需求决定自己的学习决策;相比之下,大多数中国叙述者表示,学习决定不仅受制于教育条件,还受到各种外部因素的影响,包括家庭、同伴等。造成这种差异的原因是每个国家的历史和教育文化不同。

多数德国人曾经历了社会动荡,在复杂而多样的社会环境下,增强自身的能力和素养更具有现实价值,这样才能为社会做出更大的贡献。由此使得个人的能力得到了开发,每个个体都希望不受外在的影响,而是由自己来控制自身的学习行为。在这个过程中,学习决定是独立思想和意志的反映。中国受访者强调其学习过程已经越来越多地考虑生活环境的影响和各种外部因素的作用。随着历史的变迁,人们的性格也随着他们的学习行为和动机而改变。从这个意义上讲,中国人的学习行为在学术目标之外,也体现出追求更高的生活水平需要的导向。

此外,传统的农业生产深刻影响了大多数中国人的学习观念。自古以

来，中国农业技术的传承都强调家长在家庭中的权威地位。这种思想已渗透到人们日常生活的方方面面。由于家庭对于个体的影响较深，因此本文的受访者都谈到，在日常的学习和生活中经常会受到父母或者其他长辈的影响。

相比之下，德国人和其他西方国家已经形成了成熟的工业体系，要求每个公民进行创造性的劳动来提高生产率。因此对于处于这种社会环境中的个人而言，其主要追求的荣誉是在推动工业发展方面有所作为。在这个过程中，较为独立且创新的精神和品格是必不可少的，这种创新思想使大多数德国人产生了更具批判性的精神，认为学习和其他生活事务属于自己的私事，而不必受制于别人的要求或者社会的外在影响。由此，受访者中大部分人都提到，其学习活动和决定主要是根据自身的需要而做出的。

从德国的教育文化可知，德国学生从小就注重培养自己的创造性思维和自由活动的能力。在学习过程中，其将大部分学习时间都花在了实践活动上。因此，每个德国学生都有很强的动手能力，并更喜欢自己独立地处理日常的事务。

2. 学习动机背景的差异

对于德国人来说，主要的学习动机是基于个人的兴趣和爱好，而不受外界因素的影响。中国叙述者的学习动机中有部分是来自外部因素的压力或影响，如家庭教育、父母建议、社会要求等。造成这种差异的原因主要是国家的历史、经济状况和社会背景等不同。

在德国，学生在学习期间无须完成一些强制性的任务，因此学生可以根据学习内容发展自己的兴趣和爱好。这是大多数德国人学习动机的基础。此外，由于德国人可以决定自己的职业，因此这种学习精神和思想已经影响到其日常生活和工作的方方面面。目前中国年轻一代有着更高的要求，尽管工作中面临着各种压力，也更有干劲。综上所述，社会风气和态度及对物质条件的看法影响了学习的目的和动机。

此外，经济状况的差异也可能导致个人学习动机和目标的不同。德国受访者在日常生活中大多享受着丰富的社会资源，其经济状况保证了学习动机的实现是基于个人的兴趣和爱好，而不是经济方面的考虑，这也是部分德国受访者在退休后讲述他们打算终身学习而不担心经济状况的首要原因。当前中国的经济状况正在逐年向好发展,对于普通中国受访者而言,学习动机和目标也受到经济条件的影响。此外,不同家庭和社会群体的经济水平差异很大,家庭和社会中的微观个体会受到不同地区社会经济发展状况的影响。

3. 对未来期望和态度的差异

通过对受访者未来期许的调研,发现两国民众在对自己的判断和价值观上有很大的区别。一般来说,德国人对自己的未来抱有更乐观的态度,并将通过努力,包括提高学习能力或在自己感兴趣的领域获得成功等形式,使得自身具有充分的工作机会。与这种态度相比,许多中国受访者在学校会更多地考虑与职业相关的要求和内容,使得在毕业之后有更为明显的竞争力,这种差异部分是由于历史情况造成的。

对于德国人来说,生活是一个不断变化的过程,因为他们从小就被灌输这样的思想,即每个人都在控制自己的命运,这是社会上每个人的基本权利和义务,因此学习和职业安排的事务由德国的学习者自己承担。对中国受访者而言,其强调在学习过程中对未来的期望是建立在自身对于社会情况的关注的基础上的,因此更多会考虑社会的压力和职业的需求。中国学习者都较为强调根据社会的变化对自身的行为进行调整。从学习的角度来看,更多是针对社会对个人的期望和需要而进行专业的选择、学习方式的演变、个人水平的提升等一系列与学习相关的活动和内容。

4. 未来学习计划和安排的差异

对未来的不同态度可能会影响到终身学习的动力和计划。从叙述的内容中,我们可以看到,德国人会考虑和计划自己的未来,主要方式是通过学习提高自身的能力。而许多中国人对未来的计划中,有很多未雨绸缪的元素。

第五节 中德受访者叙述方式的差异

就中德叙述者的叙述内容来看，除了宏观差异，如关于终身学习的思想及家庭、学校、社会等影响方面，微观层面还包括叙述风格和形式也有许多明显的不同。

一、叙述的背景和重心差异

从叙述的内容中我们可以看到，许多德国人往往会详细谈论他们生活和学习经历中的细枝末节，如谈论朋友的具体情况、工作期间某些具体的工作内容或任务、父母对他们的细微的影响。这样的叙述方式显得更加可靠，更令人信服。对于许多中国叙述者来说，他们更喜欢讨论周围的一般情况，如教育机构对学习行为的规定或学校制度对其学习的影响等。这种关于一般背景情况的讨论表明他们更关心宏观形势对个人学习事务的影响，更加注意个体的感受，个人的学习经验主要来自个人的意见或与个人生活环境有关的因素；教育机构和部门的制度等对中国个体的影响较大。这使得中国受访者会更贴合社会的实际，结合自身的感受，对学习经历发表相应的评论。

二、叙述中的内容细节差异

不同受访者的叙事顺序表明，德国受访者更习惯于以简短的教育经历作为叙事的起点，但在学习过程中会更加详细地表达个人情感和感觉，或对其做出的学习选择进行阐释。对于大多数中国受访者来说，他们希望从学习初期展开叙述，顺序主要从小学的学习经历直到完成高等教育。换句话说，其叙事顺序一直遵循学校正式学习的一般时间轴，这种叙述总是伴随着学生在学习期间的活动和经历的详细描述。

德国人的叙述内容更多地关注家庭对学习态度和习惯的影响，因为他们相信父母从童年时代就开始影响他们对学习的认知，其学习志向始终与父母或年长家庭成员有一定的相似性。通过这种方式，我们可以看到德国人在日常生活中，特别是在学习和工作中，非常重视家庭观念和影响。对于许多中国叙述者而言，他们受到外部因素的影响更为复杂，即不仅受到家庭的影响，还受到社会、教育部门、学校、教师和同学的影响。因此，这些影响因素总是贯穿于他们叙述的全过程。

当被问到终身学习的话题时，大多数德国叙述者可以立即做出反应，并给出较专业的解释。而对于本书中的大多数中国受访者而言，他们对于终身学习的概念的认识多浮于表面。这表明终身学习概念的普及程度有所不同。

三、受访者的叙述风格差异

叙事的风格不同。因为德国受访者更喜欢用第一人称作为叙事的主语，而中国的受访者则更频繁地描述其他外在因素对其生活和学习的影响，因此更为强调第二或第三人称。换句话说，德国受访者使用了更多的一手资料，而中国的受访者在叙事中使用了更多的转述资料。从这种差异中，我们可以看到许多德国受访者在日常生活中有充分的主动性和独立性，因此其学习目的也总是由个人性格和认识所决定。这种差异也是由其生活状况构成的。例如，许多德国人从事兼职工作，以支付学费和生活费，一旦年满18岁，就可以工作以实现财务独立。对于许多中国受访者来说，生活一直囿于各种社会环境。从出生到成年，每个中国受访者都受到家庭成员、同龄人、学校、老师、同事等因素的影响。因此，当我们对一个中国受访者进行研究时，有必要弄清楚其所生活的环境及其生活情况。

至于叙述风格，中国受访者的叙述比德国的要长，因为他们想详细表达自己丰富的思想和记忆以及他们对过去生活的感悟。对于许多德国叙述者来说，访谈者在解释了一定的学习或生活经验后便暂停了叙述，因为他们不知道下一步的叙述方向，由此则必须由访谈员提出问题来辅助叙述。从这一点上，我们可以看到德国受访者在日常生活中有更强的自我约制力，即使参与开放式的访谈也会受到自我的认识限制而不能完全放开自己。换句话说，如果没有明确的提示，他们将不会充分地表达自己的情感或感受，认为回答的问题也是非常正式的。对于许多中国受访者而言，在匿名的前提下，采访被认为是自由表达个人观点的机会。由此，我们可以看到许多中国受访者在此类访谈活动中非常健谈，也表达出了很多直接的感受和对于终身学习的直观态度。

  基于这样的差异，我们还可以发现，对中国受访者的采访在时间和地点方面是比较随机的，许多中国受访者并不需要事先预约，可以在下班后的任何时候开始接受访谈。但是，对于大多数德国人而言，预约时间和地点相当重要，受访地点应充分考虑到其偏好和时间安排。通过这种方式，我们可以看到人们对这种社会事务的态度差异很大，也可以发现其中体现出一定的个体性格特征。

第八章　中德终身学习的发展经验借鉴与展望

中德受访者普遍都有自己的终身学习特征、个人学习方法，从政府部门到教育机构也有各自的终身教育实施方式、教育政策及教学经验。因此，可以借鉴其中的成功经验，来完善自身的终身教育体系，最终改善终身学习效果。

通过比较，我们发现中德叙述者的终生学习经历有很多相似之处，但也有很多差异。根据莱文的观点："我们无法在做类似的事情时，却彼此隔绝而互不借鉴学习。"① 这意味着要善于借鉴其他教育系统的有益经验，但是在借鉴的过程中需要充分考虑到每个国家和地区的实际情况，学会有选择的借鉴。

通过相互借鉴，不仅宏观机构，甚至社会中的每个微观个体都可以从他人的成功经验中受益。莱文解释说："通过相互学习，我们的观念将得到拓展，从而使得我们所有人都有可能受益。"② 互相学习和借鉴也可以采用自下而上的方式。"当前的教育趋势无疑与我们观念和社会的演变有很大关系。"③ 因此，有必要参考不同的成功教育模式和经验，并根据自身的需求、背景和条件，将其应用于不同地区的教育实践中。

---

① LEVIN B. An epidemic of education policy：(what) can we learn from each other[J]. Comparative education, 1998, 34(2)：131-141.

② LEVIN B. An epidemic of education policy：(what) can we learn from each other[J]. Comparative education, 1998, 34(2)：131-141.

③ LEVIN B. An epidemic of education policy：(what) can we learn from each other[J]. Comparative education, 1998, 34(2)：131-141.

关于中德终身学习的动机和影响因素，我们根据家庭、学校、社会、个人的背景和惯习，对不同的模式和形式进行了分析和讨论。从许多受访者的经验中，我们可以发现不同的社会环境、家庭教育风格及学与教的实践等因素都可以影响个人在不同社会模式和教育环境下的学习行为。在此，不同的学习模式和教育系统没有好坏之分，每个教育体系结构都有其存在的合理性。但是，在受到社会内外部因素的长期影响之后，个体的学习成绩和行为也可以反映出内外部因素影响的效能和改进方向。基于这一理论假设，可以借鉴中德在终身学习体系方面的有益经验。

第一节 可资借鉴的德国经验

从前文分析可以看出，德国的终身学习体系具有很多优势，值得我们学习和借鉴。当前，我国的成人教育事业发展迅速，成绩斐然，同时正根据社会各方对教育质量的要求不断调整终身教育的发展方向。与发达国家终身教育的成功经验相比，我国在加快发展和改变终身教育运作方式方面面临着挑战，需要学者审慎对待，并对终身教育的发展路径和方向形成新的思路。德国等发达国家的终身教育和社会所构成的终身学习模式的成功经验值得借鉴。下面将讨论与终身学习有关的教育管理的改进措施、教育组织的管理、整体教育文化的改善、终身学习和教育的技术与学术研究等内容。

一、改善终身学习的现实条件

首先，应根据中国当前的具体情况和要求，以成人教育的一般政策和发展终身学习的原则为基础，完善成人教育法律法规；应根据成人教育的宏观政策及指导性的教育政策对教学质量进行评估，并进行信息交流。

我国应努力创新终身教育模式，调整成人教育结构，使之不同于以往的专业化教育，鼓励各种形式的非学历教育。教育部门应当加大对非正式学习的重视，鼓励各种教育形式的发展，加快学习型社会的构建，以确保每个公民都可以从各种学习形式中受益。

地方院校在成人教育管理方面应拥有自主权，能根据地方的实际发展需要，进行有针对性的教育改革。在成人教育管理体制的改革上，地方成人教育机构应拥有自主性，以满足社会对成人教育的需求。此外，我国应不断丰富职业培训和继续教育形式，提供素养提升、科学技术普及、成人学历教育、职业资格证书教育、现代企业教育和自学考试等教学形式，逐步完善终身教育制度，以不断提高就业人员的能力和素质。

其次，要健全终身学习和教育的法律制度。目前，随着终身教育在全社会的广泛传播，其重要性也逐渐引起社会各方的关注。如《关于加快发展现代职业教育的决定》强调："加快发展现代职业教育，是党中央、国务院作出的重大战略部署，对于深入实施创新驱动发展战略，创造更大人才红利，加快转方式、调结构、促升级具有十分重要的意义。"[1] 中国职业教育事业快速发展，体系建设稳步推进，培养培训了大量中高级技能型人才，为提高劳动者素质、推动经济社会发展和促进就业做出了重要贡献。促进经济提质增效升级，满足人民群众生产生活多样化的需求，要把加快发展现代职业教育摆在更加突出的战略位置。

最后，要加大对终身教育的投入力度。尽管我国的整体经济发展迅速，取得了举世瞩目的成就，但对教育的投入仍有很大的提升空间。因此，要改善我国终身学习状况，还需增加对教育的投入，尤其是对终身教育的投入力度，同时还需要优化教育经费的使用。

二、优化终身学习的结构环境

首先，要改革现行的教育组织和管理制度，特别是成人教育管理制度。如今，我国已经构建了不同层次和形式的成人教育体系和结构，包括高等、中等和初等成人教育机构。高等成人教育的类型和形式包括普通高等学校组织的成人高等教育机构、独立函授学校、开放大学、职工大学、干部学院等；中等成人教育的类型和形式包括广播电视中等职业学校、工人中等学校、干部中等学校、农民中等学校、中等师范学校等。在成人教

---

[1] 中国政府网. 国务院印发关于加快发展现代职业教育的决定［R/OL］.（2014-06-22）［2019-10-20］. http://www.gov.cn/zhengce/content/2014-06/22/content_8901.htm.

育发展中需要考虑的一个重要问题是，应引导支持各类企业和机构参与中国成人教育办学，使每个教育层次都可以获得均衡且充分的发展。

当前，仍然有部分初中或高中毕业生无法进入高等教育阶段继续学习，而他们在进入劳动力市场之前也缺乏相应的职前教育，因此有必要为其提供各种形式的职业教育和培训，以提高职业工人的能力和素质。

其次，需要进一步优化现有的终身教育结构。随着近50年的发展，中国已经基本形成了多层次、多架构、多形式的教育体系。但是，当前中等职业教育与高等职业教育之间缺乏结构性或系统性的联系；终身教育与正规教育之间的脱节明显；接受正规学校教育并顺利毕业后，学习者缺乏下一阶段明确的学习目标。此外，有些学校的办学定位不够明确，导致盲目扩大办学规模，失去学校的原有特色和优势，影响整体教育质量。成人教育培训的目标、范围在理论上和实践上都不十分明确；各种非正规教育也强调对学历的追求。这些问题影响了人们接受终身教育并自觉树立终身学习理念的积极性和主动性。我国成人教育体系的结构，需要根据社会需求和劳动力市场的变化进行灵活调整，根据经济体制的要求改善劳动力的培训方式和结构。

三、营造全民终身学习氛围

实施继续教育和终身教育是产业可持续发展的内在要求，由于九年义务教育的普及，未来具有高等教育学历的从业人员和在岗工人的人数会越来越多。从目前的教育状况来看，职员的整体教育水平仍不足以满足现代工业和技术发展的要求，从业人员的文化水平整体上不高。近年来，电力、冶金和铁路运输行业的专业知识人才比例迅速增加，而处于初等教育水平或没有任何教育经验的工人比例迅速降低，这些行业的未来发展取决于中等职业技术教育的实施。近年来，尽管受过高等教育的人员比例迅速增加，但从比例上看，仍然有巨大的提升空间，而对于劳动密集型行业的从业人员而言，只有努力加强职业教育和各种形式的继续教育，才能确保在激烈竞争中保持可持续发展。

此外，应加大对终身学习的宣传力度，大力营造全民终身学习氛围，以促进个人能力和素养的提升。

四、重视对终身学习技术和理论的研究

首先，现代网络技术应广泛应用于终身教育领域，这将极大地改变知识转移的方式，提升人们对各种知识的接受能力及水平。现代化的教学手段和技术，有助于打破教学中的时间和空间限制，扩大参与终身学习人群的范围，因此通过网络参与学习知识的方法将成为未来实现终身学习的最重要手段之一。作为整个教育系统的重要组成部分，成人教育无疑将受益于信息技术的发展，现代网络信息技术将改变成人教育的内容和结构，并提供新的知识转移形式，使个人可以自行学习并适应快速变化的工作要求。同时，先进的技术手段也会提高终身教育的教学质量，而教育互联网社区则为构建终身教育系统提供了物质和技术保障。

远程教育机构中的现代网络技术在成人教育机构的广泛使用也值得研究，通过互联网和现代交流手段，也可以加强终身学习和教育的信息交流，如可以通过互联网和远程教育方法推动对终身学习的研究。在具体的研究和咨询领域，可以根据发达国家的经验，交流和使用有关成人教育的统计信息，以数据统计分析的形式，推动我国终身教育体系的不断完善。德国成人教育的研究和咨询信息主要由成人教育机构提供，教育研究的重点是教与学的手段、教学计划制定、教学理论研究、工作和职业前景研究、学生学情研究、教育机构研究和教育历史研究等，这些研究内容同样值得当前我国学界进行深入分析和探讨。

随着终身教育概念的广泛传播，我国成人教育的范围、教育形式和类型不断扩大，成人教育的水平、学习内容和手段也越来越丰富。与终身教育的实践及发展相比，对终身教育理论的研究明显不足，尽管有一些有关终身教育的研究机构、学术组织，也有部分关于终身学习的出版物和专业论文，但仍然需要更为全面且扎实地分析个体在终身学习方面的具体需求及对自己今后终身学习的发展方向和路径的认识。当前的成人教育信息统计已经成为管理和协调终身教育的重要内容，而关于终身教育的学科化研究体系总体上仍处于起步阶段，其研究水平、深度和广度也有待加强，终身教育咨询所涉及的项目范围还有待拓宽。

为了加强对终身教育的研究，社会各个层面应该认识到终身学习和教

育在未来将对整个国家的技术、知识、文化的发展发挥重要作用。终身和成人教育研究及参与终身教育教学的专业人员培训也应到位，终身和成人教育研究机构应扩大研究范围，以建立一个促进信息和资源共享的网络化体系。

第二节　可资借鉴的中国经验

一、同伴辅助学习的策略

如上所述，大多数中国人在学习期间被家庭成员、教师，特别是同伴所围绕。根据大多数中国受访者的叙述内容，同学和朋友对于他们的学习活动非常有益。可以看到，许多中国受访者有"同伴协助学习"的经验，这促进了他们的学习和创新。相比之下，虽然大多数德国人积极充分地利用其在学习上的自主权，但其缺乏一个亲密的团体或同伴协助的学习氛围，大多数人的学习活动更多是独自完成的。一般来说，不同的学习形式或风格具有各自的特点和优势，其本身并无好坏之分。然而，从访谈内容中，我们可以发现许多德国受访者在他们的学习期间表现出了无助或孤独感，因为他们不能得到学习和生活方面的建议。学习毕竟也是一种社会活动，需要和周边的环境产生信息传递，需要与同伴交流思想，因此同学和朋友的辅助是学习活动顺利开展的一项必要条件。

同伴辅助学习策略是由托平（Topping）教授和埃里（Ehly）博士于1998年提出的[1]，并描述了在学习活动中，学习者可以通过获得平等地位的合作伙伴和同伴的积极帮助和支持，从而获得知识和技能。同伴辅助学习的意义非常广泛，包括同伴辅导、同伴模型、同伴教育、同伴建议、同伴监测和同伴评估。

同伴辅助学习策略是一个由研究人员制定的旨在提高阅读和数学能力的特殊教学计划。作为一种教学策略，它通过组织学生成对学习，以积极

---

[1] TOPPING K, EHLY S. Peer-assisted learning[M]. Mahwah, New Jersey: Lawrence Erlbaurn Associate, 1998: 1-3.

的学习组织形式，融入特定的学习和指导程序。由此可以发现，学习中的思想交流的重要性已经引起了研究人员的极大兴趣。

同伴是能够提供互助的人，可以通过组成特殊小组进行互动活动。每个学习者的发展源于互动，具有的具体知识和技能也可以教给他人，如有效学习的技能。在这样的学习社区中，学习者通过建立互惠互利的关系来互相照顾和学习。

长期以来，由于教师和学生对社区的过度关注，教育活动忽视了学习社区中同伴的存在。[①] 现代社会的教育发展挑战了整个社会，尤其是教育组织，更加重视促进学生之间的互动。同伴辅助学习的主要意义在于形成具有相似学习兴趣的互惠对等的学伴，以促进学生的社会性发展。

作为一种特殊的学习形式，互动式同伴辅助学习活动具有独特之处。当小组中的每个成员都积极主动时，同伴活动会更有帮助，因此小组中每个成员和参与者的态度对于整个小组来说非常重要。此外，小组的参与者应掌握彼此交流知识的技能，个别学生可以向小组中的同伴传递学习习惯、基本技能和学习态度。因此，关于集体和同伴辅助学习关系的"知识"，并不是一个普遍的概念，而是事实、原则或理论假设。对于许多德国人来说，当这样一个小组中的每个学习者掌握包括交流方式在内的技能时，就能有效地促进相互学习。

许多中国学习者是独生子女，因此与同伴，包括同学、同龄的亲属或同事相处的频率越来越高。许多人通过学习、生活或工作与周边的同伴形成了兄弟姐妹般的情谊。这种亲密关系对彼此的学习或日常生活产生了巨大影响，个人也能够从其同伴的专业领域中学习到更为专业的知识。对于德国学习者来说，他们可以通过这种交流形式获得更多的学习机会或知识。这种交流形式伴随着日常生活，同时潜移默化地使个人获得学习灵感和创新思维，毕竟各个同伴可以分享其对于生活和学习的感想。当选择学习的同伴小组时，可以引入社会化群体理论。1995年，美国心理学家哈里斯（J. R. Harris）提出了社会化群体理论。该理论提出，同龄人建立的社会化群体的作用非常重要，甚至比家庭关系更为重要。社会化群体理论

---

① SCHULLER T. Germany: the ability to build a framework for lifelong learning[J]. Journal of career development, 2014(19):19.

主要集中于讨论群体之间的个性和文化传播，这成为对个体差异形成原因的有力解释。

通过研究，可以发现同伴关系对不同的学生有多种影响，能力较差的学生受到同龄人的影响较大，而能力较强的学生受到同龄人的影响较小。每种类型的学生都将从同质的同伴群体中受益，能力强的学生将从高水平的同学和同伴中受益，而他们之间的差距本身就很小，彼此的提升也是基本同等层面的能力升华；而能力较低的学生也将从类似的学生群体中受益。简而言之，应该将每个学生与学习能力相似的小组成员放在一起，在这种由同伴协助的学习组织中的每个参与者，都应该学习如何相处融洽及建立共同的价值观。它要求每个参与者学习适应群体观念，以消除冲突，建立亲密关系并树立共同的价值观和培养相应的爱好。因此，无论是在德国还是中国，学生要想进步，都需要与相似的同伴建立友谊。

对于中国学生来说，学习成就是团队建设评价的重要标准，因为中国学生倾向于与能力相当和对学术成功抱有相似期望的人一起建立团队。另外，高成就的团队目标总是吸引着社区中表现更为突出的学习者。同时，如果一个人在学校取得较高的成就，那么这个人就会被认为是成功的。德国学习者还应该与学业水平、性格、学习习惯和态度相近的学生成为群体，并在日常互动中相互学习。在学习过程中，个人的孤独感将减少，更多的想法和创新的火花将被激发。

二、明确终身学习目标和宗旨

尽管许多中国受访者对终身学习的功能还不完全了解，但其现实中的学习成就和产出则相对较明显，也能够通过学习改变其生活现状。他们的学习行为集中于具体的或特定的目的，因此其学习效果一般明显。这证明了缺乏纯粹理性化的学习目标并非无用的或无意义的，对于许多中国受访者而言，有一定功利性和实用性目的的学习可能会更容易、更有效，因为其学习行为受到了特定目标的指导。

在研究中，我们发现许多德国受访者的学习动机是实现自己的理想和较为理论化的目标。例如，受访者克里斯蒂娜和蒂娜在考虑学习内容和过程时，将自己的兴趣和爱好放在首位。相比之下，中国的典型受访者常的学习目标则始终受外部因素的影响，如社会压力或工作要求。对于他来说，进一步的学习动机不是他自己的兴趣或爱好，而是他对生活需求的认识及对无法跟上时代创新步伐的忧虑。通过这种学习，我们可以发现现代技术的外部需求驱使人们更新知识的速度比以往任何时候都要快，作为回报，学习促进了技术的发展及人类和文化的延续。这是学习与社会进步之间的一种双向功能。根据阿夫扎尔（Afzal）的研究，员工对社会压力很敏感[1]，特别是职业资格和工作需求的压力与个人的感受有着密切的关系，因此对于个人的学习行为而言，其受到的外部压力有时也能转化为积极和有效学习的动力。

由此，我们不能简单地将实用主义目的的学习判断为消极或无意义的，因为有时这类学习确实促进了社会的进步和个人能力的发展，尤其在个人对学习产生松懈情绪的时候，外界的驱动力会迫使人们继续完成学习行为。正如本杰明·富兰克林（Benjamin Franklin）所说："生活的动机是当穿上工作服时。"[2] 这意味着一个人的学习动机和目标需要通过某种本能的或外在的影响力来激发。有时坚持学习需要进一步的动力，这不仅基于内在的兴趣或爱好，而且取决于生存的压力或要求。这些外部驱动力又可以从个人的学习成果中获得延续。

受访者常的学习效果较为明显，他通过学习所带来的知识结构的变化及对问题的创新认识，获得了职位的快速晋升，并保持了自身在企业中的地位。因此，基于他清晰的学习目标，不仅为自己的公司做出了贡献，同时也确保了自身的工作效能和成绩的提升。德国受访者罗斯也遇到了同样的情况。罗斯在40岁时再次进入大学学习，以便满足医疗工作对技术水平所提出的相关能力要求，他的学习目标也很明确，相信自己的学习是有效和有意义的。从分析结果和受访者的表现可知，许多中国受访者可以制定明确的学习目标。在学习过程中，大部分学习者始终能让自身的学习行为与现实中设立的固定目标保持一致。因此，我们不能简单地以"积极"或

---

[1] AFZAL H, ALI I, KHAN M A, et al. A study of university students' motivation and its relationship with their academic performance[J]. International journal of business and management, 2010, 5(4): 75-83.

[2] WILLIAMS K C, WILLIAMS C C. Five key ingredients for improving student motivation[J]. Research in higher education journal, 2011:1-23.

"消极"来评价务实的学习模型。基于此,这种实用性的学习动机和目的,也可以作为一种学习经验来借鉴。

第三节 结 论

人们相信未来的社会必将是学习型社会,坚持终身教育理念和建立有效的终身教育体系,是一个国家未来成功的主要途径和保证。人力资源的质量和创新水平可以极大地影响综合国力,一个国家的经济竞争力越来越取决于整个社会的创造力和创新能力。因此,终身学习和学习型社会形成的根本动力是当今知识和经济全球化的趋势。一方面,新出现的知识、思想和技术的加速,使个人在学校获得的知识和信息很快过时,不再适应工作所提出的最新要求,因此知识需要获得不断更新;另一方面,针对职业的社会观念也随着时间而发生改变,这使得转换不同职业以适应生活的发展和进步变得更加普遍,因此工人需要不断学习以适应新的工作要求。随着产业技术结构的变化和科学技术的发展,现代企业必然需要具有适应最新技术产业和能力要求的员工。企业必须重视员工的继续教育以获得生存和发展,而所有这些原则都将激发在职人员获取成人和继续教育的意识和主动性。因此,终身学习是社会对普通个体的现代化发展要求的结果。

发展和实施终身教育已成为人们广泛接受的观念,也是国家未来教育政策的重点。终身教育的发展,不仅帮助学校提升了人员培训规模及能力,为社会的全面发展和经济建设做出了贡献,而且使学校与社会部门及企业之间建立紧密联系,提升了学校的社会影响力,有效地促进了包括高等教育在内的通识教育的社会化。可以说,我国一直重视终身教育,终身学习和终身教育的理念已经为教育部门和广大公众所接受,这也体现在国家政策的变化上。国际社会已经将终身教育作为未来教育政策的重点,而今后我国也必将会更加重视终身学习的功能和作用,特别是社会个体参与和践行终身学习所能带来的直接和间接的社会效益。

总而言之,为了适应未来社会的发展,每个人都应该终身学习,以缩小人与人之间在知识层面上的差距,并通过日常生活中的非正规和非正式学习来满足人们的精神需求，这些是社会和教育发展的必然结果。中德两国都需要具备更高能力的劳动力来建设现代化和知识性的未来社会，这不仅需要在宏观层面提高教育支持的力度，同时针对微观个体的工作和生活，也需要强化其学习意愿和能力。因此，终身学习的研究和实践对整个社会的发展是有益的，亟须提上日程。

后　记

　　本书主要对中德两国终身学习动机和影响因素进行了研究。终身学习是一个被广泛认可的学习认知模式，具有国际化、未来化、可持续化、发展化等特性。由于当前学界关于终身学习的政策、理论、实践等有多重内涵解释和复杂的分支，以至于研究者很难通过详细调研来分析终身学习行为的影响因素。为了能够充分认识社会中的个体经验，进而分析具体的学习经历及个人对终身学习的认识，本书使用了传记法对个人进行了生平传记式采访，收集到了丰富的数据，并借助扎根理论发掘和分析这些数据。

　　本书所涉及的研究样本主要包括在中德两国各选定的 20 名具有不同社会背景的受访者，在对他们背景进行类别化和特征化分析的基础上进行了详细的访谈，以调查他们的整个学习经历，发掘他们对自身终身学习的动机和影响因素的看法。基于开放式、主轴式和选择式编码分析可知，其终身学习的动机和影响因素主要来自四个方面，包括家庭、学校、社会和个人。为了描述这些因素之间的关系及其在每个国家学习个体中所发挥的具体作用，本书最终将其划分为"后现代型""激励型""变革型""传统型"四个类型。在对中德终身学习动机类型和影响因素的具体分析中，可以绘制每个国家的影响因素的聚类图，从而更为清晰地了解每个国家的宏观惯习特征对于个体终身学习行为的深远影响。

　　对于影响因素和动机的具体分析，有助于深入了解终身教育条件和发展现状。可以发现，终身学习的影响因素和动机的每一个主要类别，都可以按照宏观、中观和微观层面来划分。根据分析和比较可知，每个国家或地区都有自身的区位特点，在终身学习的实施方面，包括个人对终身学习的认识和经验等方面都有各自的特点。

完善终身教育的方式和策略较为多元，可以借鉴各地的成功经验。本书的研究结果不仅可以为中德两国促进终身学习发展提供具体化的建议，同时也可为其他发展中国家和发达国家在提升终身学习成就方面提供有益的研究思路。